8° Lf 76 11 (A)

1758

Anonyme

Recherches et considérations sur les finances de la France

1

L f $\frac{76}{11}$

A

RECHERCHES

ET

CONSIDERATIONS

SUR

LES FINANCES

DE FRANCE.

TOME PREMIER.

RECHERCHES

ET

CONSIDÉRATIONS

SUR

LES FINANCES

DE FRANCE,

Depuis 1595 jusqu'en 1721.

TOME PREMIER.

A LIEGE.

M. DCC. LV III.

RECHERCHES

ET CONSIDERATIONS

SUR

LES FINANCES

DE FRANCE,

Depuis 1595 jusqu'en 1721.

L'AGRANDISSEMENT des Etats par la guerre n'a fait jusqu'à préfent que multiplier & réunir leurs ennemis : mais enfin l'expérience d'une longue fuite de fiecles & de viciffitudes a détruit le phantôme que l'efprit de conquête avoit préfenté aux hommes pour les féduire. Les Peuples auxquels leur fituation & la grandeur de leurs domaines ont donné une fupériorité fur chacun des autres en particulier, ont cherché à la conferver ; ils fe font contentés d'infpirer la confiance & le refpect, à la place de l'envie & de la crainte : les autres moins puissants, mais tranquilles à l'abri des alliances formées pour la défense commune, ont fait des efforts pour accroître leurs forces intérieures.

L'esprit de conservation a appellé le Commerce à son secours ; l'abondance a suivi le Commerce, & les hommes ont suivi l'argent l'équivalent de toutes choses, & qui si souvent en devient la mesure. Les Législateurs ont connu une nouvelle sorte de gloire bien plus solide, puisqu'elle est fondée sur le bonheur de l'humanité ; & un nouveau genre de puissance dont l'acquisition est infiniment plus utile, puisque sans prodiguer leurs trésors & leurs sujets, ils sont parvenus à augmenter leur influence & leur considération dans les affaires générales. Les richesses du Peuple sont nécessairement le gage de celles du Prince ; & *la Finance*, ou l'art d'assigner, de percevoir, & ensuite de répandre la portion d'intérêt qu'ont les Souverains dans l'aisance publique, a toujours éprouvé les mêmes révolutions que le Commerce. Ces deux branches de l'administration intérieure des Empires forment aujourd'hui la base de toutes les spéculations politiques, &

leur étude est une occupation principale pour les véritables hommes d'Etat.

Si dans la pratique, ces deux parties semblent se contrarier quelquefois, il n'en est que plus important à la Politique d'en réunir la connoissance & les vûes, de les guider d'un pas égal par des principes certains & uniformes, enfin de les associer. En effet elles sont amies tant qu'elles ne se disputent point leurs droits légitimes ; elles ne peuvent même se passer l'une de l'autre. Sans Commerce les hommes manqueront d'occupation & d'aisance, l'Etat de sujets & de tributs. Sans la Finance la protection du Souverain manquera au Commerce ; l'industrie naissante d'une Nation sera exposée à la rivalité ambitieuse de l'industrie étrangere.

On pense communément que nous avons ouvert très-tard les yeux à la lumiere ; que les Anglois & les Hollandois avoient médité profondément sur ces deux arts long-tems avant que nous eussions apperçu leur influence. Mais cet Ouvrage contribuera peut-être à rectifier nos idées sur la science de nos peres dans les matieres économiques, & conservera à notre Nation l'honneur d'avoir eu la premiere de bonnes Loix

en toutes chofes, & peut-être la honte
de les avoir mal exécutées. Avant 1576
on convenoit unanimement des principes qui ont été reffufcités & démontrés
de nos jours. Peut-être n'en avoit-on
pas approfondi les caufes & la liaifon ;
mais l'expérience, & la juftеffe ordinaire aux efprits folides, en accréditoient
la pratique. Les befoins publics & le
malheur des guerres civiles en firent
négliger la trace ; mais elle ne fut point
oubliée, puifque le vœu général de la
Nation affemblée reclama deux fois ces
mêmes maximes au commencement du
fiecle dernier. De nouveaux troubles
étoufferent l'efprit public, & l'impuiffance de choifir les moyens de fecourir
la Republique, accoutuma à l'indiffé-
rence fur le choix : des hommes de génie parurent dans cet intervalle ; mais
trop peu en garde contre le préjugé de
l'ignorance commune, ils confondirent
quelquefois la caufe avec l'effet ; ils
adopterent avec peu de choix les opérations des Anglois & des Hollandois,
dans le tems même où ils revenoient fur
leurs pas. Ces Peuples employerent
utilement tout le tems que nous per-
dions : mais comme ils ont abufé de
leur profpérité, nous pouvons aifément

nous promettre, quoiqu'en arriere d'une soixantaine d'années, de les devancer si nous suivons les mêmes principes qui les avoient rendus si florissans.

Quoique les préjugés attachés à une longue ignorance soient de tous les obstacles le plus difficile à vaincre, il commence à se répandre parmi nous des idées saines sur l'Agriculture & sur le Commerce. Il paroît donc tems de tourner les regards de la Nation sur les Finances, qui ne peuvent être que le produit d'un commerce fondé sur une agriculture florissante. Il est même absolument indispensable pour la prospérité de ces trois grandes parties de les considérer dans les rapports qu'elles ont entr'elles ; puisque, sans cette comparaison, on auroit de la peine à leur assigner le rang qu'elles doivent garder dans l'attention du Politique, & à conserver ce grand Tout contre les entreprises des intérêts particuliers, qui tendent sans cesse à en desunir les parties.

Un tems viendra sans doute où ces semences produiront des récoltes abondantes ; mais il faut ouvrir le sein d'une terre endurcie & couverte de plantes nuisibles qui en absorbent inutilement les sucs.

Aucune branche de l'adminiſtration
ne peut être gouvernée ſolidement que
ſur un plan ; & tout plan doit être la
conſéquence de principes reconnus certains ou crus tels. Mais l'impéritie, l'in-
application, & l'intérêt qui profite de
tout, ne manque jamais de qualifier de
ſyſtême (terme devenu vague & odieux
tout enſemble) les idées qui ſont liées
entr'elles par une ſuite de combinaiſons. Faire le plus petit bien quand on
le peut, & en faire naître l'occaſion, eſt
ſans contredit la maxime d'un véritable
homme d'Etat ; comme il ſeroit d'une
imprudence extrême d'entreprendre
une réforme ſubite & générale, hors
les cas d'un déſordre abſolu : mais on
ne peut agir dans l'une & l'autre méthode que d'après un plan fixe & médité. La premiere conduit ſurement à ſon
but celui qui l'employe, parce qu'une
bonne opération devient inſenſiblement
une conſéquence néceſſaire de celle qui
l'a précédée ; la ſeconde méthode eſt
auſſi incertaine que dangereuſe, parce
qu'elle eſt preſque toujours accompa-
gnée de précipitation & de violence.

Cette réflexion eſt étrangere à cet
Ouvrage en lui-même, puiſque ſon objet immédiat n'eſt point de préſenter

un plan d'administration ; mais elle ne l'est pas à l'utilité que je desire qu'il procure. Mon dessein est de rassembler ce qu'il m'a été possible de recouvrer sur les diverses opérations de Finance qui se sont faites depuis l'année 1595 jusqu'à l'année 1721 ; d'examiner quel a été l'esprit de chaque Ministere sous lequel elles se sont faites, le bien ou le mal qu'elles ont produit. Si les mêmes maximes ont toujours contribué à la prospérité de l'Etat ; si leur moindre oubli, ou la plus petite négligence dans leur observation ont toujours eu des effets funestes, il en résultera nécessairement que les principes ne sont point arbitraires, & que l'administration des Finances ne peut être heureuse pour le Prince ni pour les Peuples, s'il n'est établi dans l'Etat un bon systême pour le suivre imperturbablement jusqu'à son entiere exécution, quelqu'éloignée qu'elle puisse paroître.

Nous avons défini plus haut la Finance, l'art d'assigner, de percevoir, & de répandre la portion d'intérêt qu'ont les Souverains dans l'aisance publique. Ainsi il paroît que cette science se réduit à trois parties principales : la Connoissance des sources, la Perception, la Distribution des revenus.   A iiij

Le Peuple ne peut payer qu'en proportion de fes facultés ; d'où lui viennent ces facultés ? peuvent-elles être augmentées ? quels en font les moyens ? Premier objet des méditations d'un homme d'Etat ; car la connoiffance des fources eft la partie profonde.

Les richeffes font inégalement partagées parmi les claffes du Peuple ; leurs manieres de vivre & leurs natures de biens font différentes : quelle eft la portion dont chacune doit contribuer aux charges publiques ? quels font les moyens de l'exiger les plus conformes à la juftice diftributive, les plus convenables à la confervation des fources, les plus fûrs, les moins difpendieux pour les contribuables ? Second objet d'étude qui comprend la perception politique & la perception méchanique : c'eft-à-dire, d'un côté la combinaifon des diverfes natures d'impôts, de l'autre leur régie.

Le Peuple paye en faveur des befoins publics : quelle méthode eft la plus propre à faire jouir avantageufement la fociété des fommes levées pour fon maintien ? à répondre exactement à chaque objet de dépenfe ? Troifiéme objet de recherches que nous renfermerons fous

le mot général de diſtribution, & à laquelle appartiennent l'ordre, l'économie, l'exactitude.

Les faits tels que l'ordre hiſtorique
nous les préſentera ſeront enviſagés ſous
ces points de vue politiques ; & les diverſes révolutions qui paſſeront ſous
nos yeux ont toutes leurs ſources dans
les principes qui naiſſent de cette diviſion ſi ſimple.

Cette ébauche, car je n'oſe lui donner
un autre nom, pourra conduire le Lecteur à des réflexions intéreſſantes ſur la
nature des Impôts, des reſſources de l'E-
tat, inſpirer la curioſité ſur cette partie,
tracer la route de s'y rendre utile au ſervice du Roi & de la Patrie. Ce devoir
commun à tous les citoyens, ſi doux à
remplir, & trop négligé, eſt toujours
mieux pratiqué à meſure qu'une nation
s'inſtruit davantage ſur les intérêts publics. C'eſt de leur connoiſſance qu'é-
mane cet eſprit général par lequel tous
les particuliers tendent uniformément
au bien qu'on leur préſente : l'intérêt
perſonnel étouffé par la honte, les fauſſes terreurs & les préjugés populaires
éclairés par le flambeau de la vérité,
n'oppoſent plus à la bonne volonté des
Miniſtres la brigue & l'indocilité, écueils

trop communs des meilleures entreprises.

La seule grace qu'on demande au Lecteur, c'est de ne point ployer les raisonnemens sous le joug de l'usage, mais de
comparer ce qui s'est fait avec ce qui
devoit être par la nature des choses
d'après les principes des plus habiles
Ministres, & une expérience de cent
vingt-cinq années. On ne se flate
point d'ailleurs d'avoir toujours en-
visagé les objets comme ils devoient
l'être ; mais on a observé d'exposer
les raisons qui ont déterminé à embras-
ser une opinion. Elles donneront occasion aux bons esprits d'étendre les
connoissances du Public, soit en recti-
fiant ce qui aura été mal vû dans cet ouvrage, soit en donnant du poids aux vérités utiles qui n'auront pas été assez dé-
veloppées.

Cette même espérance a engagé à
proposer, lorsque l'occasion s'en est pré-
sentée, quelques idées sur divers points
de l'administration, malgré le danger de
ces sortes de projets. Car le plus grand
nombre des hommes semble plutôt exercé à proposer des difficultés qu'à produire
des expédiens meilleurs & plus favora-
bles à l'humanité : & il faut beaucoup

de droiture dans le cœur & dans l'esprit pour ne faire que des changemens utiles au plan d'autrui.

Il est difficile que des vérités écrites sans acception soient également goûtées de tout le monde ; mais si elles sont exposées sans amertume & sans humeur, si les égards pour les rangs & les personnes sont conservés, enfin si la critique naît du fond des choses plutôt que des réflexions, les honnêtes gens prendront hautement le parti de ces vérités utiles à l'Etat contre les insinuations artificieuses de ceux qui craignent de les voir adoptées. Assuré par la pureté de mes intentions qu'elles seront agréables aux citoyens zélés, & après avoir souvent éprouvé leur indulgence ; c'est moins un acte de courage qu'un tribut de reconnoissance, de m'exposer au danger de traiter des matieres délicates.

Dans des tems moins heureux & dans un siecle moins philosophique, un ouvrage de ce genre eût blessé les préjugés de la fausse politique qui a présidé longtems à notre administration. L'ancienne Finance, aussi dure dans ses principes que dans sa régie, affectoit soigneusement une marche ténébreuse dans toutes ses opérations ; & son crédit ap-

puyé sur les nécessités publiques fit
adopter les mêmes maximes au Gouvernement. C'est ainsi que fut substituée la
crainte à la confiance, que les Ministres
se trouverent dans une dépendance forcée des gens d'affaires, & furent trompés;
que la difficulté de prouver les exactions
leur assura l'impunité ; qu'on éloigna
toute idée de réforme ; que les bons esprits furent découragés & éloignés de
toute étude d'une partie si essentielle, &
enfin qu'il a paru si peu d'hommes capables de l'administration des finances.

Si l'amour de la patrie & de la vérité
n'étoit pas la plus forte passion des hommes en place, il seroit difficile qu'ils se
défendissent de cette prétention si funeste au bien des affaires, d'avoir une
volonté plus sure que la raison d'autrui.
De-là l'étalage de ces généralités ou de
ces sophismes, que le peuple ne doit pas
être instruit , que la liberté d'écrire en-
gendre la licence des murmures.

Ces maximes ont été inconnues aux
grands hommes, qui se sont toujours fait
un plaisir de dévoiler aux peuples la
marche & les principes supérieurs de
leurs opérations , de les intéresser au
succès par la confiance que produit la
connoissance des intérêts publics. Enfin

ces maximes feroient peu d'honneur à notre nation, fi elles étoient fufceptibles de quelque application folide : ce feroit la fuppofer incapable d'aimer le bien dès qu'elle le connoît, & plus docile à la crainte qu'à la raifon. Son zele, fa fidélité, fon obéiffance, la pénétration dont elle eft douée, tous les traits qui la caractérifent, méritent certainement plus de juftice, d'amour & d'égards.

Mais les perfonnes qui fe croyoient intéreffées à donner du crédit à cette fauffe politique, pouvoient-elles penfer que le menu peuple s'attachât à la lecture des ouvrages œconomiques? N'eftil pas un calcul plus fimple, plus touchant pour lui, & au-deffus de tous les raifonnemens, le fentiment de fes befoins ou le contentement de fon aifance? Telles font les regles & les bornes de fa politique. Au-deffous de l'intelligence des moyens il en abandonne la difcuffion aux Philofophes & aux Politiques, & il juge équitablement les fyftêmes adoptés par leurs effets : l'inftruction naît indifpenfablement de l'expérience, quelque contrainte qu'on employe.

Parmi le refte de la nation que peut-il réfulter de l'inftruction raifonnée, qu'un

vœu général pour le bien, & une facilité
extraordinaire de l'opérer ? Si ce vœu
eſt toujours prévenu, quel autre emploi les hommes feront-ils de leurs lumieres que de ſe porter à une reconnoiſſance
digne du bien qu'on leur fait ? Il eſt im-
poſſible de ſoupçonner chez les partiſans
de l'ignorance publique cette crainte
odieuſe de voir une trop grande concurrence parmi les hommes propres au maniement des affaires, ou de voir la gé-
nération qui s'éleve jouir de ſecours qui
leur ont manqué. Leur timidité a des
principes plus honorables ſans doute ; &
perſuadés qu'il eſt quelquefois des obſtacles inſurmontables à l'exécution des
meilleurs deſſeins, ils deſirent épargner
à ceux qui ne connoiſſent pas les difficultés le chagrin de croire que le bien eſt
négligé. Une réflexion très-ſimple ſur-
montera cet embarras. La Politique intérieure eſt la ſeule dont je parle ; puiſque la politique extérieure, ſouvent forcée dans ſes combinaiſons, employe
preſque toujours des moyens dépendans, & ſubordonnés à des circonſtances précaires ou chancelantes ; elle n'at-
tend ſes ſuccès que de la patience, du ſecret & de l'activité. Mais dans la politique intérieure les obſtacles ne peuvent

naître que de la constitution ou des personnes.

Tout abus lié à la constitution est connu pour tel, & chacune a les siens, parce qu'elles sont l'ouvrage des hommes & des évenemens qui les ont modifiées ; la science de l'administration ne consiste pas à opérer des changemens dans cette partie, mais à tempérer les excès.

Si les abus viennent des personnes, l'unique moyen de réforme c'est l'instruction publique, parce qu'elle dispose les esprits, rectifie leurs erreurs, fournit des moyens ; & l'autorité ne semble alors que se rendre au vœu public, lors même qu'elle arrive à l'objet qu'elle méditoit depuis long-tems. Dans l'administration intérieure, les moyens sont indépendans & nécessairement publics, puisqu'il faut annoncer les decrets à ceux qui doivent les exécuter ; mais ce qu'il faut surtout remarquer, son ressort véritable est la confiance, & pour inspirer la confiance, il faut être compris. On sait assez d'ailleurs que toutes les circonstances ne sont pas également propres à entreprendre toutes les opérations d'une certaine importance. Si les spéculations sont fausses, elles seront contredites ; il se trouvera même des gens intéressés à jetter des nuages sur la vérité ; elle sortira pure & brillante du sein de la discussion. A l'égard de la licence, comme elle n'est jamais inspirée par le desir du bien, elle obscurcit même les vérités dont elle voudroit s'étayer, & elle excite l'indignation des honnêtes gens à mesure qu'ils sont plus éclairés.

Quoique les maximes qu'on vient de combattre soient rejettées aujourd'hui, & que les ouvrages œconomiques soient plutôt applaudis que reprouvés, on évitera avec soin de fournir à l'envie des prétextes de rendre celui-ci criminel. Les années qui en sont l'objet n'ont rien de commun avec l'administration présente.

Je partagerai en cinq Epoques les tems que j'ai dessein de parcourir. La premiere commencera en 1595, jusqu'à l'année 1610, & renferme le tems où M. le Duc de Sully fut chargé de la Sur-Intendance des Finances.

La seconde époque comprendra l'espace de tems qui s'est écoulé depuis 1610, jusqu'à l'année 1661, dans laquelle M. Colbert fut chargé des Finances.

La.

La troisiéme époque sera occupée par le Ministere de ce grand-homme qui mourut en 1683.

La quatriéme commence au Ministere de M. Pelletier, & finit en 1715 à la mort du feu Roi.

Enfin la cinquiéme époque est destinée à parler des mesures qui furent prises pendant les vingt-huit premiers mois de la Régence, pour retirer l'Etat des circonstances déplorables où il étoit réduit; & sera terminée par une vûe générale du système des Finances de M. Law.

Chacune de ces époques sera plus ou moins remplie suivant les matériaux que j'aurai pû me procurer.

Remonter à des tems plus éloignés, c'eût été une recherche plus curieuse que nécessaire aux Politiques; la fortune de l'Etat n'a pas moins changé que sa constitution. Ce n'est pas que je ne croye cette matiere digne des Savans qui s'occupent de notre histoire; il seroit même intéressant d'avoir des connoissances bien positives sur nos anciennes Finances, où l'on découvriroit probablement la fausseté de plusieurs opinions qui n'ont rien de respectable qu'une espece d'antiquité, & de fon-

Tome I. B

dement que le malheur des tems. Mais
c'eft une chofe au-deffus de mes forces
& trop éloignée de mon but, que de
m'engager dans cet examen; la contradiction des Auteurs qui s'y font appli-
qués en prouve la difficulté, autant que
l'incertitude de leurs découvertes.

Les tems qui ont fuivi ces âges
d'obfcurité auroient été plus intéreffans
fans doute, & les détails euffent été
plus fûrs. C'eft en quelque façon à
François I. que doit commencer l'hiftoire de nos Finances comme celle de
nos intérêts politiques au-dehors: mais
les troubles qui ont defolé fi long-tems
la France, jufqu'à ce qu'Henri le Grand
monta fur le Trône, ne permirent de
fuivre ni principes ni vûes. Mon objet
eft de rapporter des faits qui préfentent
quelque inftruction; & pour les trouver, il faut partir d'une époque où l'autorité bien établie au-dedans laiffa aux
talens des Miniftres le choix libre des
moyens pour foutenir l'Etat.

Il paroît qu'en général les Francs
n'abrogerent point les Loix Romaines
par rapport aux impôts & aux contributions de toute efpece; que la maniere
de les percevoir continua d'être à-peu-
près la même jufqu'au regne de Pepin,

Quelques Auteurs rapportent que les Gaulois payoient en nature aux Prépofés par les Gouverneurs Romains, le cinquiéme du fruit des arbres, & le dixiéme des produits de la terre : ce qui reviendroit à la Dixme Royale. On raporte que Chilperic fit dreffer un cadaftre de toutes les terres de fes fujets. Il en fit depuis brûler les regiftres en fa préfence, averti par les Evêques que cette recherche avoit attiré la malédiction de Dieu fur fes fils qui périffoient les uns après les autres. Sans garantir la fidélité de ces faits que je trouve dans d'anciens manufcrits, & dignes d'ailleurs de l'ignorance de ces tems, on en peut conclure du moins avec quelque vraifemblance, que l'impôt fur la valeur réelle des biens le plus jufte & le plus fimple a été un des premiers établis.

Sous le regne de Pepin il fe fit de grands changemens dans cette partie, ainfi que dans tout le refte de l'adminiftration politique. La forme que prirent enfuite les Finances fe reffentit de la corruption à laquelle le droit féodal doit fon origine. Le démembrement de la Monarchie fit perdre à la Couronne le peu de Domaines que lui avoit laifsés la prodigalité forcée des derniers Rois Carlovingiens. Il ne lui resta que ceux qui faisoient partie du fief auquel elle se trouva, pour ainsi dire, incorporée. Les réunions lui en rendirent successivement une partie considérable, mais un peu dénaturée par les changemens que les grands vassaux y avoient faits pendant leur usurpation ou leur engagement. L'effet le plus considérable de ces réunions par rapport aux Finances, fut de faire rentrer les Rois dans le droit que la nécessité leur donne de faire contribuer également tous les sujets que la prospérité de l'Etat intéresse.

Contrariés cependant par la Noblesse & le Clergé, ils appellerent le Peuple à leur secours, & introduisirent un nouveau changement dans la constitution en donnant entrée au tiers ordre dans les Etats. Alors au Domaine qui consistoit en terres, censives, péages, droit de quint & requint, de régale, d'aubaine, furent joints d'autres revenus.

Pendant la prison du Roi Jean, les trois Etats accorderent, sous le nom d'aides pour un tems, douze deniers pour livre sur toutes les marchandises

& denrées vendues dans le Royaume,
excepté sur le sel, le vin, & autres
breuvages: il devint ensuite perpétuel
sous Charles V, & sous le Regne de
son fils il s'augmenta par l'imposition
du vingtiéme & huitiéme du vin vendu
en gros, du huitiéme & quatriéme du
vin vendu en détail. La gabelle ou impôt sur le sel commença à être connue
sous Philippe le Bel, & devint fixe sous
Charles V sur le pied de quatre deniers
par minot. Sous Louis XI. elle consistoit déja en douze deniers par minot.
Alors le sel étoit *marchand*, c'est-à-dire
que chacun pouvoit en faire commerce
en-dedans du Royaume, en déclarant,
au lieu des salines, où il comptoit le
transporter, & la quantité ; s'obligeant
de ne point le porter ailleurs & de le
vendre dans les greniers publics seulement, où le droit en sus du prix de la
vente étoit payé par l'acquéreur au
profit du Roi. Sous François I. le droit
fut fixé à trente livres par muid de sel
pour le droit du Roi, & quinze livres
pour les gages des Cours Supérieures
en sus du prix coûtant. Ce fut vers la
fin de ce Regne en 1546 que la Gabelle
fut affermée à un seul Grenetier dans
chaque ville: sur le sel vendu au-dehors.

le Roi se reservoit quatre deniers pour livre. En 1559 on fit une Ferme générale de la vente exclusive du sel aux étrangers, moyennant cinquante mille écus, & les quatre deniers pour livre furent suspendus pendant le cours du bail. Les Fermiers eurent le droit de mettre des Commis dans toutes les salines, tenus de s'arranger de gré à gré pour le prix des sels avec les propriétaires. Il paroît que ce monopole, si propre à perdre le commerce des sels avec l'Etranger, n'eut point de suite. Henri III établit la traite de Charente, qui consiste en droits sur les sels & sur les vins.

La Taille d'abord établie pour un tems limité sous les prédécesseurs de Charles VII. fut rendue perpétuelle sous son Regne.

Le Taillon fut imposé par Henri II. pour la paye de la Gendarmerie ; mais indépendamment de ces impositions, dans les occasions extraordinaires on eut recours au dixiéme sur tous les sujets indistinctement, comme sous le Regne de Philippe Auguste en 1188, & pendant la prison de François I ; au centiéme & cinquantiéme denier sur le Clergé, les Nobles & le Peuple, com-

me sous Philippe le Bel en 1292 ; &
quatre ans après ce Prince y fit une
augmentation qui fut appellée maltôte
& devint fort odieuse. Philippe le Long
voulut percevoir le cinquiéme des
biens de tous ses sujets quelconques.
Cette méthode est très-ancienne dans
la Monarchie, puisqu'on en trouve un
exemple sous le Regne de Pepin, &
deux sous Charles le Chauve. Vers la
fin du Regne du Roi Jean, pour tenir
lieu du gain sur les monnoyes dont
l'augmentation avoit apauvri tous les
Ordres de l'Etat, de tous les péages
tant par terre que par eau, & des corvées militaires qui avoient anéanti le
labourage & le commerce, on établit
un impôt de quatre pour cent sur tous
les biens, & de dix sols par tête sur
ceux qui n'avoient ni rentes, ni héritages : en Languedoc on établit cinq
pour cent sur toutes les ventes, un
droit d'aide sur les boissons du treizié-
me, & sur le sel du cinquiéme, le tout
à prendre sur les vendeurs. Charles V.
obtint aux Etats assemblés à Paris un
octroi de quatre livres par feu ès bonnes Villes, & d'un franc au plat-pays.
Le prix du marc d'argent fin etoit alors
à cinq livres, & celui du marc d'or fin

à foixante livres ; ainfi cette impofition
revenoit par feu dans les villes à quarante-deux livres actuelles environ, &
à onze livres dix fols dans le plat-pays.
Indépendamment de ces moyens les
Rois eurent recours aux refontes de
monnoyes qui firent beaucoup plus de
tort aux Peuples que les fubfides extraordinaires, aux recherches des gens
de Finance, aux perfécutions contre
les Juifs. On n'étoit point, avant François I. dans l'ufage des emprunts perpé-
tuels, des créations de charges, des
augmentations de gages & autres aliénations ruineufes qui depuis perpétue-
rent & accumulerent les impôts fans
aucune utilité pour le Prince ; & comme les befoins extraordinaires étoient
pourvus par des contributions extraordinaires, elles portoient également fur
le Clergé, la Nobleffe, & le Peuple.
   Dans l'année 1514 fous le Regne de
Louis XII. les revenus montoient, fuivant M. de Sully, à fept millions fix cent
cinquante mille livres. Le marc d'argent
fin valoit onze livres, le marc d'or fin
cent trente livres ; ainfi cette fomme
équivaloit à trente - fix millions actuels
environ, mais répondoit à une dépenfe infiniment plus forte à caufe de
l'augmentation

l'augmentation de valeur intrinfeque furvenue, fur les denrées.

Depuis François I, les guerres avec la Maifon d'Autriche obligerent d'augmenter les anciens impôts & d'en imaginer de nouveaux.

Dans l'année 1547 que mourut ce Prince, je trouve, dans un des manufcrits de Bethune confervés à la Bibliotheque du Roi, que la recette monta à quatorze millions quarante - quatre mille cent feize livres deux fols un denier, non compris les recettes de Bourgogne, Provence, & Bretagne, & déduction faite des charges. Suivant les Mémoires de Sully, ces revenus montoient à quinze millions fept cent trente mille livres : le marc d'argent valoit quatorze livres, & le marc d'or cent foixante-cinq ; ainfi cette fomme contenoit autant de marcs d'argent fin qu'aujourd'hui une fomme de cinquante-fix millions environ. Le manufcrit déjà cité porte qu'en 1547 il fut emprunté en foire de Lyon fix millions huit cent cinquante mille huit cent quarante-quatre livres dix fols ; peut-être étoit-ce une avance fur la recette courante. Suivant M. de Thou, ce Prince laiffa quatre cent mille écus d'or dans

Tome I.   C

ses coffres, outre le quart des revenus dont le recouvrement n'étoit pas encore fait.

En 1557, sous le regne de son fils, le produit des revenus, charges déduites, paroît au même manuscrit de douze millions quatre-vingt-dix-huit mille cinq cent soixante-treize livres six sols onze deniers, non compris les Généralités de Bourgogne, Provence & Bretagne. D'autres Mémoires portent le revenu total à dix-huit millions; & il n'est pas possible que les charges fussent de six millions, François I, n'ayant laissé que soixante-quinze mille livres environ de rentes perpétuelles. Le marc d'argent fin valoit quinze livres, & le marc d'or fin cent soixante-douze livres.

En 1560, sous François II, le produit net des revenus montoit, suivant le même manuscrit, à neuf millions cent quatre mille neuf cent soixante-onze livres six sols huit deniers aux mêmes réserves.

En 1574, sous Charles I X, le produit net des revenus montoit à huit millions six cent vingt-huit mille neuf cent quatre-vingt-dix-huit livres quatre deniers aux mêmes réserves, & suivant d'autres Mémoires à vingt-un millions.

Le marc d'argent fin valoit dix-sept livres, & le marc d'or fin deux cent livres.

Le ravage & la desolation des campagnes pendant les guerres civiles, & l'interruption du Commerce, tarirent les sources de la Finance; la foiblesse & la fausse Politique du Gouvernement accrurent la licence & les prétentions des Grands, qui vendoient cher une foi chancelante; la prodigalité d'Henri III acheva de porter dans les affaires une confusion qui ne se peut exprimer. La misere des Peuples étoit extrême; mais le trafic honteux que faisoient les Favoris des Charges & des Emplois de toute espece; les profits énormes des Financiers & Traitans, par le besoin pressant & continuel que l'on avoit d'eux; la facilité de voler le Trésor public, par le mauvais ordre dans le maniement des deniers, & les sommes considérables que l'Espagne fournissoit aux séditieux, ne laisserent pas de pousser le luxe à un point inconnu jusqu'alors à la Cour & dans la Capitale. Le Peuple étoit dans une impuissance totale de nourrir les profusions de ce tems; le Prince eut recours à des emprunts, à des aliénations de Domaine, & l'avidi-

C ij

té des Courtifans imagina une foule de
petits droits à leur bienféance qu'il leur
fut permis d'exercer par eux-mêmes.

· Suivant l'état ci-joint, toujours tiré
de la même fource, les deniers reve-
nant-bons au Roi Henri III, dans l'année
- 1581 · ~~1580~~ , fans compter les charges acquittées par les Receveurs particuliers, &
le payement des gages des Cours Souveraines, montoient à onze millions
quatre cent quatre-vingt dix-huit mille
fept cent foixante-quinze livres trois
fols neuf deniers. Les Mémoires de
Sully & divers autres font monter les
revenus de Henri III à trente-un millions fix cent cinquante-quatre mille
quatre cent livres. On a crû devoir rapporter ces états, malgré leur contradiction ; parce que l'ufage s'étant introduit
fous Henri III d'abandonner aux particuliers certains droits dont ils faifoient
le recouvrement par eux-mêmes, il eft
poffible que la recette du Tréfor de l'E-
pargne fût réduite à onze millions quatre cent quatre-vingt-dix-huit mille fept
cent foixante-quinze livres : il eft même probable que, dans ces circonftances, il s'en falloit beaucoup que l'impofition affignée rentrât en entier dans
l'année. Sur ces fortes de détails, il n'y

a d'antentique que les comptes rendus
à la Chambre.

ETAT des Deniers revenans bons au Roi en 1581.

GENERALITE'	liv.	fo!s	den.
de Paris ,	259408	16	3
Champagne ,	406404	16	
Amiens ,	74214	3	2
Rouen ,	406956	2	11
Caën ,	209477	13	4
Bourges ,	123213	18	
Orléans ,	140760	9	6
Tours ,	198144	8	3
Poitiers ,	201080	13	6
Limoges ,	123006	11	
Riom ,	151185	13	4
Bordeaux ,	407421	3	6
Touloufe ,	59180	14	10
Montpellier ,	402804	18	7
Lyon ,	82153	13	9
Bourgogne ,	47822	18	
Dauphiné ,	5500		
Provence ,	11278		
Bretagne ,	96873		
Ordinaire de Blois ,	2725		
	3409612	9	11
Vente de Bois ,	225815	12	1
Du Clergé ,	22979	12	6
	3658407	14	6

	liv.	fols	den.
De l'autre part,	3658407	14	6
Parties Cafuelles,	3545885	10	

Ferme des Doua-
nes, Paftel & au-
tres, l'écu & demi
par tonneau de Vin
fortant du Royaume
nouvellement impo-
fé, outre les vingt
fols par queue de Vin
de l'impofition d'An-
jou ; enfemble les
traités faits avec le
Roi,

	4294481	19	3
Total,	11498775	3	9

Telle étoit la fituation du Royaume
lorfqu'Henri III reconnut , mais trop
tard, la faute qu'il avoit commife en
fe dépouillant de fa qualité de Juge &
de Maître dans les differends qui agi-
toient fon Royaume. A peine s'étoit-
il rappellé la gloire & la vigueur de
fes premiers ans , qu'un parricide ter-
mina fa vie. Henri IV reconnu pour
fon fucceffeur par tous les bons François , n'avoit cependant qu'un petit
nombre de ferviteurs ; le meilleur des
Rois fut contraint de fubjuguer toutes

fes Provinces les unes après les autres, de mendier des fecours étrangers, de recompenfer cherement les rebelles qui rentroient dans le devoir. Chaque jour les charges augmentoient & la recette diminuoit, par l'épuifement des Peuples, le ravage & la defolation des campagnes.

Couvrons des voiles de l'oubli ces évenemens odieux qui ne font pas de notre fujet, & voyons l'ordre qu'introduifit dans les Finances le grand homme auquel la Surintendance en fut confiée. Quoique M. le Duc de Sully n'ait été revêtu de cette Charge qu'en 1599, il eut entrée au Confeil qui fut formé fur cette partie dès 1594, & fes démêlés avec M. de Nevers l'engagerent à en fortir : l'année fuivante il y rentra, mais auffi infructueufement pour l'Etat, par les traverfes qu'il effuya de la part de fes collegues.

Sa Religion en étoit le prétexte ; la véritable caufe étoit la crainte qu'infpiroient fa fagacité, & cette auftere vertu qui formoit fon caractere.

Jamais on n'éprouva plus fenfiblement que les tems de confufion & de néceffités publiques font les plus favo-

rables à la fortune des Miniſtres infideles.

La plupart des membres du Conſeil
ou des Courtiſans accrédités avoient
interêt dans tous les Baux qui ſe paſſoient au nom du Roi: c'eſt principalement à cette manœuvre pernicieuſe
qu'on devoit imputer le peu de valeur
des diverſes branches des revenus publics, & le brigandage qu'exerçoient
des Fermiers aſſurés de trouver des
confreres dans les Juges du Peuple.
Auſſi les vit-on impunément interpre-
ter les Loix, étendre leurs droits ar-
bitrairement, & appeſantir chaque
jour le joug des ſujets, ſans que l'Etat
ſortît de ſes détreſſes.

M. de Sully en découvrit pendant
ſon Miniſtere une infinité de preuves;
mais l'aſſurance que le Roi s'en procura lui-même en 1595, fut ce qui le
décida entierement à lui confier la
principale geſtion dans cette partie. Il
l'avoit projetté & s'en étoit même ouvert à lui dès l'année 1593. Mais les
menagemens qu'il croyoit devoir aux
anciens membres du Conſeil & aux
Catholiques, la peine même d'une
grande ame à ſoupçonner la probité

des autres, le tenoient dans une espece d'irrefolution; lorfqu'enfin il apprit que le Confeil avoit affermé les aides de Normandie pour trente mille écus, fomme fort au-deffous de leur valeur; encore pour fruftrer l'Epargne de cette fomme, l'avoit-on imputée fur de vieilles dettes du Tréfor Royal; nouvelle fource d'abus dont nous parlerons à fa place. Il fe convainquit en même tems que les cinq groffes Fermes n'étoient pas adjugées au quart de leur valeur, par la connivence des Traitans avec ceux du Confeil, & peut-être par l'ignorance profonde de ces mauvais Confeillers; car des Miniftres fans principes font forcés de fe remettre entre les mains des fubalternes, & fervent leur cupidité avec des intentions pures.

PREMIERE EPOQUE.

Année 1595.

DÈs ce moment les provifions furent délivrées à M de Sully pour fon entrée dans le Confeil des Finances. Quoique la plus grande partie de fa vie eût été employée aux armes, fon grand fens, l'habitude de réfléchir fur tout ce qu'il voyoit, difons même, l'ordre qui régnoit dans fa conduite & fes affaires domeftiques, annonçoient affez qu'il étoit capable de ce nouveau genre de travail. En effet dès l'année 1593, on le voit tracer, dans une de fes lettres au Roi, le plan de conduite le plus propre à rétablir les affaires.

Ses propofitions étoient à l'égard des Finances ; » 1°. de faire une perquifi-
» tion bien exacte de toutes les facultés
» & revenus du royaume, de quelque
» nature & qualité qu'ils puiffent être,
» avec un éclairciffement bien particu-
» lier des caufes, origines, établiffe-
» mens & perceptions d'iceux ; enfem-
» ble des droits & redevances qui ont
» été abolis par le tems, la négligence
» des Officiers & autres caufes que l'on
» pourra découvrir, & des aménage-
» mens & améliorations qui fe pourront
» faire fur les uns & les autres.

» 2°. Un état bien circonftancié de
» toutes les dettes auxquelles la France
» peut être obligée, foit à caufe des en-
» gagemens & aliénations de domaines
» ou autres revenus, foit par créations
» ou conftitutions de rentes fur toutes les
» diverfes natures de revenus, foit par

» affectation de gages, taxations, droits
» & attributions d'Offices de toutes for-
» tes, soit par reconnoissances particu-
» lieres en vertu d'Arrêts du Conseil &
» des Cours souveraines, ou en vertu
» d'acquits, Lettres, Mandemens, Pa-
» tentes & réceptions expédiées; en ap-
» profondir la connoissance jusqu'à la
» cause, source & origine de chacune
» d'icelles, & regarder aux moyens de
» les régler, diminuer & acquitter peu
» à peu, de tems en tems, selon que l'é-
» tat des affaires & les qualités des per-
» sonnes le pourront permettre.

» 3°. Un Registre bien certain de tous
» les Officiers Royaux, tant Commen-
» saux & Militaires, que de Judicature,
» Police, Ecritoire & Finance, avec une
» spécification de ceux qui sont absolu-
» ment nécessaires, & de ceux dont on
» se pourroit bien passer, afin de les di-
» minuer peu à peu, ensemble leurs ga-
» ges, droits & attributions, autant que
» l'état des affaires le pourra permet-
» tre ».

C'est ainsi qu'un esprit droit & péné-
trant se forme nettement & en racourci
le plan des opérations les plus difficiles
& les plus compliquées en apparence.
Non-seulement dans toutes les circonf-

tances de defordre, il fera toujours impoffible d'y apporter le remede convenable fans ces connoiffances préliminai-
res ; mais on peut dire encore que fans
elle l'adminiftration feroit aveugle dans
les tems les plus heureux, parce qu'ils
ne le font jamais affez pour qu'il ne refte
encore quelque réforme utile à entreprendre.

La connoiffance exacte des revenus
de l'Etat & de tout ce qui appartient à
leur perception, conduit naturellement
à diftinguer ceux dont la reffource eft la
plus étendue, la plus prompte, & la plus
affurée ; ceux que le peuple paye le plus
également, & dès-lors le plus facilement ; ceux qui font à charge, ou peu
utiles à l'Etat ; ceux enfin dont la perception nuit aux autres : obfervation
importante, & fur laquelle nous aurons
à infifter plus d'une fois. On parvient à
s'affurer de la dépenfe des Régies, des
profits des Fermiers ; & ces deux certitu-
des font toujours la fource la plus abon-
dante, foit des augmentations des revenus, foit du foulagement des fujets, fans
recourir à de nouveaux impôts. Il faut
convenir cependant qu'alors on ne s'oc-
cupoit pas affez d'une étude qu'on peut
appeller le rudiment des Politiques, &

qui confiste dans des recherches fur la population d'un Etat, fur la proportion entre le nombre des habitans des villes & des campagnes, fur celle des hommes qui s'appliquent aux diverfes profeffions, enfin fur l'aifance de chacune de ces claffes. Cette étude eft véritablement la clef de toutes les bonnes opérations de Finance; elle doit précéder l'examen dont nous venons de parler, & qui lui fert de preuve évidente, comme la multiplication eft la preuve de la divifion.

L'état circonftancié des dettes nationales à raifon des aliénations des Domaines, des créations de Rentes, attributions de gages, dons, mandemens, eft en général d'un examen indifpenfable après de grandes profufions, ou après de grandes néceffités: auffi eft-ce toujours par-là qu'on a commencé les réformes. En effet ce qui fe paffe dans la fortune des particuliers, indique clairement ce qui doit arriver dans celle des Etats. Un homme n'emprunte que parce que fes revenus ne fuffifent pas à remplir l'objet qu'il fe propofe; & dès qu'il eft devenu débiteur, il eft conftant que fon revenu diminue relativement à fa dépenfe de tout le montant des intérêts.

Si cette dépenfe continue cependant d'être la même, au bout d'un terme tout le capital du bien eft engagé : & il ne reftera rien à l'emprunteur, fi les créanciers ne veulent pas condefcendre à un accommodement.

Les Etats comparés aux particuliers ont dans leurs emprunts un avantage & un defavantage ; l'avantage confifte à pouvoir continuer la même dépenfe pendant un certain efpace de tems, en créant de nouveaux impôts pour l'acquit des intérêts; mais enfin cette facilité a fon terme, & comme le fonds eft inaliénable, il faut néceffairement en venir à s'accommoder avec les créanciers. Le defavantage des Etats eft de ne pouvoir prefque jamais diminuer leurs dépenfes, & d'être rarement à portée de tirer une utilité de leurs emprunts, car les conquêtes n'en font point une; au lieu que les particuliers peuvent pratiquer l'un & l'autre. Il faut convenir cependant qu'il eft dans l'apurement de ces dettes des expédiens plus ou moins doux : mais, regle générale, il eft impoffible de foulager le peuple dans un Etat qui paye de gros intérêts à fes créanciers.

Le dénombrement de tous les Officiers royaux, tant commenfaux que militaires & civils, n'eft pas moins intéreffant au foulagement des Finances qu'à la police d'un Etat. Toute création d'office emporte avec elle trois fortes de charges fur le peuple : l'une confifte dans le payement des gages attribués aux Officiers ; la feconde dans les droits & les formalités qu'ils exigent en exerçant leur office ; & ce n'eft pas la moins confidérable, fi l'on fait attention qu'il eft peu de charges qui ne foient vendues au bout d'un certain tems le double au moins de leur taxe : la troifiéme dans l'augmentation des perfonnes privilégiées, quoique les corvées & les obligations à remplir reftent toujours les mêmes. Il n'eft ici queftion que des charges directes fur le peuple ; car les offices multipliés & inutiles ont encore introduit deux grands vices dans le Corps politique. L'un eft la diminution dans le nombre des travailleurs, & l'efpece de honte répandue fur le travail. Le fecond eft une efpece d'indépendance fondée fur les befoins apparens de l'Etat, qui conduit à la négligence dans l'exécution des devoirs : un coupable qui tient à un Corps, dont il faut faire le procès en forme, n'eft jamais dépoffédé.

La Police de l'Etat est donc intéressée à tous égards à ce que les Charges & Offices soient dans la proportion la plus approchante du nécessaire. On doit même observer que cette facilité de placer avantageusement son argent en se procurant des distinctions, soutient le prix des intérêts, ce qui nuit étrangement à la culture des terres & au Commerce.

C'est avec ces principes économiques que M. de Sully entra dans l'administration des Finances, & ils furent successivement la base de ses diverses opérations, à mesure que les circonstances le permettoient.

La premiere fut de se transporter dans les principales Généralités, & d'envoyer des hommes de confiance dans les autres pour vérifier la portée des revenus publics, les demandes qu'on pouvoit former, & ce que l'on pourroit recouvrer d'argent comptant dont le Roi avoit un besoin pressant. Les membres du Conseil intéressés à voir échouer ce projet, firent jouer toutes sortes de mines pour le traverser. Par leur conseil les Officiers des Bureaux des Finances & des Elections, les Receveurs & Contrôleurs s'absenterent ou refuserent de donner connoissance de leurs états; les bruits les plus

plus odieux, furent femés parmi le peuple. M. de Sully oppofa à tant d'obftacles fa patience & fa fermeté: muni d'un pouvoir très-ample par fa commiffion, comme il en avoit bien prévu la néceffité, il fufpendit de leurs Charges tous ces Officiers, fit exercer en attendant par deux des moins corrompus dans chaque Jurifdiction, & publia qu'on étoit réfolu d'en réduire le nombre. Cette conduite fi propre à flater l'efpérance des peuples, produifit encore le retour de ces Officiers, qui pour mériter une préférence lui donnerent à-l'envi une partie des éclairciffemens qu'il defiroit.

Il fe fit d'abord repréfenter les états de l'année courante, avec les mandemens, acquits, refcriptions, & autres affignations levées fur toutes les natures de deniers, avec les comptes & états des trois années précédentes.

Le premier fruit de ce travail fut de reconnoître une quantité d'affignations levées pour de vieilles dettes, de rembourfemens de prêts, d'arrérages de gages, de rentes & de penfions à des gens obfcurs & fans mérite, de refcriptions en blanc, ou fous des noms fuppofés, fans qu'il y fût pourvû fur les Etats. Cette premiere vérification quoi-

que faite à la hâte produifit cinq cens
mille écus que les Receveurs furent
obligés de rapporter, comme ayant payé
fans titre fuffifant. Dans le fond, c'é-
toit pour eux - mêmes ou les intéreffés
à la Cour, que la plupart de ces fommes étoient détournées.

Le fecond fruit fut d'indiquer la méthode que les Employés dans les Finances avoient fuivie pour les diffiper à
leur profit, & les moyens d'en exiger
par la fuite des reftitutions.

Le troifiéme enfin, de connoître la
néceffité de mettre un ordre plus clair
dans les écritures & les réglemens propres à prévenir les doubles emplois,
les falfifications qui fe commettoient à
la faveur de la confufion des comptes,
& de l'enjambement des parties l'une
fur l'autre; à raifon de la diverfité des
natures de deniers ou d'impôts, & des
années fur lefquelles le payement devoit être reparti. Le pillage du tréfor
public étoit tellement en ufage, & M.
de Sully fe connoiffoit fi bien en hommes, que pour tendre un piége à fes envieux il feignit d'avoir perdu les bor-
dereaux des fommes qu'il rapportoit, &
fe contenta de les faire dépofer chez le
Tréforier de l'Epargne par les huit Re-

ceveurs Généraux. En effet quelque tems après, quoique rien ne dût se payer que sur les ordonnances du Conseil, cette somme se trouva diminuée de quatre-vingt mille écus sur les registres du Contrôleur Général d'Incarville, qui s'en excusa sans pudeur sur la négligence mendiée d'un Commis.

Le voyage des autres Commissaires ne fut pas à beaucoup près aussi utile, soit qu'ils manquassent de zele, d'intelligence, ou peut-être de courage; car il en faut pour dévoiler des abus accrédités par l'intérêt qu'y trouvent les Grands.

On s'apperçut aussi dans le cours de ces voyages qu'une grande partie des Elus jouissoit de l'exemption de la taille sans avoir payé la finance ordonnée en 1577, & que dans certaines années le produit de leurs taxations les avoit remboursés de leurs Charges; on leur imposa un supplément. Le même Edit en leur recommandant de faire exactement leurs chevauchées, leur enjoint d'envoyer un état de toutes les especes de Péages, de leur nécessité, & de la maniere dont les reparations sont faites.

Année 1596.

Cependant le jour arriva pour l'ouverture des Etats , ou assemblée des Notables comme il plut à quelques personnes de la faire appeller. Le succès fut tel qu'il a toujours été & qu'il sera toujours , dans des assemblées convoquées de loin en loin ; parce que les membres n'y apportent en général que des intérêts opposés , des vûes bornées ou particulieres , d'anciens préjugés au lieu de principes, & souvent la licence ou la prostitution de l'éloquence. Si même les Etats particuliers ont beaucoup moins d'inconvéniens , en ce qu'ils se rassemblent souvent & à des termes fixés , on sera forcé de convenir en y réfléchissant , qu'ils seroient encore plus utiles aux Peuples des Provinces qui en jouissent , si les membres vraiment remplis de l'esprit public faisoient leur principale occupation d'établir la meilleure forme de recouvrement & la meilleure répartition possibles pour les impôts dont le Gouvernemem a besoin. L'égalité étant ainsi établie parmi les contribuables , une partie des frais de la Regie leur revien-

droit en bon ; & il eſt toujours avantageux au Prince d'en être déchargé ,
pourvû que ſes beſoins ſoient ſatisfaits :
auſſi , loin d'attaquer ces conſtitutions
dont l'Etat a retiré de grands ſervices
dans diverſes occaſions , & ſous leſquelles les peuples ſe croyent plus heureux , il paroîtroit utile de raſſurer
entierement les eſprits ſur leur conſervation , mais de propoſer à ces aſſem-
blées les methodes les plus utiles pour
leurs Regies , pour l'emploi de leurs
fonds excédents , de recompenſer même les Citoyens qui ſe ſeroient diſtingués par leur zele pour les réformes
utiles. L'autorité de la raiſon & de la
bienfaiſance eſt plus lente , mais plus
étendue que celle qui réſulte du pouvoir.

L'aſſemblée des Notables avoit pour
but le rétabliſſement des Finances de
la Monarchie. Après les conteſtations,
les irreſolutions qu'on peut ſuppoſer
dans les Conſeils d'une aſſemblée tu-
multueuſe & ſans experience, on s'arrêta à deux idées. On propoſa d'établir un Conſeil de Raiſon dont les
membres nommés d'abord par l'aſſemblée, & enſuite par les Cours ſupérieu-
res, partageroient avec le Roi les reve-

nus de l'Etat, & se chargeroient aussi de
la moitié des dépenses publiques, c'est-
à-dire, de tout ce qui concernoit les
pensions , gages d'Officiers , rentes,
arrérages , & autres dettes de l'Etat ;
la réparation des Villes , Bâtimens,
grands-chemins, & ouvrages publics,
sans être tenus à rendre compte , tant
de la régie que de la dépense, au Roi ni
à aucune Cour souveraine. L'indé-
cence d'un projet qui élevoit dans l'E-
tat un nouveau Corps indépendant ,
n'étoit pas plus grande que l'imprudence de séparer en quelque façon l'intérêt du Prince de celui du Peuple, comme cela arriveroit si quelque partie de
l'administration pouvoit être soustraite
à sa vigilance & à sa protection. On
laissoit au Roi une pareille indépendance pour l'autre moitié des revenus
publics, qu'il devoit faire regir à son
profit , avec la charge de toutes les
dépenses militaires, des Fortifications,
des affaires étrangeres , de l'entretien
de sa Maison. La licence des troubles
passés avoit donc fait oublier que le
Prince n'est tenu à aucun compte ; &
qu'il n'a été établi des Juges & prescrit
des formes dans cette partie, que pour
prévenir les surprises qui pourroient

lui être faites par des Miniftres ou des Officiers infideles.

Pour faire monter les revenus à trente millions, on imagina de lever le fou pour livre fur toutes les denrées qui fe vendroient dans le Royaume, excepté le bled; & cet impôt fut évalué à cinq millions; ce qui n'eût pas encore fuffi, felon M. de Sully, pour completer les trente millions. Quoique cet impôt n'ait pas réuffi dans le tems, & que M. de Sully l'ait defapprouvé fans en donner de grandes raifons, il n'en eft pas moins évident que les impôts modérés & proportionnels fur les confommations, font les moins onéreux au Peuple, ceux qui rendent le plus au Souverain, & les plus juftes. Ils font moins onéreux au Peuple, parce qu'ils font payés imperceptiblement, & journellement, fans effrayer ni decourager l'induftrie; parce qu'ils font le fruit de la volonté & de la faculté de confommer : ils rendent plus au Souverain qu'aucune autre efpece, parce qu'ils s'étendent fur toutes les chofes même néceffaires, qui fe confomment chaque jour ; enfin ils font plus juftes, lorfqu'ils font proportionnels, parce que celui qui poffede les richeffes , ne peut en jouir fans payer à proportion de fes facultés. Comme les exemples perfuadent plus le commun des hommes que les raifons, je citerai pour appuyer celles-ci malgré leur évidence , l'experience conftante de l'Angleterre , de la Hollande, de la Pruffe , & de diverfes villes de l'Italie.

Il vaut donc mieux chercher les raifons qui rendirent alors cet établiffement auffi infructueux qu'onéreux au Peuple. Premierement , la mifere étoit encore trop grande dans les campagnes, après les calamités qui les avoient fi long-tems affligées, pour efpérer que leurs confommations s'étendiffent au-delà du néceffaire phyfique très - reftraint. 2°. L'autorité & la Police n'étoient pas encore affez bien affermies , pour qu'il ne fe commît pas beaucoup d'abus, de fraudes , & de graces dans la perception. 3°. Les efpeces n'étant point diftinguées, & les denrées de luxe ou de commodité ne payant pas plus que les denrées néceffaires, le pauvre étoit chargé dans la même proportion que le riche. 4°. On ne faifoit pas attention que le Peuple payant déja de groffes tailles, qu'à peine

ne il étoit en état de supporter, &
dont le Roi, peu interessé au produit
du sou pour livre, n'étoit pas en état
de le décharger, on n'appercevoit pas,
dis-je, que les deux impôts se nuiroient
l'un à l'autre. En effet, ajouter un impôt sur les consommations, à un impôt très-considérable, c'est écraser le
contribuable ; au lieu que substituer
un impôt sur les consommations, à
un impôt personnel, c'est tirer plus
d'argent des sujets d'une maniere plus
douce. 5°. Ce n'est que dans les villes qu'il convient d'établir des entrées ;
& par celles qui y sont soumises on
peut facilement comparer le produit
des deux genres d'imposition ; quoiqu'il s'en faille beaucoup que les tarifs
qui existent, approchent de la perfection convenable, non plus que la régie.

Enfin M. de Sully prétendit, avec d'autant moins de fondement, que cet impôt ne rendroit pas six cens mille livres,
qu'on voit un compte de lui, par lequel
il évalue à quarante millions les dépenses de luxe, qui se faisoient tant à la
Cour que dans les bonnes villes, sans
compter la dépense du nécessaire pour la
nourriture, le logement, & le vêtement.
Si nous supposons que la moitié seule-

ment de ces quarante millions eût payé le droit, cet article ſeul rendoit un million : le reſte de la dépenſe pour le vêtement & la nourriture devoit ſur cette proportion rendre bien près des cinq millions tous frais faits, ſi l'on s'y fût bien pris

Le Cardinal de Richelieu reconnoît, dans ſon Teſtament politique, que cette eſpece d'impôt ſeroit plus avantageuſe au peuple que beaucoup d'autres ; mais il ne conſeille point une nouveauté, par rapport aux circonſtances. Véritablement il convient toujours au Légiſlateur de ſe conformer à la diſpoſition des eſprits ; & nul changement ne peut réuſſir en aucun pays, s'il n'eſt préparé.

Le meilleur de tous les expédiens, eſt d'introduire ſucceſſivement la réforme dans quelques endroits, & de la faire deſirer dans les autres, par l'autorité que lui acquiert le ſuccès. La confiance eſt le ſceptre par lequel il ſied le mieux aux Souverains de régir leurs ſujets.

Les propoſitions de l'aſſemblée ne laiſſerent pas d'être acceptées, parce que le Roi & ſon Miniſtre prévirent bien que l'inexpérience des membres du Conſeil de Raiſon les jetteroit dans un embarras dont ils ne pourroient ſortir qu'en ſuppliant Sa Majesté de les en décharger. Leur imprudence fut réparée par l'aveu qu'ils eurent la bonne foi d'en faire, & la Couronne rentra dans ses droits.

M. de Sully continuoit toujours ses recherches : assiégé de toutes parts par les Créanciers de l'Etat, il ne voyoit cependant pas encore clair dans les recettes. Pour se former une idée juste du desordre des affaires, il est bon de jetter les yeux sur les sommes dûes par le Royaume, ou prétendues par les créanciers.

ETAT des Dettes de la France en 1595.

	liv.
A la Reine d'Angleterre, tant pour argent prêté que solde & entretien des troupes & vaisseaux auxiliaires	7370800
Aux Cantons Suisses, y compris les intérêts pour pensions, services rendus ou censés tels.	35823477
Aux Princes d'Allemamagne, villes impériales, Colonels & Capitaines des Reistres & Lansquenets, pour argent prêté, solde de gens de guerre, pensions...	14689834
	57884111

liv:

De l'autre part. . 　57884111

Aux Provinces-Unies pour argent prêté, folde de gens de guerre, vaiffeaux fournis à Sa Majefté. 　9275400

Dû fur les gages, apointemens, penfions, paye aux Princes, Seigneurs, Gentilshommes, Colonels, Capitaines, foldats, pendant la guerre. . . . . . 　6547000

Pour dettes prétendues par les Intéreffés aux Finances, par les Villes, Communautés, pour arrérages de rentes, par les Officiers de Judicature, Police & de Finances, pour gages, états, penfions. . . 　28450360

Pour Mandemens & Acquits, Patentes fur l'Epargne, provenans la plûpart des comptes du Roi Henri III. . . . . 　12236000

Engagemens de Domaines, Conftitutions de rentes fur toutes fortes de revenus dont les particuliers

114392871

De l'autre part. . . 114392871
jouiſſent par leurs mains
ou ſont payés par les Officiers 150000000
Montant des traités faits
pour la réduction du
Royaume. 3222738 1
Total. 296620252

D'après les vains efforts de l'aſſemblée des Notables pour faire monter les
revenus à trente millions ; au moyen de
l'évaluation du ſol pour livre à cinq
millions, il paroît qu'on peut les eſti-
mer à vingt-trois millions environ,
dont ſeize millions en tailles, & le ſurplus en autres droits, ſans compter ceux
que les aliénataires exerçoient par eux-
mêmes. Les charges ne montoient pas
à-moins de ſeize millions ; ainſi les parties qui rentroient au Tréſor de l'Epargne n'étoient au plus que de ſept millions environ, ſomme inſuffiſante à
tous égards aux beſoins de l'Etat. Les
fortifications, les grands chemins, les
ponts & chauſſées avoient beſoin de
réparations urgentes. Les peuples é-
toient en-arriere de grandes ſommes
pour le payement des tailles ; ainſi leur

misere ne permettoit pas de recourir à
de nouvelles levées.

L'ordre & l'économie de M. de Sully
suppléerent à tout ; il faut que leur reffource foit prodigieufement étendue,
puifque ce Miniftre, quoique fupérieu-
rement éclairé dans toutes les parties
du Gouvernement, ne laiffoit pas de
manquer encore de quelques vûes dont
le fiecle fuivant a tiré des fecours infinis.

Année 1597.

D'après les découvertes que lui avoit
procurées fon voyage dans les quatre
Généralités, il s'appliqua d'abord à empêcher, dans la confection des Etats de
1597, que les affignations fur une recette n'en paffaffent la portée. C'étoit
à la faveur de ces anticipations accumulées, que les membres du Confeil &
les Financiers introduifoient dans les
comptes une confufion fi favorable à
leurs intérêts. Par là ils paroiffoient toujours n'avoir point de deniers qui ne fuffent engagés à l'avance: ils en difpo-
foient à leur profit, & abufant de l'impatience des Créanciers de l'Etat, ils
achetoient à vil prix leurs créances dont
le capital étoit porté en entier dans leurs

comptes. Il arrivoit auſſi que pluſieurs
créances qui n'auroient pû ſoutenir une
vérification ſévere, s'acquittoient par
préférence aux plus légitimes, par la
bonne compoſition qu'on étoit en état
d'en faire.

Quelque attention que M. de Sully
eût employée, il ne put empêcher cette
année qu'on ne le trompât encore d'un
cinquiéme, qu'il évalue à deux millions. Pour remplir ce vuide, il retira
les Parties caſuelles, les Gabelles, les
cinq groſſes Fermes, & les Péages des
rivieres, des mains des anciens partiſans, & elles furent pouſſées à deux
millions de plus.

Pour rendre libres les revenus, & ſe
procurer le tems de reconnoître les titres des ſommes employées ſur les Etats
du Roi, il en fit l'extrait partagé en diverſes claſſes, & les rejetta totalement des
Etats ; mais en même tems il remit dans
une caiſſe à part l'excédent de la recette
ſur la dépenſe, & deſtina le montant
à acquitter les parties les plus preſ-
ſées ou les plus légitimes : à meſure que
les liquidations avançoient, & que la
partie du tréſor royal augmentoit au
moyen des retranchemens, il augmentoit le payement des Charges, ou en

éteignoit le capital. On fent que cette opération auffi hardie qu'importante ne pouvoit réuffir qu'à un Miniftre au-deffus de l'intrigue & des égards particuliers, foit par fon propre caractere, foit par la confiance de fon maître.

Sa maxime principale étoit d'appliquer à chaque partie de la dépenfe une partie de recette, fans jamais la détourner à aucun autre emploi. Cet arrangement indifpenfable, auquel Henri ne dérogea jamais, contribua infiniment à la profpérité des affaires : aucune partie ne languiffoit ; les entreprifes fe faifoient avec confiance au rabais. Dans des momens de crife la bourfe des particuliers fourniffoit, à un médiocre intérêt, des fecours abondans ; ou bien on avoit recours à une impofition extraordinaire.

· On ne tarda point à fentir les effets de cette conduite : le fiége d'Arras fut réfolu ; & les prix arrêtés pour la fourniture tant des vivres que des voitures de l'armée furent fi modérés, que le Roi ne pouvoit revenir de fa furprife. En effet les chofes ne s'étoient point paffées de même au fiége de la Fere ; parce que ceux du Confeil s'étant arrangés avec les Traitans en gros, on avoit paffé en compte au Roi le double ou le triple de ce qu'on payoit aux Pourvoyeurs en fecond.

Au mois de Mai le Clergé affemblé continua pour dix ans la fubvention ordinaire de treize cens mille livres. Le Clergé s'étoit obligé en 1567 de rembourfer en dix ans les aliénations fur les Domaines du Roi engagés à la ville, montant à fix cens trente mille livres de rente au principal de fept millions cinq cens foixante mille cinquante-fix livres treize fols huit deniers, conformément au Contrat de Poiffy de l'année 1561 ; & avoit deftiné, tant à ce rembourfement qu'au payement des arrérages, une fomme annuelle de treize cent mille livres qui fut dépofée entre les mains du Receveur de la ville. Mais dans l'intervalle le Roi, du confentement des Députés & des Syndics Généraux du Clergé, affecta de nouvelles rentes fur ces treize cent mille livres ; de façon qu'en 1577 le Clergé n'avoit point rembourfé de capitaux. En 1579 le Clergé affemblé protefta contre la démarche de fes Députés & Syndics Généraux, & foutint n'être point débiteur envers la Ville des rentes affectées fur lui : mais il continua de payer au Roi, par forme de fubvention ordinaire, la fomme de treize cent mille livres. Suivant divers Auteurs, jufqu'à l'an 1179 les immuni-

tés du Clergé paroiffent n'avoir été que
perfonnelles de pure grace, & non réelles ni générales. Depuis cette époque
jufqu'en 1516, les décimes fe leverent
feulement fuivant les befoins de l'Etat :
en 1516 elles commencerent à devenir
fixes fous le nom de fubventions & de
dons gratuits, comme les impofitions
des pays d'Etats qui adminiftrent par
eux-mêmes, fous la protection du Souverain, cette répartition. On établit en
outre dans l'occafion les Décimes extraordinaires & les ventes des biens Eccléfiaftiques, auxquelles les Rois pro-
céderent quelquefois de leur pleine autorité, comme en 1521, 1535, 1541,
1550, 1574; ou bien en affemblant le
Clergé, comme en 1561, 1567, &c.
ce qui eft devenu la forme la plus ordinaire, en même tems qu'elle paroît la
plus conforme à l'efprit des priviléges
dont divers corps de l'Etat ont été re-
vêtus. Quoi qu'il en foit, ce fut un
malheur véritable pour le Clergé &
pour l'Etat, que les fonds deftinés au
rembourfement déterminé par le Contrat de Poiffy euffent été détournés à
des ufages différens : car depuis ce tems
le Clergé jufqu'en 1710 ne fecourut
plus l'Etat que par des emprunts perpé-

tuels qu'il ne fongea point à rembourfer ; il s'eft vu fucceffivement furchar-
gé d'impofitions, fans pouvoir fournir
au Prince les reffources que fa richeffe
fembloit promettre, & que de meilleurs principes dans l'adminiftration
euffent multipliées fans que le corps en
eût fouffert davantage. Cette même
année le Roi ordonna à fon profit la
revente des offices de Receveurs des
décimes comme domaniaux, & à la
charge du Clergé quant aux gages. C'eft
encore un des moyens dont on s'eft fervi
pour faire contribuer le Clergé ; mais
toujours moyen ruineux, puifqu'il em-
portoit avec lui une aliénation perpétuelle de revenus, & qu'il augmentoit
le nombre des Privilégiés.

La furprife d'Amiens rompit les projets de conquêtes de Henri, & jetta la
confternation dans le Royaume. Il fallut
tourner toutes fes vûes du côté de la
reprife de cette Place, raffembler un
plus grand nombre de troupes, rempla-
cer les vivres & l'artillerie dépofés dans
les magafins d'Amiens, enfin redoubler
de vigueur dans une attaque dont dé-
pandoit la réputation du Roi, la fûreté
des Provinces, & l'efpérance d'un Traité de paix favorable.

L'embarras n'a jamais été de trouver de nouveaux moyens de demander de l'argent ; le point capital, comme le remarquoit M. de Sully, étoit d'en trouver promptement & fûrement, fans achever d'opprimer les campagnes, & d'ôter ainfi pour l'avenir au Roi fes reffources les plus fécondes, & en un fens les feules véritables. Quoique dans le vrai toute nouvelle maniere de faire des fonds foit un impôt fur le peuple, il fe détermina à propofer les expédiens qui lui parurent les plus doux dans les néceffités actuelles.

1°. Un don gratuit au Clergé pour une ou deux années, en l'obligeant d'en faire l'avance.

2°. Une nouvelle création d'offices; quatre en chaque Cour Souveraine, quatre Maîtres des Comptes en chaque Chambre ; deux Offices dans chaque Bureau des Finances, deux charges de Confeiller en chaque Préfidial, d'Affeffeur en chaque fiége Royal, & d'Elu en chaque Election.

3°. Ajouter à tous les Officiers de Finances un Triennal.

4°. Retarder d'une demi-année le payement de tous les Rentiers fur les Tailles, Gabelles, Domaines, & autres revenus du Roi.

5°. Demander un quartier de tous les engagemens du Domaine aux particuliers qui en jouiſſoient par leurs mains.

6°. Augmenter de quinze ſols le minot de ſel à perpétuité, afin de rembourſer inſenſiblement les Offices inutiles & créés dans des tems de beſoin.

7°. Tiercer les entrées & droits de rivieres par une ſimple réappréciation des marchandiſes.

8°. Faire un emprunt actuel de douze cent mille livres rembourſables dans deux ans, avec les intérêts ſur pareille augmentation faite dans les Gabelles & cinq groſſes Fermes.

9°. Obliger par les pourſuites d'une Chambre de Juſtice les Traitans qui avoient fait de groſſes fortunes pendant la confuſion des derniers tems, à payer une taxe par forme d'emprunt.

10°. Demander aux Provinces de l'Iſle de France, Berry, Touraine, Orléanois, & Normandie trois Régimens de quinze cens hommes chacun levés ſous leurs noms, à leurs frais, & entretenus pendant trois mois du jour de leur arrivée au ſiége.

L'intention de M. de Sully n'étoit pas d'entreprendre tous ces moyens à la fois, mais de raſſurer d'avance le Roi

fur les évenemens. En Miniftre fidele
& en Citoyen, il ne laiffa pas de lui
repréfenter que fes vûes devoient fe
borner à obtenir une bonne paix, afin
de procurer à fes fujets le foulagement
tant de ces expédiens onéreux, que des
autres impôts fous lefquels ils gémif-
foient.

Le Roi s'en tint à la levée des trois
Régimens ; à l'emprunt des douze cens
mille livres qui fut fait en peu de jours
par la confiance qu'infpiroit l'économie
du Gouvernement & la parole Royale ;
à l'impofition de quinze fols par minot
de fel, parce qu'alors cette contribution
étoit payée par tous les ordres de l'E-
tat quoique vicieufe en elle-même ; à
la création des Offices triennaux, mauvaife reffource fi la confufion & les circonftances euffent permis de choifir, &
qui produifit douze cent mille écus; à
une commiffion pour la recherche des
Financiers, y compris tous les Tréforiers de France, qui prévinrent la recherche par un don de douze cent mille
écus en forme de prêt.

Le Clergé renouvella auffi le 4 Mai
1596 fon contrat de fubvention annuelle de treize cent mille livres pendant
dix années.

Le Roi en partant déclara à M. de Sully qu'il répondroit seul des opérations de Finances ; c'étoit lui en laiffer la difpofition abfolue. Son zele libre deformais des contradiêtions & des tracafferies que lui fufcitoient l'envie & la cupidité, fe livra tout entier au foin de faire rentrer les fonds, & d'en faire une diftribution fi exaête, qu'une abondance inconnue regnoit dans le camp, & qu'aucun des autres engagemens de l'Etat ne périclitoit.

Ce Miniftre effuya cependant encore une tentative de la part du Confeil au fujet de la vente des Offices triennaux ; car la cupidité ne fe rebute jamais, & fa propre honte la nourrit. Un gros Partifan de Tours nommé Robin demanda, de concert avec ceux du Confeil, l'adjudication des Offices de la Généralité de Tours & d'Orléans pour la fomme de foixante douze mille écus, & voulut intéreffer Madame de Sully à l'appuyer par l'offre d'un diamant de fix mille écus pour fon mari, & de deux mille pour elle. Il s'y prenoit mal avec un homme qui ne connoiffoit d'amis à obliger que le Peuple & fon Maître ; de plus, intimément perfuadé que l'influence des courtifans dans les affaires de la Finance

en eft la perte abfolue : car ce qu'ils reçoivent eft évidemment diminué fur le
produit des revenus, & n'eft jamais en
proportion du gain que fe propofent les
Partifans à l'abri d'une forte protection ;
fans compter le mauvais choix des fujets qui eft infiniment plus important
qu'on ne penfe. La févérité de la repri-
mande que M. de Sully fit à fa femme
en préfence du Traitant, le délivra
pour jamais de femblables importunités. Mais le Chancelier moins en garde
contre la Marquife de Sourdis & Madame de Deuilly, arrêta avec les autres
membres du Confeil que la vente des
Offices feroit faite à Robin pour la fomme de foixante-quinze mille écus. M. de
Sully qui avoit déja retiré en détail quatre-vingt mille écus, de la fimple moitié de ce que demandoit Robin, fe mit
fort peu en peine de l'Arrêt du Confeil
dont il ne diffimula point qu'il connoiffoit les motifs : on retira l'Arrêt, & toutes les fupplications qui ne coûtent rien
aux ames viles, obtinrent qu'il n'en inf-
truiroit point le Roi.

ANNÉE 1598.

Enfin Amiens fut repris à la fin de Septembre

tembre 1597, le Duc de Mercœur réduit au Printems fuivant, & la Paix avec l'Efpagne fignée à Vervins le deuxiéme Mai. Pendant cet intervalle M. de Sully avoit entrepris un fecond voyage dans les Provinces, tant pour vérifier de nouveau fes recherches feulement ébauchées au premier voyage, que pour juger fuivant les defirs du Roi de la véritable fituation de la campagne & des peuples, des non-valeurs réelles & de leurs caufes. En effet c'eft la connoiffance intime des Provinces qui doit régler les projets des Finances ; & M. de Sully ne s'en rapporta qu'à lui, parce qu'alors les principes n'étoient pas affez répandus pour compter que tous les yeux viffent également. Sa défiance paroîtra d'autant mieux fondée, lorfqu'on fe rappellera que dans des tems plus éclairés il ne fut pas poffible à un grand Prince de fe procurer une connoiffance exacte des diverfes provinces par ceux mêmes qui font établis pour en étudier les intérêts, pour y veiller, & les maintenir.

Quoique les Comptables exagéraffent quelquefois les non-valeurs, il eft certain que la mifere étoit extrême dans le Royaume ; que beaucoup de

terres abandonnées pendant les guerres civiles restoient encore en friche
faute de facultés pour les cultiver;
enfin qu'il étoit dû vingt millions d'arrérages sur les Tailles de 1594, 1595,
& 1596.

Pour terminer les vexations qui s'e-
xerçoient sur le Peuple à l'occasion du
recouvrement des anciens arrérages
par les Officiers de Justice & de Finance, même par les Gouverneurs &
Lieutenans pour le Roi dans leurs Gouvernemens, le Roi en fit une remise
absolue à ses sujets. Soulagés d'un aussi
pesant fardeau, ils payèrent facilement les reliquats de 1597, bénissant
mille fois le Prince qui les chérissoit
si tendrement.

Ils ne furent pas redevables de ce
seul bienfait à M. de Sully. Instruit
dans sa tournée d'un très-grand nombre d'abus sur le fait des Commissions
ordinaires des Tailles, il les réforma
par des réglemens confrontés avec les
anciens devenus insuffisans. Les Commissions extraordinaires des Tailles
fournissoient encore de la matiere à
une plus grande dissipation de deniers;
l'ordre fut donné aux Receveurs de
faire arrêt sur tout l'argent levé par

cette voie , & de le faire voiturer à
l'Epargne. Il fut défendu de saisir sous
aucun prétexte le bétail des laboureurs
ni les instrumens du labourage ; réglement admirable , & qu'on auroit toujours dû interpréter dans sa plus grande étendue à l'égard des bestiaux ,
dont l'abondance est le principe de la
fecondité des terres , en même tems
qu'elle facilite la subsistance des gens
de campagne. Le droit de saisie pour
fait de la Taille , non-seulement empêche les propriétaires de faire des
avances , mais encore les rend plus
difficiles sur le terme des payemens ;
& le colon pressé de tous côtés n'a
point la faculté ni même la volonté
d'acheter des bestiaux , qu'il sera peut-
être forcé de vendre à perte dans une
mauvaise saison , après avoir couru le
risque de leur garde.

Dans le cours de ce même voyage
M. de Sully avoit assisté de la part du
Roi aux Etats de Bretagne assemblés
à Rennes ; ils accorderent , sans qu'il
fût besoin d'aucune sollicitation , un
don gratuit de huit cent mille écus , à
lever par un droit de six écus sur chaque pipe de vin. Il fut en outre arrêté par les Etats un rôle d'imposition

fur tous les Corps & Communautés
de la Province, pour le payement des
Troupes. La feule difficulté vint du
Parlement, qui auroit bien voulu fe
fouftraire à la moitié de la cotifation
que les Etats lui avoient affignée. Le
Roi envoya des ordres très - précis,
& la taxe fut payée. D'ailleurs la fatisfaction de la Province étoit telle
qu'elle voulut abfolument joindre au
fubfide un figne honorable de fa re-
connoiffance envers celui qui avoit
été chargé des ordres de Sa Majefté,
par un préfent de fix mille écus. M.
de Sully ne crut pas devoir l'accepter,
& en reçut un du Roi de dix mille écus.

Année 1599.

Le Prince & le Miniftre avoient
également pour maxime que le Labourage & le Pâturage font les deux mam-
melles dont la France tire fa nourriture ; ainfi les premiers foins furent de
les encourager, de garantir les gens de
la campagne de l'infolence & de l'oppreffion des foldats pendant leur marche ou dans leurs quartiers : on commit des perfonnes fûres à la fuite des
armées pour y veiller, & la police

fut fi éxacte qu'on n'entendit aucune plainte.

La paix étant rétablie au dedans & au dehors par les deux derniers Traités, on travailla à l'économie des Finances. La premiere opération fut la reforme d'une partie des Troupes; non pas aussi considérable à la vérité que M. de Sully l'eût defiré pour pouvoir s'appliquer à reparer les Fortifications des frontieres la plupart délabrées, & faire un bon fonds d'artillerie. Cette reforme ne fut même pas proportionnée à l'espérance que les circonstances pouvoient donner de la durée de la paix; mais les égards pour des gens puissans & des confidérations personnelles l'emporterent. Chacun vouloit avoir des Places, des Gouvernemens; il fallut se réfoudre à entretenir beaucoup de garnifons inutiles.

M. de Sully avoit toujours pensé que les Finances s'embrouillent d'autant moins, que moins de gens y mettent la main. La difficulté des tems ne lui avoit pas encore permis d'appliquer les conféquences de ce principe à aucune opération. Il comprit que le Corps nombreux des fous-Fermiers étoit réellement entretenu aux dépens

du peuple & du Roi , & que les Fermiers Généraux pouvoient bien par
eux-mêmes exercer les droits qui leur
étoient abandonnés. Mais avant d'en
venir à cette réforme il les obligea de
repréfenter leurs fous - baux & d'en
faire voiturer le montant au Tréfor
en droiture. Par-là il connut le profit
des Fermiers Généraux , le produit
réel des Fermes , & que le Confeil,
ainfi que prefque toute la Cour & les
Tréforiers de France, y avoient intérêt. Malgré les plaintes & les brigues
impuiffantes de toutes ces fangfues,
les Fermes Générales furent adjugées
à l'enchere & prefque doublées. Cette
méthode des encheres foutint fon opération, bannit tous les protégés inutiles, & la garantit du danger qu'il y
auroit eu de concentrer les Finances
entre les mains d'une Compagnie per-
manente & exclufive.

A peine cette éclatante & utile entreprife fut-elle exécutée, qu'il travailla à remettre entre les mains du Roi
des aliénations ou engagemens de certains revenus en Tailles , Aides, Gabelles, Traites foraines & domaniales,
cinq groffes Fermes, Parties cafuelles ,
Péages des rivieres, Comptablie de

Bordeaux , Patente de Languedoc &
de Provence. Toutes ces parties étoient
entre les mains des plus grands
Seigneurs, & même de la plupart des
Princes étrangers Alliés de la France,
qui les faisoient exercer à leur profit ;
multiplant ainsi le nombre de Régisseurs , des formalités & des vexations;
car ces abus marchent toujours ensemble.

Les clameurs & les importunités redoublerent ; la bonté trop facile du
Prince l'y rendit sensible. M. de Sully
préparé à tout déclara que chacun seroit payé annuellement au Trésor
Royal sur le pied des baux qu'il avoit
faits , mais qu'on ne pouvoit se plaindre de ce que Sa Majesté en faisant
administrer ces droits par ses Officiers
augmentoit ses revenus de six cent
mille écus. En effet la seule Patente
de Languedoc , dont le Connétable de
Montmorency retiroit neuf mille écus,
en fut affermée cinquante mille en sa
présence aux Etats mêmes.

Il ne fallut pas moins de courage &
de fermeté pour reprimer une autre
espece de desordre, d'une conséquence peut-être plus pernicieuse encore.
Les Gouverneurs & en général tous

les Grands avoient poussé la licence jusqu'à lever à leur profit des contributions sur le peuple de leur propre autorité. Une défense très-severe de rien percevoir au-delà de ce que portoient les ordonnances, avec injonction aux Tréforiers de France d'y veiller fous peine d'en répondre, arrêta le cours de ces concussions. Le Duc d'Espernon entr'autres, qui se faisoit par de semblables violences soixante mille écus de rente sur ses vassaux, osa entreprendre à ce sujet M. de Sully, qui soutint en homme de guerre son opération de Finance.

C'est ainsi que ce grand homme exécutoit insensiblement le plan qu'il s'étoit formé, à mesure que ses connoissances devenoient plus nettes dans chaque partie & que les circonstances le permettoient.

Il manquoit encore quelque chose à la confection des Etats Généraux : & pour y parvenir on envoya aux Receveurs Généraux des modeles de comptes où rien n'étoit oublié pour le détail ni pour la clarté ; les obligeant de les accompagner des pieces justificatives. Ainsi se trouverent comblées les mines où les Commis avoient coutume

tume de puifer leur opulence , comme
fuppofitions, prétendues non-valeurs,
mauvais deniers, frais de Domaines,
remifes , dons , droits , taxations , attributions d'offices, payemens de rentes , frais de voitures , épices , émolumens , frais de reddition de comptes ,
qui abforboient de grandes fommes
parce qu'on ne s'étoit jamais donné
la peine de les arguer.

La défenfe de reculer les payemens
& de conferver aucuns deniers féparé-
ment affectés pour cet objet , mit les
comptables & même les fupérieurs
dans l'impoffibilité d'agioter & de compofer avec les porteurs d'affignations.
Ce fut le tombeau des remplacemens
de deniers payables par ordonnances
de la Chambre & autres formules inutiles dont l'obfcurité étoit méditée.

Souvent les Employés fortoient de place chargés de diverfes petites parties de
recouvrement qui reftoient dans l'oubli.
Pour obvier à ces efpeces de banquerou-
tes, leurs fucceffeurs furent contraints de
pourfuivre la reddition de leurs comptes ; & tant qu'il reftoit de ces débets,
ils n'avoient point d'autre recours pour
leurs appointemens & leurs remifes.

Par une recherche fur les rentes on

s'apperçut, que l'on en payoit plusieurs qui avoient été rachetées ou constituées sans argent : les payeurs de rentes reçurent ordre de n'en acquitter plus aucune sans un arrêt du Conseil qui en constatât la validité.

Tant de travaux & de succès furent recompensés par le rétablissement de la Charge de Surintendant des Finances en faveur de M. de Sully en 1599. Cette faveur ne pouvoit ajouter à son zèle, mais elle le rendit plus efficace en augmentant son pouvoir.

ANNÉE 1600.

Les Réglemens de la Finance ne furent pas les seules opérations de ces deux années : on jetta les fondemens d'une Marine autant que la situation présente des affaires & le long oubli où étoit restée cette partie pouvoient le permettre. La visite & l'examen des Ports fut une opération préliminaire ; l'état des réparations à faire fut dressé, & le petit nombre de vaisseaux ou de galeres qui restoit fut réparé, en attendant qu'on eût le moyen d'en mettre sur les chantiers. Quoique ce projet n'ait pas eu de grandes suites alors,

il est beau à M. de Sully de l'avoir
conçu dans un tems de détresse, &
d'avoir compris, lors même que la
France avoit à se défendre par terre
de tous côtés, que sa force réelle
consistoit dans une juste proportion
entre les forces de Terre & de Mer.
La situation florissante de l'Angleterre,
& les efforts prodigieux des Provinces-
Unies, l'avoient sans doute frappé ;
car on est forcé de convenir qu'il n'a-
voit pas bien développé les principes
de cette partie.

Nul Etat ne peut entretenir de Marine, si le Commerce ne forme & ne
nourrit ses matelots pendant la paix.
Pouvoit-on espérer que le Commerce
prît des accroissemens au milieu des
embarras multipliés des Douanes, &
de cette multitude de Péages qu'on
avoit soigneusement rétablis ou réunis
au Domaine, au lieu de les rechercher pour les supprimer, comme on
l'avoit pratiqué sous le Roi Jean, en
remplaçant le produit par des droits
moins onéreux ? Les droits avoient
même été accrûs & les Fermes doublées. Pour peu que ce Ministre si judicieux d'ailleurs eût eu quelque idée
de la balance du Commerce, s'il avoit

eu le tems de porter ses regards sur
cette partie pendant ses voyages en
Angleterre , il eût conçu clairement
que nulle Taille , nulle Gabelle n'est
réellement aussi ruineuse pour les peuples. On ne sçauroit trop regretter qu'il
n'ait pas connu ces principes ; car il a
tracé la route de tout le bien qu'il a
vû, & nous en jouirions peut-être. Il
paroît utile de rapporter ici une partie du discours que tint un Député de
Lyon aux Etats de Dauphiné en cette
année , au sujet d'un Péage établi sur
le Rhône, & de la Douanne de Vienne : rempli de maximes très-saines, il
prouvera qu'en aucun tems la France
n'a manqué d'hommes éclairés ; & il
fit tant de bruit en son tems , que les
Historiens n'ont pas dédaigné d'en conserver la mémoire.

« Le Commerce, disoit ce Député,
» est un des élémens du Royaume ; &
» dès qu'il cesse, le peuple s'en ressent
» aussi-tôt.... La paix a rendu l'ame
» à la France, & lui a fait un corps
» tout neuf ; mais ce bien n'est pas
» tellement répandu par tout le corps,
» qu'il n'y ait encore des membres bien
» foulés, qui durant la convulsion géné-
» rale ne sentoient pas le mal si vive-

» ment que maintenant. Car quoique
» les Provinces foient déchargées de
» Gendarmeries, que chacun retrouve
» dans les villes & dans les campagnes
» la Police & la fûreté qu'il defiroit,
» néanmoins la liberté du Commerce
» n'étant pas encore rétablie, & le Né-
» goce étant moins favorifé pendant la
» paix qu'au plus fort de l'injuftice &
» de la licence des guerres, ce bien
» demeure imparfait, pour ne pas dire
» inutile. C'eft pourquoi la ville de
» Lyon fe voyant privée du fruit de
» cette paix par la continuation des
» empêchemens de la liberté du Com-
» merce, n'a pas voulu laiffer paffer
» la tenue de vos Etats fans vous con-
» jurer, par les intérêts communs &
» inféparables de toutes les Provinces,
» mais principalement de ces deux-ci,
» d'en rechercher avec elle la perfec-
» tion. Elle vous a fait entendre ci-de-
» vant l'accroiffement du mal, vous en
» connoiffez l'excès ; je ne fuis ici que
» pour vous prier d'avifer au remede.
» Ce mal eft la continuation du fubfide
» établi fur la riviere du Rhône, & le
» paffage par terre de Vienne......
» Cette Douanne fut établie pour la ré-
» duction de la ville de Vienne, & pour

» des considérations d'autant plus justes
» qu'elles regardoient le service du Roi
» qui précede toutes les autres. Quoi-
» que la ville de Lyon prévît dès-lors la
» dangereuse conséquence de son éta-
» blissement, les ruines & incommodi-
» tés de sa levée, elle y consentit d'au-
» tant plus facilement qu'elle croyoit
» que les années auxquelles sa durée
» étoit limitée passeroient insensible-
» ment, & qu'on en verroit plutôt la
» fin que l'occasion de s'en plaindre....
» Mais comme les choses qui paroissent
» au commencement douces & faciles
» se rendent avec le tems âpres & intolé-
» rables, ce subside est devenu un écueil
» qu'on ne rencontre point sans y faire
» naufrage. Il a eu la naissance & l'ac-
» croissement du crocodile, & en peu
» de jours il s'est rendu l'effroi de ceux
» qui voyagent par eau, ainsi que des
» marchands qui vont par terre. Il a
» passé les années de sa durée, il va se
» rendre perpétuel, & ne retient rien
» de la premiere cause de son institu-
» tion, que le prétexte & l'apparence.
» Les Fermiers sont si sévéres en exi-
» geant non ce qui est ordonné, mais
» bien souvent ce qui leur plaît, que
» les marchands effrayés s'éloignent de

» ce paſſage comme d'un coupe-gorge.
» S'ils y tombent, on les y fait languir
» des ſemaines toutes entieres, avant
» que de compoſer du payement, & la
» liberté ne leur eſt rendue que lorſ-
» qu'on a vû le fond de leurs balles &
» de leurs bourſes. De cette maniere
» ce qui, en un ſiecle moins corrompu
» & moins avare que le nôtre, ſe don-
» noit en reconnoiſſance de la protec-
» tion publique & de la ſûreté du paſſa-
» ge, s'arrache par des extorſions & des
» concuſſions puniſſables. Ainſi la ville
» de Lyon ſe voit depouillée des com-
» modités du Commerce, à la conſer-
» vation duquel le Dauphiné a l'intérêt
» le plus ſenſible. Le Commerce eſt le
» principal & l'unique ſoutien de cette
» ville ; de-là, comme d'une ſource
» que la longue paix peut rendre iné-
» puiſable, dérivent des profits ſans
» nombre à toutes les autres Provinces,
» mais plus abondamment à ſes voiſins.
» Depuis que le paſſage du Rhône a
» été décrié, & que les marchands ont
» mieux aimé tenter tout autre hazard
» que de s'expoſer à toutes ſortes d'in-
» juſtices, la ville de Lyon a bien re-
» connu que de célebre & floriſſante
» qu'on l'a vûe, elle deviendra un de-

»fert , ſi la liberté du Commerce
»n'eſt rétablie. Déja toutes les mar-
»chandiſes qui du Levant venoient à
»Marſeille , & de-là à Lyon , ont
»quitté l'ancien paſſage , & cherché
»d'autres routes plus longues , plus
»pénibles , mais plus ſûres. En rom-
»pant ainſi le cours ordinaire du Né-
»goce , on coupe les veines du corps
»Politique , on le réduit à l'état le plus
»déplorable.... Ne penſez pas , Meſ-
»ſieurs , que nous ſoyons ſi peu inſtruits
»dans la ſcience d'obéir , la meilleure
»& la plus heureuſe poſſeſſion des ſu-
»jets , que nous penſions à contredire
»les intentions du Roi , ni à diminuer
»ſes Finances. Les charges que les
»peuples ſouffrent , quoiqu'elles ſoient
»grandes , ſont toujours réputées ſain-
»tes & juſtes ; mais elles ſont dans
»l'Etat ce que ſont les voiles dans un
»vaiſſeau pour le conduire , l'aſſurer ,
»& non pour le charger & ſubmer-
»ger.... Ce que nous demandons ne
»fait point de tort au revenu du Roi,
»qui ne retire rien de ces Douannes.
»Les particuliers ſeuls y perdront & ap-
»prendront qu'il ne faut pas ſe préva-
»loir des incommodités publiques....
»Les intéreſſés ſont de grands Seigneurs

»qui entrent au Conseil du Roi,
»qui ont le moyen de trouver des as-
»signations plus légitimes pour recom-
»pense de leurs services; leurs intérêts
»sont dans l'Etat, comme les rivieres
»qui n'ont ni la même source ni le mê-
»me cours, & qui néanmoins se ren-
»dent toutes à la Mer où elles perdent
»leurs nôms. Ils loueront nos efforts
»qui les informent des abus commis
»sous le titre de Commandemens du
»Roi; ils approuveront notre courage,
»parce que c'est un violent préjudice
»que de souffrir des choses qui s'éta-
»blissent & prennent pied plus par to-
»lérance que par raison, & parce que
»la postérité des Princes n'est que trop
»constante à maintenir ces ruineuses
»inventions ».

Cette remontrance fut inutile, &
l'Historien Mathieu qui l'a conservée
convient que ces plaintes n'étoient pas
entendues dans un seul endroit du
Royaume, qu'elles remplissoient l'air
de tous côtés.

Le Député de Lyon n'avoit que trop
de raison d'être allarmé de la Douanne
de Vienne; & comme elle est deve-
nue par la succession des tems un des
plus grands fléaux du Commerce, il

n'est point inutile d'en marquer ici l'origine & les progrès, jusqu'à ce que nous ayons occasion d'y revenir.

Le droit fut établi le 10 Mai 1595, sur toutes les marchandises venant tant de l'étranger, que de Provence, Languedoc, Vivarais, Dauphiné & autres, lesquelles seroient tenues de passer par Vienne & Sainte-Colombe pour aller à Lyon, soit par eau, soit par terre; & aussi sur toutes les marchandises du Lyonnois, Forès, Beaujolois, Bresse & Savoye, qui seroient chargées dans la ville de Lyon pour aller en Provence, Languedoc, & autres lieux tant par eau que par terre, lesquelles seroient tenues de passer à Vienne ou à Sainte-Colombe. Le tarif fut composé tout-à-fait militairement: on forma vingt classes de marchandises, non pas suivant leur nature, mais suivant leur prix à-peu-près; & elles devoient payer à la charge.

Ce droit local devoit subsister jusqu'à ce qu'il eût rendu soixante mille livres dont on étoit convenu avec le Gouverneur de Vienne pour sa reddition. Il fut mis d'abord en régie: mais il rendit peu de chose, puisqu'en 1598, en conséquence de Lettres Patentes,

il en fut paffé bail par les Tréforiers de
France & les Syndics des Etats du Dauphiné, pour la fomme de treize mille
huit cent écus. Les Lettres Patentes
& le bail portent expreffément que le
prix fervira à acquitter la fomme dûe
au fieur Dirimieu, & qu'après l'acquit-
tement l'impofition fera éteinte.

Cependant ce bail fut fuivi de plufieurs autres de deux années chacun ;
pendant le cours defquels le prix en fut
porté à dix-huit mille écus.

Tel étoit l'état des chofes, lorfqu'en
1611 le nommé la Mothe fe rendit adjudicataire des cinq groffes Fermes fur
un pied beaucoup plus haut qu'on n'a-
voit encore fait ; mais à condition que
la Douanne de Vienne feroit fuppri-
mée. Voilà un Fermier intelligent,
qui conçoit que le produit des confommations eft toujours en raifon de la
faculté de confommer, & de la facilité
des confommations. Sa maxime, quoiqu'évidente, fut bientôt oubliée ; dix
ans après on vit la Douanne de Vienne
fe reproduire fous le nom de celle de
Valence. Comme celle-ci eft en quelque façon dérivée de la premiere, on
peut dire que par l'évenement aucune
acquifition n'a coûté à la France autant

que celle de Vienne : nous y reviendrons à l'année 1621.

Ce feroit vraifemblablement une chofe auffi utile que curieufe de raffembler toutes les remontrances fur le fait du Commerce en divers tems ; & l'on a lieu de penfer, d'après la communication de diverfes pieces, que l'on y trouveroit de quoi faire l'hiftoire de nos Arts, de notre culture & de nos richeffes.

On doit rendre cependant cette juftice à M. de Sully, qu'il repréfenta très-fortement au Roi dans diverfes occafions, que tous les petits droits dont il avoit la facilité de gratifier fes courtifans ruinoient le Commerce ; car alors chacun vouloit faire des affaires. On ne peut donner trop de louanges à la vigueur qu'il témoigna contre l'établiffement d'un droit de quinze fols par balle de marchandifes qui fortoient du Royaume, en faveur de M. le Comte de Soiffons. Le Roi, qui croyoit n'accorder qu'une gratification de trente mille livres, rougit de fa foibleffe lorfqu'il apprit que le produit ne feroit pas moindre de trois cens mille écus. Indigné qu'on eût ofé le furprendre, il laiffa à M. de Sully la liberté d'en em-

pêcher l'exécution. Belle leçon qui doit
mettre les Princes en garde contre les
demandes des Grands en fait de Commerce, de Finances & de Monnoies.
On est forcé cependant de croire que
M. de Sully s'étoit trompé dans son
calcul sur le produit de ce droit : car
il supposeroit une exportation de douze
cent mille balles, qui à deux cent livres
seulement l'une dans l'autre eussent fait
une vente de deux cens quarante millions, sans compter les bleds & les vins.

A N N É E S 1601 & 1602.

Par une espece de dédommagement
des impositions établies sur le commerce de nos denrées, il fut donné un Edit
en faveur de la navigation des sujets: les
étrangers pour la faire tomber avoient
mis des droits d'ancrages assez considérables sur nos vaisseaux qui mouilloient
dans leurs ports ; & nous avions tellement négligé de leur rendre la pareille,
que leurs navires étoient employés en
France préférablement aux nôtres.
Henri, malgré son Ministre & les oppo-
sitions des Parlemens, ordonna habile-
ment d'exiger des vaisseaux étrangers
les mêmes droits auxquels ils avoient

affujetti les nôtres. Si le génie du grand Henri avoit toujours préfidé à nos Conseils, verroit-on encore pendant la paix les étrangers admis à notre cabotage? puifqu'on a impofé fur eux un droit par tonneau, on a reconnu que leur concurrence étoit ruineufe pour nous; & ce droit ne fuffifant pas, c'eft donc une conféquence de la premiere démarche, ou de le doubler ou de prohiber cette concurrence.

On ne peut guere plus excufer le peu de penchant qu'avoit M. de Sully à favorifer les manufactures. Son Maître voyoit plus loin que lui, & fentoit bien que l'économie ne confiftoit pas toujours à épargner l'emploi de l'argent; auffi commença-t-il dès cette année à attirer des ouvriers étrangers; & à mefure que le rétabliffement des Finances le permit, il donna de grandes fommes aux manufactures de tapifferie façon de Flandres, de toile façon d'Hollande. Le Miniftre dont les idées fur le luxe tenoient un peu plus à l'auftérité de fa morale & de fes mœurs qu'à la politique, ne voyoit pas avec moins de regret l'établiffement des plantations de mûriers repris de nos jours avec tant de fuccès dans les provinces du Nord

de la France , & qui, s'il n'eût pas été
interrompu dans le tems , nous eût confervé plufieurs centaines de millions.
Le Roi étoit perfuadé que fa richeffe
dépendoit de celle de fes fujets ; que
multiplier les genres d'occupations, c'é-
toit s'affurer de leur bonheur & de leur
tranquillité même , en reprimant l'oifiveté , maladie également funefte aux
hommes & aux Empires. Il fuivit conftamment fes projets , & jetta même les
fondemens de plus grands établiffemens. Car en 1603 il envoya une co-
lonie en Canada fous la conduite du
fieur de Monts. Par un Edit du premier
Juin 1604 il accorda de grands priviléges à une Compagnie formée par les
foins d'un Flamand nommé Gérard le
Roi pour le commerce des Indes Orientales : la Nobleffe étoit invitée à y prendre part ; mais l'efprit de commerce fut
toujours étouffé par le faux efprit de Finance que fomentoient les néceffités
publiques , par l'ignorance des principes dans ceux qui fe chargeoient de le
protéger , & ce qui eft le plus dangereux , de lui impofer des loix ; enfin
par le peu d'union qui regna long-tems
entre les divers corps de l'Etat. L'interdiction des étoffes étrangeres de foye ,

d'or & d'argent , en faveur de l'établiffement qui s'en faifoit à Tours , ne dura
pas un an : Cependant puifque l'Etat
n'avoit pas le moyen d'étabir des gratifications , cette prohibition étoit la
meilleure opération que l'on pût faire
pour élever nos manufactures , & s'é-
pargner une importation évaluée alors
malgré les miferes publiques à vingt-un
millions : d'ailleurs l'Italie feule y eût
perdu , & elle n'étoit pas en état de
prendre fa revanche. Les raifons qu'on
en donna furent la diminution du produit des Douanes, le plus haut prix des
marchandifes, préjugés d'après lefquels
on a long-tems raifonné parmi nous fur
le Commerce , & qui l'emporteroient
encore dans l'efprit de beaucoup de perfonnes , fi par malheur on avoit befoin
de leurs confeils. En effet c'eft un reproche qu'on eft en droit de faire plus
particulierement à notre nation qu'à aucune autre ; dans les tems même où les
Rois trouvoient bon de l'affembler
pour en avoir le vœu fur les affaires
publiques , chaque particulier le don-
noit prefque uniquement d'après fon
intérêt actuel & perfonnel ; & de ces
auguftes affemblées fi renommées on a
vu fortir rarement une bonne opération
générale.

générale. Les loix sur le Commerce ont
été long-tems faites sur des détails domestiques sans les moindres vûes politiques sur le dehors : les impôts ont été
établis dès les tems anciens, de maniere à
les détourner d'une province ou d'un
ordre sur l'autre suivant leur crédit, à
soulager les riches qui composoient les
assemblées. La plus grande partie de ces
riches ignore même encore, malgré
l'expérience de tant de siecles, que l'aisance du peuple est le vrai barometre
de la leur. Enfin beaucoup de Marchands
représentetent que le commerce étoit
perdu, parce qu'ils ne faisoient plus
leurs gains ordinaires ; ils furent plaints
& satisfaits, tant on étoit éloigné alors
de distinguer le commerce actif du commerce passif. Cet exemple sert aussi à
prouver entre mille autres, que les
abus contre lesquels le commerce général s'est toujours récrié ont été ima-
ginés la plupart, & recherchés par les
Commerçans même chacun dans leur
partie. Il étoit naturel que ceux de ce
corps agissent comme les membres des
autres corps. Que pouvoient penser les
Ministres ? Ces manœuvres ne justi-
fioient-elles pas leurs méprises & leurs
erreurs, si ceux qui gouvernent n'é-

toient pas responsables à l'Etat, au Souverain & à Dieu de leur ignorance ?

On s'arrête sur ces détails, parce que la science des Finances ne consiste pas dans la simple levée de l'argent nécessaire. Cette partie, comme je l'ai déja observé, dépend d'une connoissance d'un ordre bien supérieur. Je parle de l'art d'en découvrir les sources les plus abondantes, les canaux les plus faciles, & de débarrasser ceux qui sont engorgés. Tel est le vrai principe de la perception, qui destituée de ce secours devient une routine méchanique plus ou moins grossiere.

L'influence des Arts & des Lettres sur les mœurs d'une nation oblige aussi de faire observer les faveurs que le Roi leur accordoit ; il appella le fameux Casaubon en France. » Faites-lui donner, écri- » vit-il à son Ministre, des moyens pour » s'entretenir à Paris, & y faire amener » sa famille ; car je l'ai fait venir pour » remettre l'Université de Paris, & la » faire refleurir, non pour être près de » moi.

Reprenons les travaux économiques de M. de Sully. Dès 1601 il étoit parve- nu à mettre un tel ordre dans un grand nombre de parties essentielles, qu'il fut en état de présenter au Roi cinq états intéressans.

Le premier étoit un projet d'état général des Finances de toutes les provinces particulieres du Royaume, par lequel on connoiſſoit tout ce qui ſe levoit en France, de toutes ſortes de natures d'impôts ; ce qui ſe dépenſoit ſur les lieux en charges ordinaires, & ce qui en revenoit de net au Roi.

Il paroît qu'on n'avoit pas encore trouvé l'art de multiplier à l'infini les caiſſes & les Tréſoriers inutiles, de faire venir à grands frais dans la capitale les fonds qui doivent revenir peu de jours après dans les provinces, déduction faite des taxations & des dépenſes pour la voiture. Chaque partie de dépenſe arrêtée ſur les états, étoit aſſignée ſur les fonds du lieu où elle ſe faiſoit ; & tout l'excédent ſe verſoit à droiture au Tréſor d'épargne, qui payoit ſoit en argent, ſoit en reſcriptions ſur les provinces. Cette méthode infiniment moins coûteuſe aux peuples, & moins embarraſſante, favoriſoit la circulation des eſpeces, & dès-lors le payement des impoſitions. Alors même les Receveurs des Tailles faiſoient auſſi la recette des aides & équivalens.

Le second projet étoit un état général au trésor de l'Epargne, contenant
tout ce qu'il devoit recevoir durant l'année de son exercice & son emploi.

Rien n'est plus essentiel à l'ordre des
Finances, que cette désignation précise
de chaque partie de dépense. D'après
cette regle d'autant plus facile à établir
qu'elle dépend d'un travail purement
méchanique, tout marche d'un pas égal
sans qu'aucune partie soit favorisée ou
négligée ; & la dépense extraordinaire
au lieu de se faire par anticipations, ce
qui est toujours la ruine des affaires, se
fait sur des fonds extraordinaires.

Le troisiéme objet étoit un état général de recette & de dépense d'artillerie,
avec un inventaire général & circonstancié de toutes les munitions existantes.

Le quatriéme, un projet d'état général de la grande voyerie, ponts, pavés,
chemins, chaussées, & réparations tant
royales que provinciales.

Le cinquiéme, un projet d'état général & circonstancié de toutes les réparations & Fortifications des villes, châ-
teaux, & places frontieres.

La confection de ces tableaux cir-
constanciés dans chaque partie des dépenses du gouvernement, est indispen-

sable au bon ordre : mais ce fut un avantage singulier pour M. le Duc de Sully de pouvoir les dresser tous par lui-même, & juger de la nécessité ou de la convenance des parties de détail. Lorsqu'un Ministre des Finances est réduit, pour ainsi dire, à tenir la caisse commune des divers départemens, il est toujours dans un état violent & forcé : il n'est plus le maître de l'économie des fournitures, & les autres Ministres dans la crainte de manquer de fonds en demandent toujours au-delà du besoin. Cet excédent se repartit en gratifications, en établissemens nouveaux : c'est ainsi que s'augmentent les dépenses, & que chacun cherche l'agrandissement de son département, tandis que le département général, qui est l'état, reste dans la souffrance.

Quoique la face des affaires changeât, le projet de M. de Sully embrassoit encore un grand nombre de réformes, qui reçurent leur exécution, à mesure que les circonstances le permettoient. Une des plus utiles de l'année 1601 fut sans contredit la réduction de l'intérêt de l'argent du denier dix & douze au denier seize. Les raisons exposées dans l'Edit même renfermant tout ce qu'on peut penfer de mieux fur cette matiere, les plus habiles Ecrivains parmi les Anglois le proposerent depuis comme un modèle à imiter chez eux. Aujourd'hui quoique nous nous prétendions plus éclairés, quoique la néceffité d'une réduction d'intérêt foit encore plus évidente, puisque tous nos voifins le payent moins cher que nous, & que la politique de l'Europe s'étant tournée vers le commerce, nous foyons forcés de nous procurer les mêmes facilités : aujourd'hui, dis-je, nous sommes réduits à emprunter en faveur du bien de l'Etat l'autorité de ces mêmes étrangers qui ont profité de notre exemple. Du tems de Henri le grand ce n'étoit point une maxime politique de dire que le haut intérêt de l'argent étoit néceffaire à la conservation des familles de robe. Auffi foit qu'on fût plus tranquille alors fur cet objet, foit qu'on fe fût fait moins de befoins frivoles, l'Edit n'éprouva aucune contradiction. Le bénéfice de la réduction étoit d'autant plus grand pour nous, que nos voifins payoient l'intérêt plus cher. Voilà de ces faits qui aident à rendre compte de l'aifance d'un Etat dans des tems où les Arts étoient peu avancés. Les piftoles d'Efpagne,

comme le difoit le Roi, étoient plus
communes en France qu'en Espagne,
parce que nous vendions librement nos
grains, nos vins, & nos eaux-de-vies;
& parce que l'intérêt de notre argent
étoit plus bas que dans les autres Etats.
Réciproquement l'intérêt avoit baiffé,
parce que le commerce libre des grains
attiroit l'argent.

« Henri &c. Après avoir par l'affif-
» tance de la fouveraine bonté pacifié
» de toutes parts notre Royaume & fait
» rendre à chacun de nos Sujets ce qui
» leur appartenoit, & avoit été ravi par
» la licence des guerres paffées, en telle
» forte que chacun à préfent jouit pai-
» fiblement du fien ; nous avons jugé
» être auffi important & non de moin-
» dre gloire à notre Etat Royal, d'ap-
» porter pareil foin & diligence à la con-
» fervation de leurs poffeffions que nous
» avions foutenu de travaux & de fati-
» gues à leur acquérir. Et pour cet effet,
» ayant recherché de plus près les cau-
» fes qui plus ordinairement appauvrif-
» fent & travaillent nofdits Sujets en la
» jouiffance de leurs biens & furtout de
» notre Nobleffe, de laquelle comme
» du plus fort appui de notre Couronne,
» nous & nos Prédéceffeurs avons tou-

» jours reçu de fignalés fervices ; nous
» avons reconnu au doigt & à l'œil que
» les rentes conftituées à prix d'argent
» au denier dix ou douze, qui ont eu
» cours principalement depuis quarante
» ans en çà & intérêts provenans tant
» des changes & rechanges, que des con-
» damnations qui s'ordonnent par nos
» Juges à faute de payement des dettes,
» ont été en partie caufe tant de la ruine
» de plufieurs bonnes & anciennes fa-
» milles, foit pour avoir été accablées
» d'intérêts, & fouffert la vente de tous
» leurs biens à perfonnes qui s'en font
» trouvées infolvables, que empêché le
» trafic & commerce de la marchandife
» qui auparavant avoit plus de vogue
» en notre Royaume qu'en aucun autre
» de l'Europe, & fait négliger l'agri-
» culture & manufacture, aimans mieux
» plufieurs de nos Sujets fous la facilité
» d'un gain à la fin trompeur, vivre de
» leurs rentes en oifiveté parmi les
» Villes, qu'employer leur induftrie
» avec quelque peine aux Arts li-
» béraux ou à cultiver & approprier
» leurs héritages ; ce qui pourroit à la
» longue auffi bien occafionner quel-
» ques remuemens en cet Etat & Mo-
» narchie, que les ufures & grandes
» dettes

» dettes ont fait par le paſſé en pluſieurs
» Républiques. Pour à quoi remédier à
» l'avenir, par le retranchement du pro-
» fit exceſſif deſdites rentes & intérêts
» réprouvés des changes & rechanges
» qui rendent ingrate la fertilité des
» terres, convier nos Sujets à s'enrichir
» de gains plus convenables, ou ſe con-
» tenter de profits modérés, même fa-
» ciliter les moyens à notredite Nobleſſe
» de rétablir en leurs maiſons les dégâts,
» ruines & deſordres qui leur ont été
» cauſés par les troubles, afin qu'elle
» puiſſe ci-après nous rendre les ſervi-
» ces qu'elle nous doit ès occaſions qui
» pourront ſe préſenter. Conſidérant
» d'ailleurs que deſdites rentes conſti-
» tuées en deniers comptans ſous les
» noms déguiſés de ventes ou achats, le
» profit n'en a été certainement limité
» par aucune ancienne ordonnance ni
» même autoriſé par aucune conſtitu-
» tion de l'Egliſe, ſinon ſuivant l'uſage
» & coutume des Pays, qui a changé
» & varié ſelon la néceſſité & exigence
» des tems; ſuivant laquelle par Edit
» du mois de Juin 1572, vérifié en no-
» tre Cour de Parlement de Paris, a été
» inhibé & défendu de conſtituer ren-

» tes à plus haut prix que de six pour
» cent.

» Sçavoir faisons, qu'ayant mis en
» délibération cette affaire en notre
» Conseil, où étoient les Princes de no-
» tre Sang, les Officiers de notre Cou-
» ronne, & plusieurs grands & nota-
» bles Personnages de notredit Conseil
» d'Etat étant près de notre personne.

» Nous avons dit, statué, & ordon-
» né, disons, statuons & ordonnons par
» Edit perpétuel & irrévocable, qu'en
» tous lieux, Terres & Seigneuries de
» notre Royaume ne seront ci-après par
» aucunes personnes, de quelque état,
» qualité & condition qu'ils soient, cons-
» tituées rentes à plus haut prix qu'à la
» raison du denier seize, revenant à six
» écus quinze sols pour cent écus par
» chacun an, & ce par contrats passés
» pardevant Tabellions ou Notaires,
» auxquels nous faisons très-expresses
» inhibitions & défenses d'en passer à
» autre raison, à peine de suspension
» & privation de leurs Offices, & à tous
» nos Juges d'y avoir aucun égard ni
» donner aucuns Jugemens contenant
» condamnation de plus grand intérêt.

Cette réduction ne s'étendoit pas sur

les anciens contrats, ce qui n'eût été ni juste ni convenable : car pour résilier un contrat, il faut remettre les Parties dans le même état où elles étoient. Outre qu'il n'eût pas été de l'intérêt public de diminuer les revenus d'un Rentier, en lui introduisant les moyens de profiter de la nouvelle facilité accordée soit au commerce, soit à la culture des terres ; c'eût été introduire le discrédit & la défiance entre les Citoyens. C'est toujours une grande faute en politique, parce que l'usure imagine alors de nouvelles ruses, qui pour être plus cachées, n'en sont que plus dangereuses : de-là la multiplicité des Loix toujours défavorables à la circulation des denrées & des especes ; sans compter le danger d'exposer les réglemens à l'inobservation. Observons que le préambule de l'Edit porteroit à croire que l'intérêt avoit hauffé depuis 1550, c'est-à-dire depuis que l'Etat empruntoit par constitutions de rente ou par aliénation de domaines & droits domaniaux. En effet l'intérêt fut reglé en 1541 à 8 $\frac{1}{3}$ pour $\frac{o}{o}$, & l'Edit parle de rentes au denier dix ou à dix pour $\frac{o}{o}$.

    La défense d'exposer dans le commerce les monnoies étrangeres n'eut

pas un aussi bon succès que la réduction
des intérêts ; le commerce fut interrompu par cette défense , comme il le sera
toujours par ce qui affecte le crédit & la
confiance publique. Ces monnoies
étrangeres étoient en grande quantité
dans le Royaume ; elles dûrent se res-
serrer par la répugnance qu'eurent les
particuliers à les porter aux Monnoies,
où l'on devoit leur retenir de gros droits
de Seigneuriage, Brassage & autres. Ce
qui arrive en pareil cas , c'est que chacun temporise , espérant que la liberté
reviendra. Et en effet, comme l'argent
est communément dans un petit nombre de mains , la Loi est souvent forcée
de plier. Rien ne fait mieux sentir combien il est intéressant pour un Etat que
les richesses y soient reparties le plus
abondamment qu'il est possible entre
toutes les classes du Peuple , & de supprimer les moyens d'en concentrer,
pour ainsi dire, de grandes portions dans
un cercle très-borné. Je suppose , par
exemple, qu'un Etat veuille entreprendre une réduction d'intérêts , & qu'un
très-petit nombre de Prêteurs puissent
disposer de grandes sommes ; ils ferme-
ront leur caisse en partie, & attendront
un moment de besoin, bien assurés alors
de dicter les conditions.

Malgré cette quantité prodigieuse
d'argent étranger, on étoit perfuadé
que le Royaume s'épuifoit par les denrées du luxe que lui fourniffoient fes
voifins. On crut y remédier par des Loix
fomptuaires qui acheverent d'écrafer
nos manufactures naiffantes, & ne firent que pallier le mal : leur exécution
n'eft jamais que momentanée dans de
grands Etats & dans les Cours où les
femmes donnent le ton.

En réfléchiffant un peu fur cette abondance de monnoies étrangeres, on fe
fût épargné une ordonnance inutile fur
le tranfport des métaux, dont il paroît
cependant que M. de Sully fe fut très-
bon gré, & qui lui produifit quelques
captures. L'opération qu'il fit fur les
monnoies fut plus falutaire, quoiqu'encore infuffifante. L'Ecu d'or au Soleil
qui valoit foixante fols tournois, fut
porté à foixante-cinq. L'écu d'or, nommé Piftolet, monta de cinquante-huit
fols à foixante-deux, & ainfi des autres
efpeces d'or. Le Franc d'argent de vingt
fols hauffa d'un fol quatre deniers, &
le refte à proportion. Le prix du marc
d'argent fut ainfi porté à vingt livres
cinq fols quatre deniers, & celui du

marc d'or fin à deux cent quarante livres dix fols.

· Le defordre des monnoies provenoit
de la proportion trop baffe de l'or à l'argent, c'eft-à-dire de ce qu'un trop petit nombre de marcs d'argent fin équivaloit à un marc d'or fin. Car fous Louis
XIII, en 1615, après l'avoir fixé de 1 à
13 $\frac{1}{11}$, on fut encore obligé de hauffer
en 1636 le prix du marc d'or de 278
livres 6 fols 6 den. à 384 livres, tandis
que le marc d'argent ne hauffa que de
20 livres 5 fols 4 deniers à 25 livres ;
c'eft-à-dire que la proportion fut comme
de 1 à 14 $\frac{17}{12}$ environ. Indépendamment
du témoignage de Henri Poulain, dont
les principes font excellens fur la proportion des monnoies, on voit que M.
de Sully ne parle jamais que du tranfport de l'or. La proportion de l'or à
l'argent étoit en Efpagne de 1 à 13 $\frac{1}{7}$; en
Angleterre de 1 à 13 $\frac{2}{15}$; en Flandres
de 1 à 13 $\frac{81}{197}$; en Allemagne de 1 à 12 $\frac{1}{2}$:
en France la proportion n'étoit pas tout-
à-fait de 1 à 11. Ainfi les étrangers
avoient du bénéfice à enlever notre or.
Le commerce partagea bientôt avec le
public le bénéfice de ce tranfport, &
l'écu d'or paffa pour 75 fols, quoique

le prix légal fût de 60 fols, tandis que
le ¼ d'écu en argent reftoit à 15 fols,
ce qui forma une proportion de 1 à
12 $\frac{161}{405}$.

Il y avoit encore du profit à enlever
notre or pour les pays où il étoit plus
cher. M. de Sully ne pouvoit remédier
au defordre qu'en banniffant le cours
des efpeces étrangeres dans le Royaume, pour obvier à tout arbitraire dans
l'expofition prefqu'inévitable autrement fous une infinité de prétextes ; &
en approchant la proportion de celle des
étrangers. Il ne falloit donc pas hauffer
les monnoies d'argent ; car la proportion nouvelle ne fut que de 1 à 11 ⅙ ;
ce qui ne remédioit point au cours populaire & à la fortie. Au contraire, il eût
été convenable de diminuer le prix du
marc d'argent fans toucher au prix du
marc d'or fin. Auffi ne paroît-il point
par la Déclaration qu'on eût reconnu
clairement la vraie caufe du tranfport
& du billonnement de nos efpeces.
Dès 1609, on s'apperçut que la confufion étoit encore plus grande, parce
que les autres Etats avoient encore
hauffé leur proportion. M. de Sully ne
fut pas plus heureux en fubftituant le
compte par livres au compte par écus :

I iiij

il fuppofa que le compte par écus avoit fait renchérir le prix de toutes chofes, fans fe douter de la vraie caufe, qui étoit l'augmentation fucceffive du prix des monnoies d'or & d'argent; elle avoit ruiné les propriétaires des rentes en argent & renchéri les denrées, dont le prix n'eft pas réglé fur la dénomination qu'il plaît de donner aux efpeces, mais fur la quantité du poids en matie-res fines que l'on reçoit en échange. Par la même raifon, le Prince recevant un moindre poids en matiere fine, & ayant toujours la même quantité à payer, s'ap-pauvriffoit réellement.

Ce qu'on vient de voir fur la pro-portion des Monnoies d'or & d'argent, confirme le fentiment de M. Law, que les Etats ne doivent point fixer la porportion entre les métaux, par-ce qu'elle varie fans ceffe, & que ce changement occafionne, dans l'inter-valle, des tranfports ruineux, ou nuit à certains commerces. Il fuffit que le prix du marc d'argent foit fixé; le commerce fixera fuivant fes befoins le prix du marc d'or. En Angleterre le prix de l'or de la Guinée eft de 20 fols fter-ling, cependant elle eft reçue dans le commerce fur le pied de 21 fols fter-ling. Il eft vrai que cela n'eft pratica-

ble que dans un pays où le monnoyage
se fait aux dépens de l'Etat ; & c'est le
vrai moyen d'attirer l'or & l'argent.
Mais une regle générale pour les États
commerçans qui fixent une proportion,
c'est d'éviter la plus haute & la plus
basse.

Quelques Politiques ont prétendu que
la proportion basse payant l'or moins
cher & attirant dès-lors l'argent par préférence, convenoit mieux aux Etats qui
commercent avec les Indes : mais il faut
observer en même tems que ces pays
ont moins d'avantage dans leur commerce avec les peuples qui soldent en
or. Aujourd'hui tous les peuples trafi-
quent dans les Indes Orientales ; les ré-
exportations sont très-bornées en ce
genre. Ainsi de plus en plus ce commerce deviendra ruineux : pour réparer
les sommes qu'il coûte, il est essentiel
de favoriser de plus en plus les commerces utiles.

Quoiqu'on ne puisse pas accuser M.
de Sully d'avoir favorisé les Financiers,
il ne se prêta que malgré lui à l'établissement d'une Chambre de Justice pour
rechercher tous ceux qui avoient mal-
versé dans leurs emplois. Son avis étoit
bien de diminuer leurs profits excessifs,

parce qu'il étoit perfuadé qu'ils font la
fource d'un exemple ruineux pour la
Nobleffe & pour toutes les autres conditions ; que tout luxe provenant de
cette caufe, loin d'exciter l'émulation
& l'induftrie entre les hommes, ne fait
que les arracher aux autres profeffions,
& les corrompre en leur infpirant une
avidité d'autant plus funefte à la Ré-
publique, qu'en devenant plus générale, elle fe dérobe pour ainfi dire à la
honte.

Il voyoit encore avec peine que les
meilleures Maifons ruinées par les efforts infenfés qu'elles avoient faits pour
atteindre le fafte des Financiers, n'a-
voient plus de reffources que dans des
alliances honteufes, & même dangereufes par le crédit qu'elles portoient dans
ces familles. Mais il vouloit que fans rechercher les petits Employés, on fe con-
tentât de s'arranger de gré à gré avec
les Chefs ; ou que fi l'on entreprenoit
un examen en regle, on fermât les
oreilles à toutes efpeces de follicita-
tions. Le Roi le promit ; c'étoit plus
qu'il ne pouvoit tenir, & que fon Miniftre n'efpéroit : les moins coupables
furent les plus punis, & les courtifans
s'enrichirent fans que le Roi en profi-
tât beaucoup.

ANNÉE 1603.

L'argent qui en revint cependant ser-
vit en partie à une opération vraiment
propre à diminuer le fardeau des Peuples. On supprima une très-grande
quantité d'offices de toutes especes dans
le Barreau & les Finances, dont les titulaires ne vivoient que de la substance
du Peuple, sans contribuer à l'ordre.
Leur multiplicité effrénée, dit M. de Sully,
*est la marque assurée de la décadence pro-
chaine d'un Etat.*

A ce soulagement on joignit la suppression du sou pour livre, qui avoit
excité tant de clameurs par les raisons
que nous avons expliquées plus haut,
& partie de ce droit fut remplacée par
augmentation de droits d'entrée sur le
vin. Dès l'année 1603 M. de Sully exé-
cuta le projet qu'il avoit formé de diminuer d'année en année les Tailles de
deux millions. Il regardoit avec raison
cet impôt comme violent & vicieux
dans sa nature, principalement dans les
endroits où la Taille n'étoit pas réelle.
Une expérience constante lui avoit
prouvé qu'il nuit à la perception de
tous les autres subsides, & que les cam-

pagnes avoient toujours dépéri à mesure que les Tailles s'étoient accrues.
En effet, dès qu'il y entre de l'arbitraire,
le laboureur est privé de l'espérance
d'une propriété, il se décourage ; loin
d'augmenter sa culture, il la néglige
pour peu que le fardeau s'appesantisse.
Si la Taille étoit assise sur le fonds même, le propriétaire gagneroit au moins
les frais des exécutions ; & ce que leur
crainte avec celle des augmentations
inspire de timidité aux Fermiers, soit
pour l'amélioration, soit pour la consommation personnelle : car les choses
font réduites à ce point parmi les Taillables de l'ordre du peuple, que celui
qui s'enrichit n'ose consommer, & dès-
lors prive les terres & les arts du produit naturel qu'il voudroit leur fournir, jusqu'à ce qu'il soit devenu assez
riche pour ne rien payer. Cet étrange
paradoxe est parmi nous une vérité que
les priviléges ont rendue commune.

L'établissement si nécessaire d'un impôt réel ne peut être fait que sur la connoissance exacte de la valeur des biens; il
faudroit donc les déclarer de bonne foi.
Est-il possible que les hommes ayent besoin d'être violentés pour les conduire
à leur avantage ? que parmi ce grand

nombre d'hommes qui se croyent assez de lumieres pour s'ériger en censeurs & en réformateurs, il s'en trouve si peu qui s'imposent la loi d'être justes & raisonnables? Toutes les passions ont la vûe courte, rien n'est si vrai; l'avarice est rusée, mais elle n'est point habile. Que peut ajouter à la valeur d'une terre l'industrie d'un malheureux colon, chargé tout-à-la-fois de deux dettes toujours pressées, & qui lui laissent à peine une mauvaise subsistance ? S'il survient quelque non-valeur, une mauvaise récolte, une mortalité de bestiaux, où trouvera-t-il des ressources ? Par quelle autre raison depuis quatre-vingt ans la quantité du bétail est-elle si considérablement diminuée ? Est-il surprenant que nos terres moins engraissées semblent moins fertiles que nos Peres ne l'ont cru ?

Pour couper court à des raisonnemens qu'il seroit impossible de ne pas admettre, on ne manque jamais de citer la raison d'Etat. On est venu à bout d'introduire cette maxime d'une politique absurde, que le Peuple ne doit point être à son aise si l'on veut qu'il soit industrieux & obéissant ; c'est la premiere chose qu'un enfant entend di-

re dans le château où il est élevé. Il
seroit bon de faire voyager ces préten-
dus hommes d'Etat ; & s'ils ont des
yeux, ils verroient que l'industrie n'est
nulle part plus active que dans les pays
où le menu peuple est à son aise ; que
nulle part chaque genre d'ouvrage ne
reçoit plus de perfection. Cela est dans
la nature ; il ne faut pas une Métaphy-
sique bien profonde pour connoître l'influence du goût pour les commodités
chez les hommes, & celle de l'émulation qu'inspire l'exemple. Ce n'est pas
que des hommes engourdis sous le poids
d'une misere habituelle, ne puissent
s'éloigner quelque tems du travail, si
toutes les impositions cessoient sur le
champ. Mais outre la différence sensible entre le soulagement du peuple &
l'excès de cette supposition, ce ne seroit point à l'aisance qu'il faudroit attribuer ce moment de paresse, mais à
la surcharge qui l'auroit précédée. Encore ces mêmes hommes revenus de
l'emportement d'une joie inespérée ,
sentiroient-ils bientôt la nécessité de travailler pour subsister, & le desir naturel d'une meilleure subsistance les rendroit plus actifs qu'ils ne l'auroient jamais été. Au contraire, on n'a jamais

vû, & l'on ne verra jamais des hommes
employer toutes leurs forces & toute
leur induſtrie, s'ils ſont accoutumés à
voir les taxes engloutir le produit des
nouveaux efforts qu'ils pourroient faire : & ils ſe borneront au ſoutien d'une
vie toujours abandonnée ſans aucune
eſpece de regret.

A l'égard de l'obéiſſance, c'eſt une
grande injuſtice de calomnier ainſi une
multitude infinie d'innocens ; car les
Rois n'ont point de ſujets plus fideles,
ni de meilleurs amis. Il y a plus d'amour
public dans cet ordre peut-être que dans
les autres ; non point parce qu'il eſt pauvre, mais parce qu'il ſait très-bien, malgré ſon ignorance, que l'autorité & la
protection du Prince ſont l'unique gage de ſa ſûreté & de ſon bien-être ; enfin parce qu'avec le reſpect naturel des
petits pour les grands, avec cet attachement particulier à notre nation pour
la perſonne de ſes Rois, ils n'ont aucun autre bien à eſpérer. Dans aucune
hiſtoire on ne rencontre un ſeul trait qui
prouve que l'aiſance du peuple par le travail a nui à ſon obéiſſance. Car je n'appelle point aiſance les largeſſes faites aux
citoyens, ni les opérations forcées pour
tenir le pain à vil prix, qui ne font que

diminuer la culture. On verra au contraire que toutes les cabales & les factions particulieres fe font toujours brifées contre ce grand corps, lorfqu'il a été content de fes maîtres. Par la nature des chofes, le peuple doit être plus foumis à mefure qu'il a plus à perdre. Quelle eft donc l'efpece d'obéiffance qu'on craindroit de voir tomber ? C'eft précifément celle dont il eft de l'intérêt du Prince de ne jamais permettre le tribut.

Il eft conftant que des gens de campagne à leur aife font beaucoup moins timides contre les menaces, les voies de fait, les oppreffions, les injuftices qu'on exerce contre eux fous prétexte de Police & de droit de Vaffelage; que le prix de toutes chofes hauffant par l'aifance générale, les journées feroient rencheries; que la mifere ne leur arracheroit pas une infinité de tolérances très-bonnes à fupprimer.

La matiere eft inépuifable; mais on fe contentera de remarquer une nouvelle inconféquence de ces politiques inconfidérés. Il faut, difent-ils, favorifer le commerce: mais s'entendent-ils eux-mêmes ? & qu'eft - ce que le commerce, finon le produit du travail du peuple ?

peuple ? pense - t - on qu'il travaillera
sans profit ? & s'il en fait, ne voila-t-
il pas l'aisance qui revient ? Si la premiere maxime est vraie, le commerce
doit être banni ; car la cause ne peut
subsister sans son effet. Un Ministre
aussi zélé pour le bien de son Maître,
& qui ne le sépara jamais de celui des
sujets, ne pouvoit pas approuver l'impôt sur le sel. Il trouvoit une dureté
extrème à vendre fort cher à des pauvres une denrée très - commune , &
qu'ils trouvoient à bas prix dans d'autres mains. Il s'en explique en plusieurs
endroits de ses Mémoires , & se récrie
principalement sur l'obligation de consommer cette même denrée. Si lui-même mit plusieurs crues sur le sel, il céda
à l'urgence des besoins publics , & au
torrent de la coutume : mais il est vrai-
semblable que, si la France eût assez
bien mérité du Ciel pour posséder plus
long-tems le Monarque & son Ministre,
il eût apporté quelque remede aux deux
fléaux dont je viens de parler. » Les
» Peuples , écrivoit - il à un Commis-
» saire, sont si chargés déja de Tailles &
» autres impositions , qu'ils ne les peu-
» vent quasi payer. Si vous les tourmen-
»-tez d'amendes excessives & sans grand

Tome I. K

» des raisons, il est certain que vous fe-
» rez perdre au Roi sur les deniers de
» ses Tailles, ce que vous ferez gagner
» aux partisans sur le sel de sa Ferme.
» Etant Officier du Roi, vous le devez
» préferer à tout autre, encore qu'il
» vous paye & vous employe.

Il lui recommande ensuite » de
» n'augmenter point l'impôt du sel par
» Généralité, mais le laissant à la mê-
» me quantité de le distribuer après au
» sou la livre par grenier & par paroif-
» se selon les moyens & facultés de
» chacune. Et quand les paroisses ont
» pris dans les greniers ce que porte
» leur impôt, nous n'entendons point
» qu'elles soient mises à l'amende, ni
» les habitans aucunement vexés pour
» n'en avoir point pris davantage, si -
» non au cas que dans leurs maisons on
» trouvât du faux sel, ou qu'il fût bien
» prouvé qu'ils ont fait le commerce
» du fauxsaunage ; car nous faisons
» grande différence entre ceux qui le
» portent vendre, & ceux qui l'achetent
» lorsqu'on le leur apporte. *Qui en usera*
» *autrement ruinera entierement tous les*
» *sujets du Roi.* »

On l'a déja dit : en fait de Finance,
qui ne connoît que la perception mé-

chanique n'a qu'une idée très - foible
de cette belle partie. La fcience du
Maître eft la connoiffance des fources,
& de la combinaifon des diverfes natures d'impôt. S'il n'y a pas de proportion obfervée entre la Taille & la
Gabelle, l'une ou l'autre en fouffrira.
Le fel eft un befoin de la vie, & dès-
lors il fera fatisfait avant le payement
de la Taille : fi l'on ajoute encore une
contrainte à ce befoin, ou qu'on
l'augmente au - delà de ce qu'il eft,
c'eft perdre fur la Taille même en ab-
forbant les facultés du contribuable.
Si l'on eût ajouté à la capitation ce
qui revient en bon au Prince à raifon
du fel, il eft clair que les fujets euffent gagné beaucoup, quoiqu'il y eût
plufieurs expédiens plus doux & plus
fimples. Mais le vice de cette impofition ne confifte pas tout entier dans l'a-
bus qu'on en peut faire ; il nuit infiniment à l'agriculture. Le fel eft trop
cher pour en donner aux beftiaux,
qui ne peuvent cependant être préfer-
vés autrement de plufieurs maladies.
La régie occupe une infinité d'hommes
qui euffent été très - propres à augmenter le capital des denrées dans l'Etat ;
il expofe continuellement les Loix au

mépris par la facilité de les éluder, &
entretient ainsi une pepiniere de ban-
dits. Enfin quoique la Finance soit un
des arts de la paix, cette branche se
trouve presque aussi meurtriere que
des batailles. Les opinions se réunis-
sent plus généralement sur cette partie, que sur l'article des Tailles: mais
si l'on y prend garde, c'est parce que
l'impôt s'étend sur tous les sujets, quoiqu'il ne laisse pas d'y avoir un grand
nombre d'exempts, & précisément les
plus riches.

Je suis persuadé que si l'on décharge
tous ceux de cette classe de l'obligation
du sel, en reportant leur part sur le
commun du peuple, la contribution
leur paroîtroit fort raisonnable, & qu'ils
allégueroient bientôt leur maxime fa-
vorite. Il est impossible qu'on ne pren-
ne un jour une résolution sur les deux
objets dont je viens de parler, & qu'on
n'apperçoive une foule de moyens propres à rétablir imperceptiblement l'é-
quilibre. En attendant, la suppression de
ce droit de Franc-salé si multiplié seroit
une amélioration convenable & facile
sur les Fermes.

Alors le minot de sel se vendroit dans
les greniers de Paris & de la plûpart

des Provinces 6 liv. 18 f. 6 den. favoir,
trente-deux fous fix deniers pour le prix
du Marchand, & cinq livres fix fous,
tant pour le droit du Roi que pour les
payemens des rentes, des gages des
Parlemens & Cours fupérieures, que
droits manuels aux Officiers, octrois,
&c. Il y avoit donc déjà plus de trois
cens pour cent de bénéfice fur la fraude ; de maniere qu'un journalier en fe
contentant de cent cinquante pour
cent, pouvoit avec la vente d'un feul
minot fubfifter plus commodément pendant une femaine que par le travail ordinaire. Le même calcul aujourd'hui
prouvera qu'il eft impoffible d'anéantir
toute fraude, & que les Provinces où
elle eft facile doivent fe dépeupler entierement avec le tems.

M. de Sully fut obligé de perdre quelque tems les Finances de vûe, pour aller en Angleterre exécuter une négocia-
tion importante. Les inftructions qu'il
reçut portent une preuve du defir que
l'on avoit de rétablir le Commerce ; car
il eut ordre de repréfenter que l'inéga-
lité de traitement entre les deux nations
privoit la nôtre des avantages de cette
correfpondance mutuelle. Quoiqu'il ne
paroiffe pas que cette bonne volonté

ait produit aucun effet, il n'en est pas
moins intéressant de connoître l'antiquité des maximes ou du système de nos
rivaux.

ANNÉE 1604.

Le retour du Surintendant des Finances fut signalé en 1604 par l'établissement d'une Commission pour vérifier
les rentes constituées sur l'Etat. Les
prodigalités & la foiblesse du dernier
regne, la confusion, inévitable dès-
lors, des Finances, & la licence des
tems, avoient multiplié les dettes à un
point si excessif, que les revenus de l'E-
tat en étoient absorbés. Elles montoient
avec l'aliénation des Domaines à cent
cinquante-sept millions de capital. Un
long travail avoit mis enfin M. de Sully
en état de distinguer leurs diverses natures. Elles méritoient d'autant moins
le même traitement, que plusieurs
étoient assignées sur de fausses hypotheques. Il paroît utile de rapporter le
sage Réglement qu'il forma pour cette
discussion délicate.

RÈGLEMENT *pour la vérification des*
bonnes & mauvaises Rentes.

« Premierement. Que toutes char-
» ges ordinaires, de quelque nature
» qu'elles puissent être, créées sur les
» Domaines, Aides, Gabelles, Equiva-
» lens, Tailles, cinq grosses Fermes,
» Traites foraines & domaniales, Res-
» ve, haut Passage, Impôts & Billots,
» Fouages, Péages de rivieres, Entrée
» des grosses denrées & marchandises,
» Drogueries, Epiceries, Table de
» mer, & autres revenus de France,
» seront payées sur les natures spécia-
» les de leur premiere hypotheque,
» sans pouvoir être rejettées des unes
» sur les autres ; & ce par préférence à
» tous nouveaux acquéreurs, lesquels
» en cas de préjudice par eux prétendu
» se pourvoyeront vers le Roi pour leur
» être fait droit.

» Plus, toutes rentes créées sur les-
» dits revenus au dénier dix ou douze,
» en vertu des Edits vérifiés avant l'an
» 1375, sans fraude ni déguisement,
» mais par argent entierement & actuel-
» lement déboursé, seront payées des
» quatre quartiers sur le fonds de leur

» assignation, & ce à raison du denier
» dix-huit.

» Plus, toutes rentes constituées à
» moitié dettes en la maniere ci-dessus,
» seront payées des quatre quartiers
» sur le fonds de leur affectation, & ce
» à raison du denier vingt.

» Plus toutes rentes constituées à
» tiers ou moitié dettes vieilles ache-
» tées ou ramassées d'autrui, seront
» payées des quatre quartiers sur les
» fonds de leur affectation, & ce à rai-
» son du denier vingt-cinq.

» Plus toutes rentes du grand Parti
» de Lyon pour lesquelles avoit été
» composé avec les intéressés à cinq
» pour cent en rachat de soixante pour
» cent, & ont été depuis mises au de-
» nier dix ou douze, seront réduites au
» denier vingt-cinq, & les arrérages
» reçus outre cette proportion imputés
» sur le sort principal.

» Plus toutes rentes constituées d'ar-
» rérages de rentes, intérêts, dons,
» pensions, gages, récompenses & au-
» tres semblables natures, demeureront
» éteints, & s'en payera seulement le
» sort principal, déduit sur icelui tous
» les arrérages qui en auront été perçus.

» Plus toutes rentes créées pour
» remboursement

» remboursement d'Offices de Judica-
» ture ou autres, desquels lesdits Offi-
» ciers ont après disposé à leur profit
» particulier, demeureront éteintes.

» Plus toutes rentes constituées, es-
» quelles par les contrats l'on aura outre-
» passé les termes & conditions des
» Edits, seront réduites à iceux, &
» pour le surplus réglées par leurs na-
» tures selon les maximes de leurs sem-
» blables.

» Plus toutes rentes constituées de-
» puis l'an 1375 seront réduites depuis
» leur origine à raison du denier dix-
» huit, sinon qu'il fût bien justifié qu'el-
» les eussent été créées pour tout ar-
» gent actuellement déboursé.

» Plus toutes rentes constituées pour
» payement de gens de guerre étran-
» gers, François ou autres, étant do-
» mestiques ou pensionnaires du Roi,
» seront réduites au denier vingt-cinq,
» & déduit sur le principal tout ce qui
» aura été reçu d'arrérages outre cette
» proportion.

» Plus toutes rentes constituées pour
» payement de gens de guerre François
» demeureront éteintes & payées seu-
» lement du principal, sur icelui les ar-
» rérages perçus.

Tome I.   L

» Plus toutes rentes constituées sans
» Edits vérifiés, mais seulement en ver-
» tu de Brevets, Lettres closes ou pa-
» tentes, seront éteintes & payées du
» sort principal, si les dettes sont jugées
» bonnes, déduit sur icelui tous les ar-
» rérages perçus.

» Plus toutes rentes constituées en
» blanc, & dont les arrérages sont payés
» & se payent encore, en vertu de
» Mandemens ou Lettres particulieres,
» closes ou patentes, seront éteintes &
» payées seulement du sort principal,
» déduit sur icelui les arrérages perçus.

» Plus toutes rentes constituées aux
» principaux des Conseils des Rois qui
» ont formé ou poursuivi les Edits, ou
» aux Officiers des Cours Souveraines
» où ils ont été vérifiés, ou aux Prévôts
» des Marchands & Echevins de Villes,
» ou aux Commissaires établis pour faire
» les ventes, & passer les contrats & vé-
» rifier les dettes, ou autres dont ils
» anront depuis rétrocession ou perce-
» vront leurs arrérages sous noms sup-
» posés, ou sous celui d'un tiers, se-
» ront réglées comme celles de l'article
» précédent.

» Plus toutes rentes constituées aux
» Villes & Communautés pour deniers

» baillés au Roi pour emprunts, dons
» gratuits, immunités, ou priviléges
» achetés, fortifications, oftrois, gra-
» ces, frais & dépenses d'entrées, feſ-
» tins, banquets, préſens aux enfans de
» France, Princes du Sang, Gouver-
» neurs de Provinces, ou autres de ſem-
» blable nature, feront éteintes, & les
» arrérages perçus ſujets à reſtitution.

» Plus toutes rentes vendues par dé-
» cret ou volontairement de particulier
» à particulier ſe pourront amortir au
» profit du Roi pour les ſommes qu'elles
» auront été acquiſes, dont entreront
» en payement les arrérages qu'ils au-
» ront perçus outre la raiſon du denier
» douze.

» Plus toutes rentes qui auront été
» confiſquées demeureront éteintes du
» jour de la confiſcation, & les arréra-
» ges perçus ſujets à reſtitution, non-
» obſtant tous dons & remiſes faites par
» les Rois.

» Plus toutes rentes conſtituées à tiers
» ou moitié dettes, dont les dettes n'au-
» ront été fournies, ou bien ſeulement
» en dons, arrérages de penſions ou de
» rentes, ſeront éteintes pour les ſom-
» mes fournies en papiers; & ce qu'ils
» auront reçu d'arrérages deſdits papiers

» fujet à reftitution ou à être imputé
» fur le fort principal,

» Plus toutes rentes conftituées au
» lieu de domaine engagé, dont l'ac-
» quifition auroit été défectueufe, fe-
» ront réduites en connoiffance de cau-
» fe felon qu'il conviendra fuivant les
» maximes ci-devant fpécifiées.

» Plus toutes rentes conftituées par
» traités de Paix, ou réductions de Pro-
» vinces, Villes, Communautés ou par-
» ticulier en l'obéiffance du Roi, feront
» éteintes, & les arrérages perçus im-
» putés en payement fur la fomme prin-
» cipale ».

Cette vérification produifit au Roi
fix millions de rente. Les Aides feules
& les Parties cafuelles, dont on ne ti-
roit prefque rien, formoient une augm-
mentation de trois millions. A ce moyen
on continua de diminuer les tailles &
autres impofitions plus onéreufes.

Cette opération préfente plufieurs
obfervations importantes ; on ne s'at-
tachera qu'aux principales. L'Etat avoit
alors environ trente millions de revenu, & les aliénations reftantes en em-
portoient plus de la moitié. Ainfi l'on
étoit parvenu fucceffivement, par les
aliénations perpétuelles, à faire payer

aux Peuples le double de ce que le maintien de la société exigeoit. Ces Peuples s'épuifoient, & l'Etat mal à fon aife fe trouvoit dans l'impuiffance abfolue de rien entreprendre, ni même de réfifter au dehors, fans augmenter les charges perpétuelles par de nouvelles aliénations, puifqu'on avoit peine à lever ce qui étoit néceffaire au maintien de la fociété en pleine paix.

On ne peut difconvenir que l'ancienne méthode d'impofer proportionnellement aux dépenfes extraordinaires & pour le tems de ces dépenfes, étoit infiniment plus utile au Prince, dont la gloire dépend des reffources de l'Etat, & aux Peuples, dont la fûreté dépend de la gloire du Prince.

Pour fortir d'une pareille pofition, il eft peu d'expédiens à choifir. Lorfqu'une fois le Peuple eft parvenu à payer tout ce qu'il peut porter d'impôts, & qu'en même tems l'Etat en employe la moitié ou feulement un tiers à répondre à d'anciens engagemens, il eft impoffible abfolument d'accorder aucun foulagement, ni de ramener l'ordre dans les affaires fans recourir à l'économie, qui eft une augmentation réelle & folide des revenus, ou fans re-

venir contre les engagemens contrac-
tés. Mais il est presque toujours dangereux d'employer ce dernier moyen ; &
il est souverainement injuste , si les engagemens sont légitimes. Aussi la réforme est-elle beaucoup plus facile lorfque le dérangement des affaires a été oc-
casionné par une administration infi-
delle ou relâchée , que lorsque le desordre vient seulement du défaut de principes, de lumieres & de bonne conduite chez les administrateurs.

Il fut cependant créé ou renouvellé
quelques impositions pour aider aux
remboursemens des dettes les plus pressées ou les plus à charge. Le droit de
francs-fiefs fut un de ces expédiens. M.
de Sully partageoit personnellement
l'injustice des Nobles qui envient aux
Roturiers l'acquisition des Fiefs : De
tout tems ils se sont récriés sur cette liberté , comme si c'eût été leur ruine.
Mais dans le fait, si ces Roturiers n'ont
pas la liberté d'acheter des fonds nobles , c'est en diminuer la valeur in-
trinseque ; c'est diminuer le capital des
denrées de l'Etat, puisque le riche Ple-
béien fera mieux valoir sa terre que le
Patricien indigent forcé de la vendre.
Lorsqu'un Noble s'est ruiné par sa dé-

penfe imprudente, ne faut-il pas qu'il
puiffe être contraint au payement de
les dettes ? Si une fubftitution perpétuelle pour les terres de la Nobleffe
étoit praticable, elle eût été plus jufte
affurément qu'un impôt contraire en
quelque façon à la foi publique, à la
fûreté des particuliers, & qui a produit
tant d'abus.

Car fans parler des recherches, des
exactions, des procès infinis qu'on a vû
naître à cette occafion, il eft vrai-fem-
blable que ce droit a fort contribué au
goût de la Nation pour les priviléges :
il eft devenu une efpece de taxe d'aifés,
même en tems de paix, puifque dans
les pays abonnés, les riches y font foumis pour de groffes fommes, fans pof-
féder un pouce de terre ; & ces riches
font ordinairement des Marchands, des
Négocians.

Enfin le droit paroît avoir des inconvéniens infinis dans fa perception. Il eft
exceffivement onéreux, parce qu'une
année de revenu tous les vingt ans dé-
range néceffairement l'économie do-
meftique des familles ; ou s'il eft perçu
annuellement, il eft évident que le
vingtiéme levé en fus de l'impofition
générale, formeroit l'aifance d'un bour-

L iiij

geois peu opulent, lui procureroit les
moyens d'élever mieux sa famille, de
cultiver mieux son héritage. Il a diminué constamment la valeur des biens
nobles de médiocre valeur ; il n'a point
conservé les terres dans les familles nobles, & n'a pas même produit le seul
bien qu'il fût possible d'en espérer, qui
étoit de conserver & de multiplier les
capitaux dans le commerce & l'agriculture. Si la conservation des biens dans
les familles nobles eût été l'objet immédiat du Législateur, & que cet objet
lui eût paru devoir l'emporter sur toutes les autres considérations, le droit
devoit être plus fort, & s'étendre
pendant un certain nombre de généra-
tions sur les familles privilégiées. Ce
droit remonte pour son origine aux tems
des Croisades. Les Nobles vendoient
leurs terres pour marcher avec faste à
la conquête des Lieux Saints ; & les
Rois au retour, pour réparer le désor-
dre de leurs Finances, prenoient prétexte de l'incompatibilité des Fiefs dans
la main des Roturiers pour en exiger
trois ou quatre années de revenu, quoiqu'ils eussent consenti à ces acquisitions,
que leur politique devoit favoriser.
Alors l'incompatibilité étoit racheteé

par un seul payement ; depuis le droit s'est rendu perpétuel.

La raison est encore moins favorable au soin que l'on prit d'obliger les artisans de prendre des lettres de maîtrise, & de payer tant au Roi qu'aux Communautés un droit de réception. L'origine de ces Communautés est très-ancienne dans le Royaume, & elle est dûe vraisemblablement au soutien que les particuliers industrieux cherchoient contre la violence des autres. Par la même raison, les Rois prirent ces Communautés sous leur protection ; & elles en abuserent quelquefois pour troubler la tranquillité des Villes, au point que Charles VI les supprima en 1382. Depuis elles se rétablirent dans leurs priviléges ; mais on n'imagina point de forcer tous les artisans du Royaume de s'incorporer ainsi, & encore moins de les astreindre à un seul genre d'industrie, lorsqu'ils étoient en état d'en professer plusieurs. Dans les Villes où l'établissement avoit lieu à l'égard de certains métiers, l'entrée en étoit accordée en faisant épreuve & en payant une legere rétribution pour les frais communs.

Henri III ordonna le premier en 1581, que tous Négocians, Marchands,

Artisans, gens de métier, résidans dans les Villes & Bourgs du Royaume, seroient établis en Corps, Maîtrise & Jurande, sans qu'aucun pût s'en dispenser. Les motifs d'ordre & de régle, si séduisans pour les esprits spéculatifs, ne furent point oubliés dans ce premier Edit ; mais un second de l'année 1583 dévoila le mystère. Le Roi déclara que la permission de travailler étoit un droit Royal & Domanial : en conséquence il prescrivit la maniere dont on travailleroit, le tems des apprentissages, la forme & la qualité des chefs-d'œuvre, les formalités pour la réception des maîtres, les sommes qui seroient payées par les aspirans, tant au Domaine qu'aux Jurés & Communautés. Depuis il s'y en est joint d'autres bien plus rigoureux pour les Officiers de Police. La Loi les a modérés en divers tems, mais l'usage les a conservés.

Pour dédommager les artisans de cette nouvelle taxe, on leur accorda en revanche la permission de limiter leur nombre & d'exercer des monopoles. On tira même encore avantage de ce nouvel abus, par la vente que l'on fit des lettres de maîtrise, sans que les titulaires fussent tenus à faire épreuve ni

apprentiſſage. Telle eſt l'origine de nos
maux. C'eſt ainſi qu'on étoit parvenu
à dégoûter tellement la nation du travail, & les étrangers de nos ouvrages,
par le haut prix, que nous-mêmes nous
ſommes crus incapables de la profeſſion
du Commerce.

M. le Duc de Sully modéra à la vérité conſidérablement la portée exceſſive du droit Royal; mais il pouſſa fort
loin l'exactitude ſur les lettres de maî-
triſe. Nous verrons par la ſuite combien de fois le Peuple en Corps a re-
clamé la liberté de l'induſtrie, & combien on étoit éloigné alors de regarder
les gênes & les contraintes comme un
bien politique. Ce ſont les Traitans qui
nous ont inondés de ces ſortes de maximes bien dignes d'une telle ſource :
pour colorer leurs funeſtes inventions,
ils affectoient dans les préambules des
Edits d'intéreſſer l'ordre public à leur
exécution. Pour perpétuer l'impôt, on
accréditoit l'artifice; & les fauſſes idées
ſe ſont perpétuées d'âge en âge, d'autant plus facilement que la plûpart de
ceux qui étoient employés à l'adminiſtration du Commerce & des Finances
bornoient leurs études & leurs combinaiſons à recueillir les ordonnances &

à conferver leurs formes. Avec de pareilles connoiffances, on fe perfuadoit
voir tout en homme d'Etat, & par malheur pour l'Etat, on décidoit de tout.
Depuis qu'on s'eft permis l'examen,
on s'eft apperçu de quelques contradic-
tions entre l'ordonnance & fa raifon;
mais l'abus produifoit au fifc; l'argent
comptant l'a toujours emporté fur l'é-
vidence d'un remplacement plus confidérable & moins onéreux aux Peuples,
dès qu'il n'étoit pas prêt.

Dans ce tems-là, il s'éleva entre les
Cours de France & d'Efpagne une grande conteftation au fujet du Commerce.
Le Roi d'Efpagne impofa un droit de
trente pour cent fur toutes les marchandifes venant de France, ou fortant d'Efpagne pour France, fous prétexte que les
vaiffeaux François faifoient le commerce pour le compte des Provinces-Unies.
Le Confeil de France crut montrer une
grande vigueur en renchériffant fur cette
infulte par une interdiction de commerce. La feconde faute fut de vouloir la
maintenir; mais les loix font impuiffantes toutes les fois qu'il y a un grand profit
à les éluder. Nos Négocians continue-
rent d'armer pour l'Efpagne & d'enrichir l'Etat malgré fon Confeil.

Les Ministres persuadés qu'on ne pourroit se passer de nos denrées, car ce préjugé est bien vieux & peut même avoir été fondé, redoublerent de rigueur contre les désobéissances. Alors les Anglois vinrent enlever nos productions & principalement nos bleds. Nous étions en possession dans ces tems d'en fournir aux autres Nations à la faveur de la liberté qui régnoit dans ce commerce. On s'apperçut enfin que le parti pris pour le Port de Calais, où l'on s'étoit contenté de doubler les droits sur les vins & denrées d'Espagne, étoit le moins mauvais, & l'on dissimula les contraventions contre l'interdiction de commerce. La démarche la plus efficace fut cependant de déclarer d'abord aux Anglois, qui s'étoient chargés de la médiation pour reculer l'accommodement, qu'on ne pouvoit plus se dispenser de chercher les moyens de leur ôter le profit qu'ils retiroient de cette querelle; & ensuite aux Espagnols que le Roi étoit résolu de protéger par la voie des armes le commerce de ses Sujets. Les choses furent rétablies dans leur premier état.

ANNÉE 1605.

M. de Sully commença alors l'exécution du Canal qu'il projettoit depuis long-tems pour joindre la Seine à la Loire. Ces fortes de travaux, ainfi que la réparation des chemins & des ouvrages publics, étoient fort de fon goût, décidé pour le grand & l'utile. Il fentoit que l'argent ne pouvoit pénétrer dans les campagnes qu'à la faveur des commodités établies pour le tranfport & la confommation des denrées. Pour y parvenir il préféra la voie des impofitions aux corvées, dans le deffein d'occuper les gens oififs & de faire regagner aux pauvres leur cottifation avec celle des riches. Les ouvrages en furent pouffés avec plus de vigueur & de folidité. Enfin il a eu la gloire d'avoir fondé cet établiffement, dont nous voyons la conduite portée depuis quelques années à fa perfection, foit du côté des méthodes, foit du côté de l'ordre, de l'économie & de l'émulation.

Nous devons efpérer que les maximes dont il s'eft fi bien trouvé fur la liberté du Commerce des grains feront adoptées également, lorfque la lumiere aura diffipé les ténebres épaiffes dont les préjugés nous ont environnés. Nous avons des démonftrations fur cet article ; l'on a propofé des méthodes qui manquoient alors & qui ajoûtent à notre fûreté : les feuls avantages de la liberté fuffifoient dans ce fiecle pour raffurer fur de petits inconvéniens de paffage que nous fçaurions corriger aujourd'hui par l'établiffement des prix communs & d'une police fort fimple.

Sous François II il fut érigé à Paris par Lettres Patentes du 20 Octobre 1558 un bureau de huit Commiffaires pour accorder des paffeports pour la fortie des grains & des vins à l'étranger, fuivant la nature de la recolte & l'abondance du Royaume, afin d'éviter l'excès du fur-hauffement des prix & de leur baiffe onéreufe. Il fut fait des remontrances fur ces tranfports ; en effet ou voit par les loix Romaines des recompenfes accordées à ceux qui apportoient des bleds en Italie, loin qu'il fût permis d'en tirer. Mais, fans y avoir égard, des lettres de juffion du 21 Janvier ordonnerent l'enregiftrement, *telle longueur & retardement étant par trop préjudiciables & dommageables.* On trouve une lettre de Henri IV pour

lever l'interdiction fur le Commerce
des grains avec l'Efpagne, avant qu'elle
le fût fur les autres denrées. Il trouva
fort mauvais que le Parlement de Tou-
loufe fe fût ingéré fans fa permiffion
de défendre la fortie des bleds du Languedoc. Un Juge de Saumur fut menacé de punition exemplaire pour une
pareille défenfe. *Si chaque Officier en
faifoit autant*, écrivoit M. de Sully au
Roi, *votre peuple feroit bientôt fans argent*, *& par conféquent votre Majefté.*

   Cette réflexion qui paroît fi fimple &
fi naturelle eft la principale maxime à
laquelle s'attache conftamment un bon
Miniftre des Finances. Faites paffer
beaucoup d'argent par les mains du
peuple, il en reflue néceffairement
dans le tréfor public une quantité proportionnée que perfonne ne regrette.
Le peuple a-t-il peu d'argent, il en
rendra peu, & il faudra le lui arracher.
Mais on ne peut véritablement revenir de fa furprife, lorfqu'on voit que,
fous le prétexte de la grande police,
chacun dans fon diftrict a toujours voulu pourvoir à celle de l'Etat. C'eft porter la main à l'encenfoir; & l'on eft incapable d'affeoir fon jugement en matieres d'Etat, lorfqu'on n'a pas la connoiffance

noiſſance du tableau général. Telle eſt l'origine de preſque tous les embarras qui ſe rencontrent dans la communication de Province à Province. Elles ſe ſont miſes ſans s'en appercevoir dans le même cas que l'Eſpagne dont nous parlions tout-à-l'heure. Avec ſon impôt de trente pour cent elle avoit trouvé le ſecret de faire payer plus cher à ſon peuple nos denrées ſans en diminuer la conſommation, & elle nous prohiboit d'elle-même l'achat des ſiennes en les ſur-hauſſant.

Les régiſſeurs ſont ſurvenus, & l'argent à la main ils ont obtenu la permiſ- ſion d'aggraver le joug que les ſujets avoient commencé par impoſer au Commerce général. Une prétention nouvelle du Fermier de la douane de Lyon en 1603 vient à l'appui de cette réflexion : mais comme cette douane eſt un objet très-intéreſſant dans l'Etat, il ne paroît point inutile d'en connoître l'hiſtoire.

Je n'ai point découvert la date préciſe de l'établiſſement de la douane de Lyon, mais je trouve qu'avant François I. ſon droit ne ſe payoit que ſur les draps de ſoie, d'or & d'argent venant de l'étranger, afin de favoriſer nos fa-

Tome I.   M

briques de Lyon & de Tours. Preuve
certaine que les grands principes du
Commerce étoient connus anciennement: les befoins publics les ont fait
perdre, & ils y rameneront. Telle eft
la viciffitude des chofes humaines.

François I. en 1540 étendit le premier le droit de douane fur les matieres premieres, c'eft-à-dire, fur les
foies teintes & cuites venant de l'Italie,
de l'Efpagne, & du Comtat Venaiffin.
Il n'y avoit pas cependant encore d'in-
convénient, fi c'étoit pour donner un
avantage à nos teintures, & nous re-
ferver tout le bénéfice poffible fur les
diverfes façons que la foie doit recevoir.

L'Edit d'ailleurs ordonnoit fort fagement que toutes les manufactures de
foyeries venant de l'étranger feroient
conduites à Lyon, foit qu'elles entraf-
fent par Bayonne, Narbonne, Suze &
Montelimart, les feules villes où l'entrée en fût permife. Le droit étoit de
cinq pour cent lorfque ces marchandifes devoient fe confommer dans le
Royaume, & feulement de deux pour
cent lorfqu'elles paffoient debout pour
aller à l'étranger. Ce dernier droit eft
cependant encore trop confiderable;

car les tranfits & les entrepôts font infiniment utiles à un pays, où les étrangers payent à cette occafion des commiffions, des magafinages, des falaires aux hommes de bras, des voitures par terre & par eau.

Les étoffes de même qualité fabriquées en France étoient libres ; feulement elles devoient être plombées & accompagnées d'un certificat des Officiers du chef-lieu de chaque manufacture, afin que fous leur nom on n'en fît point paffer d'étrangeres fans payer.

En 1554, le droit fut augmenté de deux & demi pour cent par forme d'octroi en faveur de la ville de Lyon pour huit années. L'efprit de Commerce préfida fi peu à ce Réglement, que les foies crues & les étoffes fabriquées dans le refte du Royaume y furent affujetties. C'eft à cette époque que doit être rapportée l'introduction de ce préjugé, qu'il étoit plus utile d'avoir une ville d'un très-grand Commerce, que plufieurs qui en fiffent un bon. A-mefure que les bons principes s'oublierent, on ne diftingua plus les intérêts de l'Etat de ceux des habitans de Lyon ; & avec de bonnes intentions on commit fucceffivement des fautes dont le Commerce de l'Etat ressent encore les effets.

La ville de Lyon ne joüit pas long-tems de son monopole. En 1558, le Roi réunit l'octroi à son Domaine & aux anciens droits de douane.

La ville de Suze ayant été vendue au Duc de Savoye, Charles IX en 1564 lui substitua le pont de Beauvoisin pour l'entrée des marchandises d'Italie.

En 1585, Henri III confirma les Ordonnances précédentes ; mais il y ajoûta l'obligation de faire passer par la douane de Lyon , pour y payer les droits, les balles de soie, de poil de chevre, de camelot , & autres marchandises du Levant. Pareil Réglement pour les drogueries & épiceries qui furent soûmises à un impôt de quatre pour cent. On ne fit aucune distinction des matieres premieres ou des étoffes, de la consommation ou du transit. On cherchoit de l'argent.

Par la même Déclaration , l'entrée des soies & étoffes d'Espagne fut restreinte à la seule ville de Narbonne ; toutes les marchandises descendant par le Rhône & la Saone pour passer Lyon ; ensemble celles de Flandre , d'Allemagne , d'Angleterre , destinées pour l'Italie & les côtes d'Espagne sur la Méditerranée, furent tenues d'aborder à Lyon & d'y payer les droits de la douane.

Henri étoit bien le maître d'impofer des droits dans fon Etat, mais non pas de forcer les étrangers à s'y foumettre : leurs marchandifes prirent d'autres routes. Ainfi, c'eft par nos propres loix que nous avons néceffité la Flandre & l'Angleterre d'établir une navigation directe avec l'Italie, & au détriment de la nôtre. Nous avons été privés de reffources immenfes pour avoir voulu en forcer le produit ; & les revenus ont été anéantis auffi-tôt que la proportion naturelle du droit a ceffé d'exifter. Quelles richeffes ne devoient pas alors circuler en France ? Faut-il s'étonner d'avoir vû ce Royaume réfifter aux diverfes fecouffes qu'il effuya dans ces tems malheureux ?

On voit également que c'eft à des Loix peu anciennes inventées par l'efprit de monopole, & autorifées par une profonde ignorance, que la ville de Lyon eft redevable du droit de gêner le commerce de toutes les autres manufactures du Royaume, d'en renchérir les matieres par des tranfports longs & couteux. A la longue, la navigation

s'en est ressenti ; les Armateurs du Ponant, faute de retour à prendre dans la
Mer Méditerranée, l'ont aussi peu fré-
quentée que si elle étoit éloignée d'eux
de trois mille lieues *.

En 1603 les Douaniers de Lyon prétendirent que l'esprit des ordonnances
étoit d'assujettir les denrées de la Provence, du Languedoc & du Dauphiné
à passer par Lyon, pour y payer les
droits. Cette proposition monstrueuse
fut rejettée au Conseil quant au commerce de ces Provinces ent'elles : mais
par une suite de l'aveuglement qui regnoit alors, les denrées de ces Provinces destinées pour l'étranger y furent
assujetties. Sur celles qu'on envoyoit
en Espagne, le droit fut restreint cependant à deux & demi pour cent.

A l'égard des autres pays, ou bien
on pensa que leur argent n'étoit pas si
utile à gagner, ou par une de ces in-
conséquences dont on ne peut rendre
raison, on ne comprit pas que l'exportation en souffriroit. Cependant sept &
demi pour cent d'une part, de l'autre

* Depuis que cet Ouvrage est fini, l'entrée des
soies a été rendue libre dans tous les ports, à commencer du premier Octobre 1756, en payant cependant le même droit.

l'embarras des formalités, le retard des expéditions & du transport, enfin l'augmentation des frais qui peuvent au moins être évalués fur le même pied, font plus que fuffifans pour détruire en fix mois le commerce le mieux accrédité.

Il fut permis alors pour la premiere fois au Fermier de la Douane de Lyon d'établir des Bureaux où bon lui fembleroit. Cette pernicieufe liberté fut fi bien employée, qu'en moins d'un demi-fiecle il s'en trouva cent foixante-fept dans le Lyonnois, le Dauphiné, la Provence & le Bas-Languedoc.

- Le commerce n'y gagna pas même la facilité de s'épargner le paffage par Lyon. Cette ville une fois accoutumée aux douceurs du monopole, fut habile-ments'y maintenir, en faifant des avances dans les tems de befoin. Elle prétendit que les bureaux des Fermiers n'étoient que des bureaux de Conferve, & que les denrées étrangeres deftinées pour les Provinces voifines devoient être repréfentées dans fa Douane. Elle exigea fucceffivement la même formalité à quelques égards, fur les denrées du crû de ces Provinces lorfqu'elles étoient deftinées pour l'étranger. Une partie de

ces demandes étoit fondée fur les loix
& l'ufage au défaut de la raifon ; mais
en plufieurs points les habitans des Provinces limitrophes alléguoient des in-
terprétations différentes prifes dans le
droit naturel, & l'utilité publique. Le
Fermier d'ailleurs étoit neutre dans la
difpute , pourvû que fes droits fuffent
acquittés.

Que de procès , de gênes & de difcuf-
fions épargnées pour l'avenir , fi l'on
eût eu recours à un principe au lieu de
citer des formes ! Il eft intéreffant pour
l'Etat que les denrées de fes Provinces
de Languedoc , de Provence & de Dauphiné puiffent paffer à l'étranger en faifant le moins de frais qu'il eft poffible.
Propofer le contraire , c'eft montrer des
vûes particulieres & honteufes. Il eft
également effentiel que les matieres
premieres aillent dans le lieu de la manufacture par la voie la plus courte &
la moins difpendieufe , à moins qu'on
ne veuille vendre aux étrangers le
moins qu'il eft poffible.

La liberté du commerce , le foulagement des Sujets , & le fervice du Prince
exigent que les denrées des Provinces
des cinq groffes Fermes puiffent être
portées & confommées dans toute la
France

France fans embarras & à très-peu de frais ; fans quoi ces Provinces déja plus chargées que les autres, feroient doublement malheureufes.

Quelque anciennes & multipliées que puiffent être les ordonnances oppofées à ces maximes fondamentales, j'en appelle à la Loi fouveraine du falut du Peuple.

Les mêmes différends eurent lieu pour les pays du Forès & du Beaujolois, où les Aides ont cours, & qu'on a cependant voulu malgré eux reconnoître pour Provinces étrangeres, quoiqu'on ait pris quelques précautions à l'égard de leurs manufactures.

Nous aurons encore occafion de parler de la douane de Lyon à l'année 1632, dans l'époque fuivante. Mais je dois prévenir une fois pour toutes, que lorfqu'il fera queftion de la douane de Lyon & de celle de Valence, je fuis le Procès-verbal de M. Dagueffeau, à quelques changemens près qui font furvenus. Si le nom feul de ce Magiftrat fuffit pour faire l'éloge de ce travail, on peut dire que l'exécution eft digne d'un homme d'Etat. Ce Procès-verbal fut dreffé peu de tems après la mort de M. Colbert, qui avoit deffein, comme

Tome I. N

on le verra, de faire une grande réforme sur ces douanes, & qui de son vivant avoit fait commencer l'ouvrage en question. Il s'en trouve un exemplaire à Lyon, un à l'Hôtel des Fermes à Paris, & même dans quelques cabinets particuliers, à ce qu'on m'assure.

ANNÉE 1606.

Les recherches se continuoient cependant contre les Financiers, & toujours avec aussi peu de succès, parce qu'ils étoient protégés contre le Ministre. On en vint avec eux à une composition pour terminer ; mais on laissa aux Financiers la liberté de repartir euxmêmes leurs taxes, de façon que les petits & les subalternes payerent seuls la totalité.

Le 22 Mars 1606, le contrat de subvention annuelle du Clergé d'un million trois cent mille livres fut renouvellé pour finir au dernier Décembre 1615. Le Clergé obtint la permission de rembourser les Offices des Receveurs des Décimes vendus en 1596.

M. le Duc de Sully revêtu alors de ce titre si bien mérité, ne se contenta point de rétablir l'ordre dans le maniement des Finances ; il se proposa de prévenir les abus pour la suite à mesure que ses connoissances s'étendoient & devenoient plus nettes dans chaque partie. Il commença par exiger des Fermiers une déclaration sous serment, qu'aucun étranger n'étoit intéressé avec eux. Il n'osa pas sans doute en exiger davantage, quoique les principales traverses qu'il avoit essuyées dans son travail ne vinssent point des étrangers.

Il prescrivit des formules de comptes pour les parties susceptibles de discussion ; & il fut défendu très-séverement aux Chambres des Comptes de passer aux Comptables en acquit, d'autres sommes que celles qui étoient portées bien distinctement sur l'état de l'année. Sa Majesté voulut aussi connoître & regler ce qui appartenoit aux Officiers, Elus, Receveurs, pour leurs gages, droits, taxations, frais de comptes, de recouvremens d'états, d'épices de la Chambre des Comptes, afin de bannir l'arbitraire qui s'y étoit introduit. L'épargne sur ce qui regardoit les Chambres seules montoit à deux cent mille écus par an au profit du Roi. De toutes manieres, il est clair que les sommes même payées par les Comptables vont

N ij

en déduction des revenus publics ; car les longueurs, les gros frais entretiennent l'usage des gros profits & des taxations excessives.

Dans l'examen que M. le Duc de Sully avoit fait des comptes des Receveurs généraux & des Trésoriers de France, il avoit découvert évidemment que de grandes sommes avoient été diverties. Les Receveurs généraux transigerent de bonne grace, & obtinrent une décharge entiere moyennant six cent mille francs. Les Trésoriers de France prétendirent se justifier en rejettant le desordre sur les Chambres des Comptes ; & sans entrer dans ces discussions, on se contenta d'établir pour l'avenir de bons Réglemens. J'ai cru devoir en copier ici un sur diverses parties, pour donner une idée de l'exactitude de l'arrangement qu'il avoit établi & de la précision de ses ordres.

RÉGLEMENT pour les Comptables,

« M. le Trésorier de l'Epargne se sou-
» viendra de n'assigner aucune partie
» des dettes ordonnées à plusieurs Sei-
» gneurs, Gentilshommes & particu-
» liers de ce Royaume, suivant l'état

» des deniers en acquit ou autre que ce
» soit, sans ordonnance de mondit Sei-
» gneur le Duc de Sully sur les acquits
» patens qui lui seront rapportés, ni
» aussi assignera aucuns dons ni pensions
» laissés sous son nom dans les États de
» quelque Généralité que ce soit, ni des
» Gabelles de Languedoc pour certains
» Officiers de Cours Souveraines, sans
» avoir ordonnance de mondit Sei-
» gneur.

» Se souviendra aussi de n'expédier
» aucun Mandement au Trésorier des
» menus ni autres Comptables pour le
» payement des Postes, mais les laissera
» payables sur les lieux suivant les états
» du Roi envoyés aux Généralités de
» ce Royaume.

» N'assignera pareillement le Tréso-
» rier des Ligues de Suisse d'aucune par-
» tie tant ordinaire qu'extraordinaire,
» outre le fonds laissé dans l'état géné-
» ral des Finances, sans ordonnance de
» mondit Seigneur.

» Et observera encore pour le sem-
» blable, tant pour les Trésoriers de
» l'Artillerie, que pour ceux de l'ex-
» traordinaire de la guerre & tous au-
» tres Comptables, que ce soit pour le
» fonds tant ordinaire qu'extraordinai-

» re, qui pourra excéder celui qui leur
» est laissé dans ledit état des Finances
» de Sa Majesté.

» M. le Trésorier des Ligues de Suisse
» en Charge durant l'année présente
» 1608, se souviendra, durant son exer-
» cice, de retenir avant toutes choses la
» somme de cent mille liv. sur les douze
» cent mille ordonnées aux Suisses pour
» leur fonds ordinaire; laquelle somme
» de cent mille livres sera seulement em-
» ployée au payement des dettes qui
» s'acquitteront par composition à rai-
» son de six pour un.

» Et quant au surplus dudit fonds or-
» dinaire, le pourra délivrer sur les
» lieux par les ordonnances des Am-
» bassadeurs; mais pour celui qui sera
» acquitté en France, soit ordinaire ou
» extraordinaire, se souviendra de n'en
» vuider ses mains que suivant les or-
» donnances du Conseil ou de mondit
» Seigneur le Duc de Sully.

» M, le Trésorier de l'Artillerie en
» charge durant l'année 1606 se sou-
» viendra de rapporter un état au vrai
» de la recette & dépense actuelle qu'il
» a faite durant ladite année, afin que
» les reprises, s'il y en a, soient exa-
» minées, & que l'on reconnoisse quels

» payemens lui restent à faire pour la
» dépense de ladite année.

» M. le Trésorier de l'extraordinaire
» de deçà les monts en exercice durant
» l'année 1608, se souviendra de n'ac-
» quitter aucune partie non comprise
» en ses états d'assignation du Conseil
» sur son fonds ordinaire, ou sur celui
» qui lui sera extraordinairement four-
» ni par le Trésorier de l'Epargne ou
» autre que ce soit, sans ordonnance
» dudit Conseil ou de mondit Seigneur
» le Duc de Sully ; lesquelles ordonnan-
» ces il sera tenu de rapporter en l'exa-
» men de son état au vrai ; autrement
» seront les parties rayées sur lesquelles
» lesdites ordonnances ne se rapporte-
» ront.

» M. le Secrétaire du Conseil se sou-
» viendra de faire mettre à part tous les
» arrêts concernant les octrois des villes
» continués par le Conseil depuis l'an-
» née 1600.

» Fera le semblable pour tous arrêts,
» articles ou partis concernant la réu-
» nion & rachat du Domaine, soit à la
» requête de certains Particuliers, ou
» bien sur les offres des Partisans. Ce
» qu'il prendra la peine de faire cher-

N iiij

» cher dans ſes minutes depuis ladite
» année 1608.

» Et dorénavant tout ce qui s'expé-
» diera tant pour leſdits octrois que
» pour ledit Domaine , comme auſſi
» tout autre Réglement qui ſera par for-
» me d'arrêt ou autrement concernant le
» fait des Finances , ledit Sieur prendra
» la peine de les faire mettre à part , &
» d'en envoyer une copie à Mgr. le Duc
» de Sully , toutes les fois que les réſul-
» tats du Conſeil ſe ſigneront.

» N'obmettra de faire auſſi le ſembla-
» ble pour les baux à ferme lorſqu'ils
» ſeront renouvellés.

» Meſſieurs les Tréſoriers de l'Epar-
» gne ſe ſouviendront encore de dreſſer
» un état bien exact de toutes les dettes
» payées aux années de leurs exercices
» depuis celle de 1598, tant aux Prin-
» ces étrangers ſur quelque fonds que
» ce ſoit, qu'à toutes autres perſonnes
» ſur leurs dettes anciennes du ſel & des
» groſſes Fermes, dans lequel état leſdi-
» tes natures de dettes & les payemens
» faits deſdites années ſeront bien par-
» ticulierement diſtingués & ſpécifiés.

» M. le Sergent ſe ſouviendra d'ache-
» ver le plutôt qu'il ſe pourra les apoſ-

» tilles qui lui ont été ordonnées par
» Mgr. le Duc de Sully, de faire fur le
» regiftre des dettes de Suiffe ; & outre
» cela, dreffer un état bien exact & par
» années féparées, de toutes les dettes
» qui leur ont été payées, tant fur leur
» fonds ordinaire que fur les deniers ex-
» traordinaires depuis lad. année 1598.

» M. le Secrétaire du Confeil fe fou-
» viendra durant qu'il fera en exercice
» à l'avenir de n'expédier aucune con-
» tinuation d'octroi par arrêt du Con-
» feil, fans y mettre ces claufes, que
» dorénavant ils feront tenus d'en comp-
» ter de fix ans en fix ans, & d'en rap-
» porter état vérifié par les Tréforiers
» de France fur les lieux à M. le Duc
» de Sully, grand Voyer de France.

» M. de Ligny fe fouviendra de dref-
» fer un état général, mais diftingué
» néanmoins par années s'il eft poffible,
» de toutes les rentes rachetées par le
» Roi, tant fur les Domaines, Recettes
» générales & particulieres, que fur le
» Parifis de fes Greffes, & effayera de
» rendre ledit état fi exact, qu'il n'y
» foit omis aucune defdites rentes ra-
» chetées.

» Le Sieur Lichany fe fouviendra tous
» les Mercredis & tous les Samedis à

» midi, de venir rendre compte à Mgr.
» le Duc de Sully pour les pavés de Pa-
» ris, & à mesure que les hateliers chan-
» geront, dressera un autre état pour la
» distribution desdits hateliers, lequel il
» présentera à Mgr. le grand Voyer,
» pour être signé, portant contrainte,
» & le fera exécuter avec toute rigueur
» & sévérité. Et au cas que l'entrepre-
» neur fasse travailler trop négligement
» aux endroits ordonnés par ledit état,
» à l'instant il sera employé des paveurs
» de Paris, autres que ses associés, les-
» quels seront remboursés du fonds du-
» dit entrepreneur, sans aucun retar-
» dement. Et pour cet effet, pourra le-
» dit Lichany donner auxdits paveurs
» de Paris des extraits dudit état, afin
» qu'ils s'employent eux-mêmes à visi-
» ter lesdits endroits, & à reconnoître
» si ledit entrepreneur y fait travailler
» comme il est tenu ».

ANNÉES 1607 & 1608.

J'ai resserré tous ces détails, afin de
passer à une opération aussi juste qu'utile : c'est le recouvrement des Domaines du Roi après des informations très-
circonstanciées prises dans toutes les

Provinces du Royaume. On fit rentrer
Sa Majesté dans toutes les aliénations,
dont le titre ne parut pas suffisant, en
exigeant des dédommagemens. Pour les
Traités extorqués par le besoin à des
conditions exorbitantes, on imputa les
jouissances sur le capital & les intérêts légitimes. Les engagemens faits de bonne
foi furent également retirés, lorsqu'il se
présenta des enchérisseurs.

La methode que M. de Sully em-
ployoit le plus volontiers, & la meilleure indubitablement étoit d'abandonner pendant un tems l'usufruit de chaque partie aux Fermiers, à condition de
la rendre quitte & libérée à l'expiration
du terme. La réduction des intérêts pro-
curoit une grande facilité à cette économie. C'est ainsi qu'il réunit au Domaine les Charges des Receveurs des
Consignations, les Greffes, &c. Il ne
laissa pas cependant de rester bien des
engagemens à retirer, que la qualité
des personnes ne permit pas d'entamer:
on attendit leur mort. Mais on évaluoit
à un capital de quatre-vingt millions
ceux dont il procura la rentrée ; savoir
trente-cinq millions dont le recouvrement fut actuel, & quarante-cinq dont il
abandonna la jouissance à une Compa-

gnie pendant feize ans pour les rendre
libres au bout de ce tems.

On a long-tems regardé les domaines
de la Couronne comme le véritable pa-
trimoine des Rois, & cette maxime fe
répete encore quelquefois. Mais a-t-on
diftingué bien nettement les principes
dont elle dérive ? Il eft clair que les circonftances politiques, au commencement de la troifiéme Race, forcerent
les Princes à mettre tout en ufage pour
conferver leur Domaine, devenu prefque l'unique branche de Finance fur laquelle ils puffent compter folidement,
dans un tems qu'on peut appeller d'a-
narchie. Par les mêmes motifs, il fut
utile que les Rois acquiffent la plus
grande quantité de Domaines qu'il leur
feroit poffible, foit afin d'augmenter les
forces réelles de la Couronne, foit afin
d'augmenter le nombre des vaffaux im-
médiats, & de miner fourdement la
puiffance de cette foule de petits tyrans, qui s'étoient établis dans toutes
les Provinces.

Ce double avantage frappa vivement
les efprits ; les intérêts particuliers s'y
joignirent même, car on s'imagina que
l'on payeroit moins à mefure que le Monarque poffederoit davantage de fon

chef. Enfin les Légiftes feconderent de leur mieux les vûes du Gouvernement ; & de la Loi Salique, on fit dériver cette maxime, que le domaine de la Couronne eft inaliénable. Ce n'eft pas ici le lieu de differter fur la validité de cette opinion. Elle fervit tout-à-la-fois à empêcher le démembrement de la Monarchie, & à lui faire reftituer depuis ce que la néceffité avoit pû lui arracher. Avec le tems, l'idée du domaine s'étendit, c'eft-à-dire, qu'il y eut des droits reconnus domaniaux par leur effence. Ainfi le domaine confifte aujourd'hui en fonds de terres & en droits.

Il eft conftant que les droits doivent être dans la main du Roi ; qu'il eft dangereux & indécent qu'il en foit levé fur les Peuples, dont il ne foit pas le propriétaire & l'économe. Mais en examinant la partie des domaines en fonds, peut-être ne paroîtra-t-il pas également avantageux à l'Etat que le Roi les poffede,

On fçait que les Fermiers, dont l'ufufruit eft limité, ne fe portent point à améliorer les terres domaniales dans la même proportion que font améliorées les terres des particuliers ; des formes néceffaires en général, ou repu-

tées telles , s'y oppofent même le plus
fouvent. Dans chaque province le Roi
poffede une quantité confidérable de
terres vagues dont les Fermiers ne ti-
rent & ne peuvent tirer par eux-mêmes aucun avantage ; l'abandon de ces
terres aux particuliers coûte des frais
immenfes d'arpentages , de defcentes
de Juges divers , qui abforbent la valeur du fonds , & les conditions ne paroiffent point fûres. Enfin il eft notoire
que le revenu réel des terres du domaine reçoit une forte diminution avant
d'entrer dans les coffres du Prince , par
la grande quantité de profits inter-
médiaires qui s'y font.

Il femble qu'une police fort fimple
pourroit , fans nuire aux principes établis , réformer les abus. Avant de la
propofer cependant on diftingue les
bois des autres efpeces de biens-fonds ;
& l'on croit qu'en apportant dans cette
partie la réforme néceffaire , les bois
font mieux dans la main du Roi que dans
celle des particuliers , toujours plus
preffés de faire des coupes prématurées.
Mais à l'égard des autres fonds, il paroîtroit avantageux de les inféoder par
petites portions de huit à neuf cens liv.
pour cent ans à des familles qui les cul-

tiveroient & amélioreroient comme
leur propre bien. Au bout de cent ans
le Prince en feroit de nouvelles adjudications à l'enchere, fur lefquelles il
jouiroit des ameliorations faites & du
fur-hauffement des baux tel que l'abondance de l'argent l'auroit procuré. On
pourroit même aftreindre les preneurs à
repréfenter fur le fonds au bout de cent
ans un nombre de pieds d'arbres par
arpent, lefquels ne fuffent ni trop jeu-
nes ni trop vieux, fuivant les efpeces
& les lieux. La recette feroit fimple &
fixe, les réparations épargnées ; &
tous les petits détails économiques font
toujours ònéreux au Prince.

On propofe d'inféoder par portions
médiocres, parce que l'intérêt de l'E-
tat eft de multiplier le nombre des propriétaires des terres, & fur-tout de
ceux qui cultivent par eux-mêmes avec
aifance. C'eft un moyen fûr d'augmenter le nombre des familles qui font le
fonds de la population. Mais il feroit
indifpenfable que ces aféagemens, ces
partages de terres, & ces montrées fe
fiffent fous des formes très-fimples, fans
frais pour les particuliers, & par des
perfonnes revêtues de fimples commiffions : car les Officiers titulaires ont rare-

ment la même vigilance, la même
exactitude, & sont trop soutenus par ce
qu'on appelle le corps dans les abus
qu'ils commettent.

Le Prince se réserveroit les fiefs &
les droits honorifiques ; & l'on pourroit introduire pour maxime, que ni
les fiefs ni ces inféodations ne pourroient être aliénés sous aucun prétexte, même d'échange, afin d'éviter la confusion. Comme le domaine
originaire est immense, & qu'une bonne partie des aliénations a été abandonnée sans titre ou à vil prix, il n'en seroit pas moins essentiel d'en procurer la
rentrée pour la régir sous cette forme.

Ce fut dans le même esprit d'économie & de réforme que l'on remboursa
une partie des rentes sur l'Hôtel-de-
Ville de Paris, dont le payement em-
portoit le plus clair des revenus. Mais divers égards politiques nécessaires alors,
& les remontrances réitérées des Pre-
vôt des Marchands & Echevins de la
ville de Paris, empêcherent que le bien
ne se fît en entier. L'origine de cet expédient de Finance si commode & si
dangereux, est de 1522, sous le regne
de François Premier.

II

	liv.	f.	d.	
Il en créa en cinq fois différentes, au denier douze.	75416	13	4	Le marc d'argent fin à 12 & 14 liv.
Henri II. en créa en trente fois différentes *Idem.*	543816	13	4	Le marc d'argent fin à 14 liv. 10 fols.
Sous le regne de François II. en quatre fois. *Idem.*	83000			*Idem.*
Charles IX. en vingt-fept fois. *Idem.*	1794000			Le marc d'argent fin à 17 liv.
Henri III. en fept fois. *Idem.*	932000			Le marc d'argent fin à 19 liv.
	3428133	6	8	
A la fin de ce regne il n'en reftoit plus que pour	2038955	2	6	

Cet état ne comprend que les rentes sur la ville, & non les rentes sur les tailles & autres revenus locaux qui se payoient sur les lieux.

Les autres charges paroîtroient avoir une origine plus ancienne, puisque le réglement de M. de Sully fait un article de celles créées & vérifiées avant l'an 1375. Il eft probable que c'étoit une fuite des aliénations des domaines &

droits domaniaux, dans lesquels le Roi rentroit après les guerres, pour les faire exercer par ses Officiers, & qu'il assignoit la rente de l'argent prêté sur la recette des mêmes revenus.

Il fut établi en 1607 un Conseil de Commerce composé de différens Officiers du Parlement & de la Cour des Aides : mais cet établissement fut bientôt abandonné ; & l'Etat n'en retira point de fruit, parce que pour conduire le commerce, il faut en même tems sçavoir comment il se fait, & se munir de principes contre les piéges de l'intérêt particulier de ceux qui le font. C'est un aveu fâcheux qu'arrache une expérience journaliere ; les Négocians voyent trop peu l'intérêt de la société. Le Législateur au contraire ne doit calculer que le gain national ; & pour s'élever à cette combinaison il ne peut se dispenser de descendre au détail non pas des profits particuliers, mais des opérations diverses du Commerçant. Les personnes qui négligent ces connoissances font toujours dans l'inquiétude & entourées du soupçon ; ce qui les porte à établir des gênes contraires à leur objet, & à favoriser les monopoles qui présentent toujours une fausse idée de police spéculative.

On s'imagine qu'il est plus aisé de conduire un petit nombre de bras à ses vûes, qu'une multitude ; & l'on s'accoutume insensiblement à prendre pour l'intérêt de l'Etat ce qui n'est réellement qu'une commodité personnelle. Quels avantages n'eût pas alors retiré la France d'un Conseil où les représentans des villes, séparés de tout autre intérêt, eussent eu voix délibérative hors les affaires de forme, comme chez nos voisins ? On entrevit qu'il falloit penser au Commerce ; mais on s'y prit mal, & le bien, fait à demi, dégénere souvent en desordre. Voilà de ces pertes dont il est presqu'impossible de calculer la portée.

Le Ministre persuadé que les dettes créées sur les Provinces, les Villes, & les Communautés ne sont pas un fardeau moins pesant sur les peuples que celles du Roi même, s'appliqua avec la même attention à les vérifier, les réduire & les payer. On n'imagine point en effet la mauvaise régie de toutes ces petites parties, les formalités, les gênes qu'elles emportent avec elles. Ces vexations sourdes, mais multipliées, minant insensiblement les pauvres & le Commerce, qui les supportent ordi-

nairement. D'ailleurs elles nourriffent
cet efprit de communauté , toujours
dangereux parce qu'il ne refpire que le
monopole, & qu'il détourne les fujets
des vûes publiques pour les concentrer
dans de petits intérêts particuliers pour
l'aggrandiffement defquels ils fe paf-
fionnent.

Les charges fourdes fur le peuple
avoient été fans ceffe accumulées depuis le regne des Favoris fort inventifs
en affaires extraordinaires ; les befoins
urgens & continuels pendant les guerres civiles , diverfes confidérations perfonnelles depuis, & enfin la multitude
des réformes à entreprendre, n'avoient
pas permis d'y faire l'attention qu'elles méritoient. Quelques commiffions
avoient même été érigées depuis peu
pour de bons & fages motifs , & s'é-
toient ou perpétuées à l'infçû du Miniftre , ou exercées avec tant de rigueur
que le remede étoit devenu plus fâcheux
que le mal même. Un feul Edit fupprima tous ces moyens d'appauvrir les fujets. En voici la lifte.

Les recherches des ufures.

Celles de l'emploi qui s'étoit ci-devant
fait des deniers d'octroi qui fe levoient
fur les Villes, Bourgs ou Communautés.

Celles des levées de deniers faites par les Communautés sans commission de sa Majesté.

Celles des abus commis à la levée du sou pour livre contre ceux qui s'étoient exemptés de payer ledit droit lorsqu'il se levoit.

Les recherches sur les Hôteliers & Cabaretiers pour leur faire prendre Lettres ou Permissions.

Celles qui se faisoient sur les Greffiers, Collecteurs & Asséeurs des Provinces pour les deniers des tailles.

Celles qui se faisoient pour les bois & chandelles que l'on levoit par les villes, bourgs & villages, outre les Commissions du Roi.

Celles des déchets sur les descentes & voitures du sel, tant par eau que par terre.

Celles qui se faisoient sur les poids & mesures.

Et toutes les autres recherches contre les Merciers & Revendeurs, spécialement sous le nom du Roi des Merciers.

Les Commissions pour les métiers & contraintes contre les Artisans & autres pour leur faire prendre Lettres de maîtrises.

Les Commiffions pour les aliénations des terres vaines & vagues.

La recherche de l'anil d'Inde.

La recherche des ufages des villes, bourgs, villages & communautés, qu'ils ont dans les forêts & domaines du Roi.

Les Commiffions portant commandement à tous gentilshommes d'apporter ou envoyer leurs lettres, titres & enfeignemens au Greffe du tréfor.

La permiffion accordée au fieur des Monts de retenir les Caftors, par le moyen de laquelle les Marchands étoient contraints de les acheter de lui.

Et la recherche qui fe faifoit contre les meuniers pour les meules & meulons qui devoient être au point rond.

La fuppreffion des priviléges inutiles ou ufurpés ne fut pas une des moindres attentions du Gouvernement, qui augmente toujours fes reffources pour le moment & pour l'avenir, par une répartition plus égale des recouvremens.

Il eft difficile d'opérer beaucoup de réformes utiles dans un Etat chargé de dettes immenfes, fans fe procurer quelques reffources nouvelles ou quelque bonne fomme qu'on puiffe faire valoir à propos. L'embarras eft de trouver des expédiens qui n'alterent point la confiance publique, & qui ne soient pas coûteux à des sujets déja accablés.

M. de Sully en trouva un qui porta sur les riches uniquement, & que la politique de l'Etat autorisoit. Il avoit remarqué que les charges tombées au profit du Roi par la mort des Titulaires se négocioient assez publiquement par les personnes en faveur qui plaçoient leurs créatures, sans que le mérite indigent y eût part. Les Guises s'étoient même servide ce moyen pour appuyer leurs projets ambitieux ; & ils ne pouvoient s'y prendre mieux, puisque la Police est entre les mains des Magistrats, dont l'autorité d'ailleurs est toujours imposante au peuple. Il détermina le Roi à accorder aux Titulaires l'hérédité de leurs charges, moyennant un droit annuel qu'ils payeroient aux Parties casuelles, qui devinrent à ce moyen une branche de revenu très-considérable. Le Roi demanda aussi au Clergé trois cent mille livres pour l'établissement des Galeres à Marseille ; & les fonds en furent faits en rétablissant les Offices de Receveurs des décimes.

ANNÉES 1609 & 1610.

C'est par de semblables opérations que, malgré l'épuisement du Royaume, M. le Duc de Sully trouva le moyen en moins de quinze ans de diminuer les Tailles de cinq millions, les droits intérieurs & autres petites impositions de moitié; d'augmenter les revenus de quatre millions; d'acquitter cent millions de capitaux de rentes sur l'État; de racheter pour trente-cinq millions de domaines. Les fournitures d'armes, artillerie, & munitions dans les magasins du Roi montoient à douze millions. Les meubles du Roi avoient été augmentés pour la somme de dix-huit cent mille livres. Les fortifications des places frontieres étoient en bon état, & avoient coûté cinq millions quatre-vingt-cinq mille livres. Il avoit été dépensé en bâtimens pour le Roi & en églises six millions cent cinquante mille livres; pour l'établissement des mûriers & des Manufactures, près d'un million; en divers dons de Sa Majesté, six millions quarante-deux mille trois cent livres; pour les turcies & levées, quatre millions huit cent cinquante-cinq mille livres; pour

les

les travaux fur plufieurs rivieres pour les rendte navigables, un million. Enfin il fe trouvoit dans les coffres du Roi, foit réellement, foit en crédits, une fomme de quarante-un millions foixante-quatorze mille livres.

Cette derniere opération a été fort blâmée depuis ; on a prétendu que la bonne politique ne permettoit point aux Rois d'amaffer des tréfors, parce que c'eft nuire à la circulation. Après un mûr examen fur les circonftances où s'eft trouvé M. le Duc de Sully, fur l'ignorance où étoit fon fiecle des reffources d'un crédit public bien ménagé, peut-être ne fe decideroit-on pas fans quelque reftriction fur cette matiere importante.

Il eft conftant que les Etats ne peuvent fe flatter de conferver toujours la paix, tant que les paffions régneront fur la terre ; la défenfe naturelle, la protection du commerce, le foutien des alliés, n'allumeront que trop fréquemment le flambeau de la difcorde entre les peuples. Dans ces circonftances l'Etat a befoin, non-feulement d'une augmentation d'impôts à raifon de l'accroiffement de fes dépenfes courantes, mais encore de grandes avances qu'il eft facile, fans doute,

de se procurer à un intérêt léger, en donnant des assignations sur le produit des
impositions. Ce sont donc deux sortes
d'accroissemens sur les taxes.

Mais est-il bien sûr qu'une augmentation subite & immense sur ces taxes ne
trouble pas les sources où l'on peut pui-
ser ? Les nouvelles impositions rendent-
elles d'abord ce qu'elles doivent produire ? Ceux auxquels on s'adresse ne
se prévalent-ils pas de la précipitation
& du besoin ? Si ces besoins & ces grandes demandes durent long-tems, les
sources ne se tariront-elles pas ? Enfin
si, pendant le cours d'une guerre, ou
même auparavant, il survient quelque
fléau intérieur, la défense de l'Etat ne
languit-elle pas ? ou bien les revenus ne
se remplacent-ils pas d'une maniere pré-
cipitée & ruineuse ?

Une expérience constante donne la
solution de ces questions. Quelles ressources ont donc eu les Etats dans ces
circonstances ? Celles des emprunts, des
aliénations, des attributions de gages,
des créations de charges. Quel en a été
l'effet ? La surcharge des peuples pendant une longue suite d'années après la
guerre, & l'impuissance des Etats, tant
au-dedans qu'au-dehors, ou bien le dif-

crédit & le mépris des engagemens les plus folemnels; d'une ou d'autre maniere la décadence ou la confufion. De façon que l'augmentation des impôts dès le commencement d'une guerre eft encore l'expédient le moins funeste aux peuples & à l'Etat, parce qu'il a un terme.

Un Etat qui joindroit à l'ufage d'un crédit public bien entendu, la poffeffion d'une fomme toujours prête égale à une année de fon revenu, n'auroit-il pas de grands avantages, foit pour entreprendre, foit pour foutenir fes entreprifes, pour réparer les accidens imprévus, pour attendre l'effet de fon crédit fans le preffer, pour apporter dans le payement des fournitures cette exactitude qui en diminue toujours la dépenfe. Pour arriver à cette avance, il faut des épargnes fucceffives.

Examinons à préfent le tort que peuvent faire à la circulation les épargnes du Prince, dans un pays qui n'auroit point de dettes, ou de remboursement à faire : car avant tout il faut qu'un Etat foit libéré.

Il n'eft qu'une efpece de circulation originaire; c'eft celle des denrées. L'argent eft le moyen terme établi pour les

évaluer; ainsi il doit y avoir une masse
d'argent destinée à compenser ou à
échanger la masse des denrées. Il est dé-
montré aujourd'hui en plus d'un endroit
que la quantité de cet argent est indiffé-
rente en soi, puisque s'il est d'usage de
ne donner qu'un écu d'un setier de bled,
il sera également vendu & acheté, que
s'il y avoit assez d'argent pour que l'u-
sage fût de le payer six livres. Mais on
a observé en même tems qu'il est important, pour conserver l'industrie du
peuple, que cette masse d'argent destinée à compenser la masse des denrées,
ne diminuât jamais, c'est-à-dire que le
prix des denrées ne dépendît que de
leur abondance ou de leur rareté, &
non de l'abondance ou de la rareté de
l'argent. On a également reconnu qu'il
étoit impossible d'encourager le travail
du peuple & de l'augmenter, sans lui
laisser continuellement ajouter une augmentation d'aisance & de profits; &
cette augmentation ne peut être que le
produit du commerce dans un pays qui
n'a point de mines.

De ces principes si simples & si évi-
dens par eux-mêmes, il sera facile de
conclure que dans tout pays où le commerce n'introduit point annuellement

de nouvel argent, il est impossible de
mettre en réserve une partie des revenus, sans décourager l'industrie, sans perdre des hommes.

Mais dans tout pays assez bien poli-
cé pour que chaque province puisse par-
ticiper au bénéfice de la balance du
Commerce, il est peut-être vrai que
l'Etat pourroit, sans nuire aux progrès
de l'industrie, réserver annuellement
sur les impôts une petite portion du bénéfice de la balance du Commerce, si
d'ailleurs il n'a point de remboursement à faire, de dettes à liquider.

Il ne s'agit plus que de la déterminer
cette portion. Celle qu'on laisseroit au
peuple ne pourroit guere être moindre
des deux tiers, parce que les choses ne
peuvent jouir d'un arrangement si parfait, qu'il n'y ait toujours quelques en-
gorgemens dans les canaux par où passe
l'argent. Sur l'autre tiers il faudroit déduire ce qui n'est point rendu à la circulation des Provinces; 1°. par les amas
que font les Fermiers du Roi sur leurs profits; 2°. par les amas que peuvent faire
les Artisans de la capitale sur leurs profits avec les personnes qui viennent y
dépenser leurs revenus; 3°. ce qui est
converti en meubles.

Le surplus de ce tiers, s'il y en avoit, paroîtroit pouvoir être mis en réserve, sans nuire à la circulation, dans un pays qui n'a point de dettes à rembourser : car cette portion d'argent seroit dans le même cas précisément que la portion qui est employée en vaisselle. Rien n'empêcheroit d'ailleurs que cette réserve circulât entre les mains des Tréforiers & des Receveurs, en prêt à des Compagnies solides qui établiroient des caisses d'escompte, & par divers autres emplois. Je ne laisse pas de penser qu'une méthode plus utile encore aux Princes & aux peuples, c'est de laisser ceux-ci dépositaires du trésor public, en ne percevant jamais d'eux, pendant la paix, tout ce qu'ils peuvent payer. Cette maxime sera développée dans la suite de l'Ouvrage : mais cette petite discussion n'a point paru inutile. Elle peut fournir plusieurs conséquences importantes, & elle prouve du-moins invinciblement que la conduite des Finances exige une connoissance profonde de la balance générale du Commerce & de la balance particuliere des Provinces avec la capitale,

On conviendra d'ailleurs que la proportion des épargnes de M. le Duc de

Sully paroît beaucoup trop forte pour
la richeffe de ces tems-là , & pour le
court intervalle dans lequel elles fe firent. Mais elle peut être excufée en partie fur la néceffité de fe préparer à une
guerre confidérable, & fur l'ignorance
où l'on étoit alors des combinaifons d'un
crédit bien ménagé. D'ailleurs une partie de cette réferve étoit en crédit.

On peut dire que jamais Maître n'a
été plus digne que Henri de connoître
de pareils fujets. Gratifications, Charges, Dignités , confiance, amitié , tout
fut prodigué à M. le Duc de Sully:
mais il mérita tout. Guerrier habile &
le plus grand Officier d'Artillerie qu'on
eût encore vû , adroit Négociateur,
fage & ferme politique , il ne réuffit
pas moins en général dans l'adminiftration des Finances. S'il n'apporta pas
toujours des idées parfaitement nettes
dans la connoiffance des fources d'où
dérivent les Finances, c'eft qu'elles ne
pouvoient l'être après quarante années
de troubles intérieurs, de ravages & de
confufion. Il méconnut le bénéfice des
Manufactures de luxe ; il chargea le
Commerce de quelques droits intérieurs ; mais on ne peut du moins lui
refufer la gloire d'avoir mieux conçu

que tous ceux qui l'ont suivi la néceſſité d'enviſager l'agriculture du côté du
Commerce, de faire entrer l'argent des
étrangers dans les campagnes, & de
diminuer en même tems le fardeau des
laboureurs. Il connut la bonne combi-
naiſon des diverſes natures d'impôts,
ſans en tirer peut-être tout le parti convenable. Mais il ſçut faire tomber ſur
les riches en partie le montant des remiſes accordées aux campagnes, &
dont l'Etat ne pouvoit ſe paſſer dans ſa
poſition. Il excella particulierement
dans l'ordre des comptes, des recettes
& des dépenſes, dans l'exactitude à
maintenir ſes engagemens, enfin dans
l'économie qui fait toujours le fonds de
richeſſe le plus ſolide & le plus utile
dans un Etat. Le germe des plus grandes
vûes de police intérieure étoit dans ſa
tête; on en peut juger par divers projets dont la mort déplorable du Roi arrêta l'exécution, par le ſoin qu'il prit
de diminuer l'intérêt de l'argent, le
nombre des rentiers & les offices inutiles; par les établiſſemens qu'il fit de canaux & de grandes routes. On ne peut
cependant diſconvenir que s'il rétablit en ſi peu d'années les affaires, il
n'ait trouvé dans l'excès même des

maux dont la France étoit affligée, des
facilités que n'éprouve pas toujours
l'adminiſtration dans des circonſtances
moins deſeſpérées. Car beaucoup de
gens ſont toujours intéreſſés à perpétuer le deſordre : ils s'uniſſent pour décrier la réforme ; & ſi elle coûte quelque choſe, ils ſont ſecondés par la multitude qui aime à ſe flatter, ou qui, ſans
amour pour l'Etat, préfere un moment
de jouiſſance à la force du corps politique, au ſoulagement de la poſtérité.
Encore tous les talens de M. de Sully
n'euſſent-ils réuſſi qu'imparfaitement,
s'ils ne lui euſſent mérité de la part de ſon
Maître aſſez de confiance & d'autorité
pour ſe livrer tranquillement à ſes projets. Pourvû de diverſes charges à la
fois, dont chacune étoit d'un détail ſuffiſant pour occuper ſeule un Miniſtre,
confident des peines domeſtiques & des
vaſtes projets du Prince, l'ame de tous
les Conſeils & de l'Etat, il fut le reſtau-
rateur de toutes les parties qui lui étoient
confiées, & ne parut jamais qu'un Miniſtre occupé. Une ſévérité peut-être
un peu trop grande dans ſes mœurs,
quelque attachement à ſes opinions,
une économie peut-être trop générale,
& ſur-tout l'avidité des Courtiſans con-

tre laquelle il soutint avec fermeté les
intérêts du Prince & des peuples, lui
acquirent une réputation de dureté qui
n'étoit point dans son cœur. Il aimoit
les peuples parce qu'il aimoit le Roi,
& il fut toujours l'interprete de leurs besoins aux pieds du Trône. Moins jaloux
de son crédit qu'ardent pour le service
public, il exhortoit volontiers les gens
de qualité à se former aux affaires. Il étoit
persuadé que leur place véritable étoit
dans le Conseil des Rois ; que ce point
de vûe étoit propre à bannir la frivolité
ridicule des Cours, à y entretenir l'é-
mulation, à y répandre l'instruction
sur les affaires du dedans & du dehors.
Quoique sa hauteur ne se montrât jamais qu'à ceux qui lui disputoient ce
qu'il se sentoit dû, le reproche qu'elle
lui a attiré nous apprend que les hommes publics doivent être hommes le
moins qu'il leur est possible. Enfin les
Mémoires qu'a laissés cet excellent génie font peut-être l'école des Richelieu
& des Colbert.

Comme la nouvelle édition de ses
Mémoires, ouvrage d'une exécution
aussi pénible qu'elle se trouve judicieu-
se & élégante, a fait perdre de vûe les
anciens, j'ai crû devoir transcrire ici

quelques-uns des projets & des maximes d'adminiftration de M: le Duc de
Sully, qui feront connoître particulierement fon génie, & qui, à très-peu de chofe près, peuvent fervir d'inftruction à
tous les fiecles. J'y ai joint divers états
de Finance tirés tant de fes Mémoires
que d'autres fources, dont la comparai
fon peut être inftructive à ceux qui étu-
dieront l'hiftoire de nos richeffes..

PROPOSITIONS faites au Roi en 1609,
pour exécuter après peu-à-peu & felon
les tems, les occafions & la difpofition
des efprits de dedans & dehors les
Royaumes.

HORS LE ROYAUME.

Les trois flottes de fix en fix mois armées pour les Indes.

La tranflation de l'Empire d'Autriche
à la France ou autre Maifon.

La réduction du Triangle & terres
adjacentes des Pays-Bas.

La réduction de la Domination d'Efpagne dans les Efpagnes.

Les Permutations ou accommode-
mens d'Avignon, Orange, Dombes,
Genève, Befançon, Metz, Toul, &
Verdun, Sedan, Château-Renaud,

Charleville , Cambray , Gerfey & Gernefey.

DANS LE ROYAUME.

Milice de Mer & flotte en armée voguante.

Milice de terre & Camp en armée volante.

Académie Royale pour la Nobleffe & gens de guerre.

Chevalerie Françoife de nouvel Ordre.

Hôpital général pour toutes épreuves & charités.

Réglemens pour les Gabelles , Salines & Marais falans.

Réglément pour les Aides , fubfides, impofitions , traites & entrées.

Réglement pour les Domaines aliénés & rentes créées.

Ménagemens des Domaines , eaux & forêts.

Ménagemens de parties cafuelles , droit annuel , offices , droits , profits , émolumens , épices , gages , attributions & taxations.

Ménagemens de biens Eccléfiaftiques , décimes , franc-fiefs , nouveaux acquêts , grandes Maîtrifes & Commanderies

Réglemens pour tous les deniers levés pour œuvres publics, frais de Villes, Provinces, Corps & Communautés.

Réglemens pour les monnoies, mines, minieres, eaux & fontaines minérales & médecinales.

Réglemens pour toutes sortes de luxes, conditions de personnes, manufactures, arts & métiers.

Accommodemens des Villes & Havres de Subibourre, Saint-Jean de Luz & Socoua, Bayonne, Becdambés, Blaye, Royan, Brouage, Isle de Rhé, l'Eguillon & la Dive, Marans, Baye Saint-Benoît, Saint-Nazaire, Morbihan, Blavet, le Conquest, Brest, la Hogue, le Havre, Saint-Vallery sur Somme, Rocroy, Mezieres, Seurre, Bourg, Barraux, Exille, Antibes, Toulon, Tour de Boug, Brescou, Cap de Septe, Narbonne.

Accommodemens d'autres Ports, Havres & Forteresses nouvelles ès côtes & frontieres ès lieux qui seront ci-après reconnus.

Démolitions de forteresses, suppressions de Capitaineries & Gouvernemens.

Réglement sur l'Edit de la Religion, & restitutions d'aucunes Villes de sûreté.

Réglemens pour les rangs & séances des Princes, Ducs, Pairs, Officiers de la Couronne, Cours, Corps, Villes, Provinces, Communautés, Magistrats & Officiers qualifiés du Royaume.

Réglemens pour & entre toutes les Charges du Royaume, & pour les divers Conseils nécessaires au Roi.

Devis & accommodemens pour la conjonction des trois mers, sans être sujets à Détroits, Caps, Raps, Pointes ni Manches.

Etablissemens de Cartes actuelles par mer, terres & rivieres.

Etablissemens pour œuvres & décoremens publics.

Réglemens pour la Justice, diminutions de formalités, frais d'icelle, abréviation & retranchemens de procès.

Préparatifs pour toutes sortes d'artifices, inventions, machines & instrumens non-communs.

ÉTAT & Mémoire dreffé par commande-
ment du Roi en 1604, des chofes qui
peuvent produire de grands defordres &
abus, & par conféquent auffi apporter
diverfes fortes d'affoibliffemens aux
Royaumes, Etats, & Principautés
fouveraines.

Augmentation de tailles, tributs &
daces.

Toutes impofitions perfonnelles avec
furcharge.

Diminutions de Trafics, Commerce
& marchandifes.

Diminutions d'ouvrages & manufactures & labourages.

Augmentations de chicaneries & de
formalités de la Juftice.

Exceffives ufurpations d'autorité aux
Officiers.

Refus d'audiences aux complaignans
& à tous opprimés qui demandent juftice.

Feftins, Banquets, Momeries, Jeux
& Berlans.

Indifférences entre les perfonnes de
diverfes qualités & conditions, mor-
gues & fimagrées.

Usurpations de qualités , titres & noblesses.

Encherissemens de denrées & marchandises ; sur-haussemens & disproportions de monnoies.

Vanités , curiosités , luxes, débauches & délices.

Indifférences en habits , ameublemens & trains.

Excès en magnificences de bâtimens, dorures & diaprures d'iceux.

Fastes , ostentations , vanités , mines & simagrées dévotieuses.

Indifférences aux cérémonies & honneurs rendus à cause des parentages & visites.

Délices , jeux , berlans , affiquets, cabinets & débauches de femmes , filles & garçons.

Tolérances de vices, luxes , pompes & bombances.

Tolérances aux grands Officiers de faire en leurs Charges tout ce que bon leur semble.

Excès de salaires aux Ministres de Justice , Finance , Police , Avocats , & Procureurs.

Grandes guerres sans besoin ni nécessité.

Absolue

Abſolue diſpoſition des Souverains par un particulier ou pluſieurs.

Mépris des gens de qualité, capacité, mérite & ſervice.

Les vicieuſes inclinations des Miniſtres d'Etat, mignons & favoris des Souverains.

Toutes tolérances d'omiſſions & mépris des bonnes loix, coutumes & uſages utiles.

Toutes trop exactes recherches de vieilles erreurs, fautes & mauvais uſages qui ne ſe voient plus avec préjudice.

Toutes augmentations de Loix, Edits & Ordonnances non abſolument néceſſaires.

Tous accroiſſemens de droits, gages, attributions, augmentations & privileges.

Toutes ſortes d'augmentations d'Officiers en toutes ſortes de charges & fonctions.

Toutes nouvelles créations de Cours Souveraines.

Tous exceſſifs enrichiſſemens de Miniſtres manians les affaires publiques.

Toutes vies oiſives, fainéantes & voluptueuſes.

Tous mépris des loix, conſtitutions, ordonnances & bonnes pratiques.

Tome I.   Q

ÉTAT des Équivalens qui se levent en douze Généralités de ce Royaume.

		liv.	s.	d.
Premierement en celle de Paris....	9903		
Soissons...	3511	9	6
Chalons...	6025		
Amiens....	330		
Orléans....	9900		
Tours....	14904		
Bourges...	9600		
Moulins...	18000		
Poitiers...	18000		
Limoges...	24000		
Riom.....	29400		
Lyon.....	7500		
Total.........	151073	9	6

ÉTAT des levées des Tailles comprises sous le titre de la grande crue, appellée Extraordinaire, pour les années 1599 & suivantes, jusqu'en celle de 1609 incluse.

Premierement, en l'année 1599, la somme de 6454700 livres, tant pour les armées & garnisons du Roi, fortifications des villes de frontiere, l'artillerie, poudres, boulets & munitions, que pour les frais de l'affemblée de Rouen, & Commiffaires envoyés pour le Réglement des Tailles. ....

liv.

6454700

Plus, en l'année 1600, la fomme de 4680500 livres, tant pour fatisfaire aux dépenfes des armées & garnifons du Roi, que pour les autres caufes fpécifiées au premier article, qui eft moins que l'année paffée de 1649595 liv. ci en tout ...

4680500

Plus, en l'année 1601, la fomme de 5098759 livres, fur quoi faut déduire 81000 livres, dont furent déchargés ceux de la Généralité de Bordeaux ; lefdites fommes impofées, tant pour lefdites caufes ci-deffus, pour la guerre de Savoye, & renouvellement de l'alliance des Suiffes, qui eft plus qu'en l'année 1600 de 413259 liv. 12 fols 6 den. ci en tout ...

5017759

16152959

liv.

De l'autre part. . 16152959

Plus, en l'année 1602, la
fomme de 3813000 livres,
qui eft moins qu'en l'an précédent de 1404759 livres
defdites impofitions faites
pour les armées & garnifons
du Roi, ci 3813000

Plus, en l'année 1603 , la
fomme de 4430500 livres,
qui eft plus qu'en l'an 1602
de 617500 livres ; lefdites
impofitions faites pour les
armées , garnifons, extinction du fou pour livre , établiffement des foyes & Tour
de Cordouan. 4430500

Plus, en l'année 1604, la
fomme de 4645500 livres ;
qui eft plus qu'en l'année
1603 de la fomme de 215000
livres, à caufe des impofitions du canal de Loire &
Seine , Pont de Rouen ,
Compagnie de M. d'Efper-
non ; lefdites impofitions
pour fatisfaire tant auxdites
dépenfes que pour les ar-

24396459

De l'autre part. . . 24396459

mées & garnifons du Roi... 4645500

Plus, en l'année 1605, la fomme de 4498910 livres, qui eft moins qu'en l'année 1604 de la fomme de 146590 livres, encore que l'on ait impofé pour les Ponts & Chauffées plus de 400000 livres. Les fufdites impofitions pour les dépenfes des armées & garnifons du Roi, extinction du fou pour livre, canal de Loire, Clin & Velle, Ponts & Chauffées. . . . 4498910

Plus, en l'année 1606, la fomme de 3703450 livres, fçavoir 3350000 livres pour la grande crue des armées du Roi & des garnifons ; 450000 livres pour l'extinction du fou pour livre ; 450000 livres pour le moins impofé de la Taille à Rouen & Caen ; 30000 livres pour la Tour de Cordouan; fuppreffion d'Officiers au profit du peuple 64500 li-

33540869

liv.

De l'autre part... 33540869

vres ; Ponts & Chauffées en toutes les Généralités & Canaux de Loire & Seine, Clin & Velle 422000 livres, ci en tout plus que l'an paffé 267590 livres. 4703450

Plus, en l'année 1607, la fomme de 4733450 livres, qui eft 30000 livres de plus qu'en l'année 1606, à caufe de quelques Ponts que les grandes eaux avoient emportés fur la riviere de Loire. Le furplus des mêmes fommes & pour les mêmes caufes de l'année 1606. 4733450

Plus, en l'année 1608, la fomme de 4438560 livres, qui eft moins qu'en l'année 1607 de 294890 livres, diminué fur la grande crue, le refte pareil en l'année précédente & pour les mêmes caufes. 4438560

Plus, en l'année 1609, la fomme de 4446000 livres, qui eft plus que l'année 1608

47416329

liv.

De l'autre part... 47416329
de 7440 livres, à fçavoir
1000 livres fur la grande
crue, & pour le Parti de
Douet le furplus : tout le
refte pareil & pour les mê-
mes caufes de l'année paffée   4446000

Total 51862329

NB. Que la crue extraordinaire des
Tailles pour l'année 1609 eft compofée
de diverfes natures, dont aucunes tournent à la décharge du peuple, facilité
de fon Commerce, ou décoration du
Royaume ; Sçavoir :

Premierement, pour fup-
preffion d'Officiers & extinction des droits qui fe levoient par iceux fur le peuple.   200000
Plus, pour l'extinction du
fou pour livre, qui coutoit
tous les ans au peuple plus
de 1100000 livres   450000
Plus, pour divers canaux
pour rendre communicables
plufieurs rivieres, comme
Loire, Seine, Aifne, Velle,

Vienne & Clin, Ponts de
Paris & Rouen, Fontaines
& Rongy, boues & pavés
de Paris, ruines des grandes eaux de 1608, & Tour
de Cordouan. . . . .   **liv.**
                               870000

   Plus, pour l'établiffement
des foyes, manufactures d'i-
celles, de toutes fortes de
tapifferies, bâtimens du Roi
& plants de mûriers. . . .   400000

   Plus, pour la crue extraordinaire, tournée en or-
dinaire, à caufe des dépenfes de l'Etat qui ne fe peuvent éviter, 2526000 liv.
qui eft moins de 3927700 livres, qu'en la premiere des
dix années précédentes, de
laquelle fomme par confé-
quent la bénéficence du Roi
a déchargé fes peuples peu-
à-peu durant icelles.

ETAT

ETAT des levées du principal de la Taille nommée ordinaire, faites durant les années 1599 & suivantes, jusqu'en 1609 incluse.

	liv.	f.	d.
Premierement en l'année 1599 monte 3257239 écus 12 fous 3 den. valans	9771717	12	4
Plus, en l'année 1600 ne monte que 3227936 écus 12 fous 6 den. valans	9680808	12	6
Plus, en l'année 1601, à caufe de la crue des Prevôts, monte 3241793 écus 23 fous valans	9715380	10	
Plus, en l'année 1602 monte 3242819 écus 39 f. 4 den. valans	9723458	9	4
Plus, en l'année 1603 monte	9743224	9	4
Plus, en l'année 1604	9745054	19	
Plus, en l'année 1605 . . .	9778275	19	
Plus, en l'année 1606 . . .	9775218	12	4
Plus, en l'année 1607, à caufe de la levée faite pour les ponts & chauffées, de 15000 liv. en la Généralité d'Amiens; 18000 l. en celle de Rouen, & en celle de Caën auffi 15000 liv. monte	9843229	4	6
Plus, en l'année 1608 . . .	9843984	2	
Plus, en l'année 1609 . . .	9849200		
Total . . .	107459352	10	1

ÉTAT de recette & dépense ordinaire & accoutumée pour l'année 1610.

La recette ordinaire de l'année 1610, suivant l'état dressé au Trésorier de l'Epargne Puget, dont j'ai baillé la copie au Roi, monte à } liv. 15657700

L'état de la dépense ordinaire du Roi & du royaume, suivant l'état dressé au Trésorier de l'Epargne Puget, dont j'ai baillé une copie au Roi, monte à ..... } 15697000

ÉTAT de la recette extraordinaire de tous les deniers ménagés à Sa Majesté depuis la paix de Vervins.

Premierement, dans les chambres basses voûtées de la Bastille, des portes desquelles le Contrôleur des Finances Vienne a une clef, le Trésorier de l'Epargne Phelippeaux une autre, & moi une autre, il y a trente caques étiquetées par ledit Phelippeaux, dont le borde-

rean figné de nous trois mon-
te à 8850000

Plus, le bordereau des caques étiquetées *Puget* mon-
te à 6940000

Plus, le bordereau des caques étiquetées *Bouhier*
monte à.. 7670000

Total. 23460000

Autre recette de deniers extraordinaires,
qui font dûs.

Premierement, des deniers
que j'ai fait bailler au fieur
Puget pour faire partie de
fes avances pour les dépenfes payables comptant. . . . 5000000

Plus, les deniers qui reftent dûs de la compofition
des Financiers, dont j'ai une
promeffe de M. Morant. . . . 1730000

Plus, les deniers qui reftent dûs par le Clergé, fuivant la convention faite
avec fes députés, dont j'ai
une promeffe du fieur de
Caftille 1178000

Plus, fuivant le compte-
_____
7908000
R ij

liv.

De l'autre part.... 7908000

reau par moi dreffé fur les états vérifiés de toutes les recettes générales de France des années 1606, 1607 & 1608, de la préfente année par eftimation 5000000

Plus, d'un comptereau femblable à celui de l'article précédent touchant tous les reftans dûs par tous les Fermiers de France ès mêmes années 4977000

Total. 17885000

Somme totale des deux chapitres dont l'on doit eftimer les deniers comme comptans. 41345000

AUTRE Etat de recette de plufieurs natures de deniers extraordinaires qui me font offerts moyennant certaines conditions.

Premierement; il y a divers particuliers qui me demandent la prolongation des baux des Fermes pour neuf ans, moyennant laquelle ils offrent de payer comptant en trois ans 24 millions, qui seroit pour chacune des trois années... **liv.**

8000000

Plus, tous les particuliers qui ont contracté pour les rachats des 80 millions de domaines, greffes, rentes & attributions sur le Roi, font offre de douze millions payables en trois ans, s'il plaît à Sa Majesté de prolonger le tems de leurs rachats de quatre années, ci par an . . . .

4000000

Plus, pour les augmentations que divers particuliers veulent faire sur les fermes, droits & attributions d'Officiers, & levées qui se tolerent pour cet effet en Guienne, Languedoc, Provence, Dauphiné, Lyonnois & Bourgogne, moyennant que l'on leur en laisse la jouissance pour six ans, & quelques menus droits & attribu-

————— —————

12000000

R iij

De l'autre part..   12000000

tions, pour lesquelles l'on
m'offre 15 millions paya-   liv.
bles en trois ans, ci par an   5000000

Plus, pour diverses for-
tes de droits, gages, taxations, attributions & priviléges que requierent les
Chambres des Comptes,
Cours des Aides, Tréso-
riers généraux de France,
Officiers des Élections,
Greniers à sel, & tous autres Comptables de Fran-
ce, moyennant lesquelles
ils m'offrent trente millions
payables en trois ans, ci
par an   10000000

Somme de ce chapitre
par an   27000000
    Et pour trois ans. . . .   81000000

Somme totale des trois
chapitres de recette ci-deffus, dont une partie est
tout comptant, & l'autre
payable en trois ans   122345000

ÉTAT à repréfenter au Roi de plufieurs &
diverfes fortes d'avis, ordres, régle-
mens & difpofitions d'affaires, par le
moyen de l'établiffement defquelles étant
judicieufement entreprifes, & travail-
lant felon les opportunités & les bonnes
difpofitions, & des affaires qui auront
lors cours, il fe pourra recouvrer de
grandes fommes de deniers pour le fervice
de Sa Majefté.

Premierement, des Réglemens à faire
felon la diverfité des conditions des perfonnes, fur toutes fortes de luxes, débauches & dépenfes non abfolument néceffaires, qui fe font en la plûpart des
charges du Royaume, dont l'ufage &
la coutume ont introduit l'abus, defquels il fera dreffé des articles particuliers pour les faire valoir.

Plus, un Réglement fur les regra-
tiers & vendeurs de fel à petites mefu-
res, avec adjonction de nouveaux droits
& attributions, fur quoi il fera préfenté
des articles pour en percevoir l'utilité.

Plus, des Réglemens à faire fur toutes fortes de crues & impofitions qui fe
levent en grand nombre ès Villes &
Provinces, fous couleur des payemens

des gages, droits, attributions & va-
cations d'Officiers Royaux, & des Villes & Paroiſſes, tant aux Parlemens,
que Siéges Royaux & Seigneuriaux,
ſur leſquels il ſera baillé des articles.

Plus, des Réglemens à faire dans toutes les Chambres des Comptes & Cours
des Aides, touchant la perception de
divers droits & attributions par tolé-
rance, ſur leſquels il ſera dreſſé des articles.

Plus, une exacte recherche de tous
les anciens droits, devoirs & revenus
de la Couronne de France, que l'on a
laiſſé perdre & anéantir par la corruption & négligence des Officiers, de quoi
il ſera baillé des articles.

Plus, une juſte réappréciation de tous
les Tarifs & Pancartes établis pour le
payement des droits de toutes les denrées & marchandiſes, en augmentant
de prix à la vente, dont il ſera baillé
d'amples Mémoires.

Plus, une érection en titre d'Office
formé de tous Commis & Commiſſaires
aux charges & fonctions de l'Artillerie,
Marine du Levant & Ponent, Traites
foraines & domaniales, bâtimens &
fortifications, voiries, ponts & chauſſées, terriers & levées & œuvres pu-

bliques, tant du Royaume, que des Provinces, Villes & Communautés, sur lesquels sera baillé des Mémoires.

Plus, une création des tréforiers & payeurs de tous les gages & penfions, & autres gratifications faites par le Roi à toutes fortes de perfonnes, tant dedans que dehors le Royaume, dont il fera baillé des Mémoires particuliers avec des offres.

Plus, ériger en titre d'Office formé les deux premiers Commis de tous les Officiers comptables de France, dont fera baillé Mémoires & offres d'argent.

Plus, un Réglement à faire fur toutes fortes de vivandiers, hôteliers, cabaretiers, taverniers, & gens tenant logis à louer ou ayant penfionnaires, dont il y a un Edit déja tout formé.

Plus, un Réglement à faire fur tous meffagers à pied & à cheval, & toutes fortes de charrois & voitures par eau & par terre.

Plus, un Réglement fur tous maîtres des Poftes, Chevaucheurs d'écuries du Roi, Courtiers & Banquiers, leurs Commis, chevaux de pofte, de relais & de louage, & toutes fortes de Coches.

Plus, des Réglemens à faire pour toutes sortes de Tréforiers, Receveurs comptables & leurs Commis, avec nouvelles attributions, gages & taxations.

Plus, un grand Réglement à faire touchant les eaux & forêts de France, afin de conferver les droits du Roi, & corriger les abus qui fe commettent par les ufages, avec l'intelligence des Officiers qui font prépofés en ces charges.

Plus, une création d'Officiers en tous les Greniers à fel de France, avec nouveaux gages, droits & taxations, pour lefquels l'on a fait des offres.

Plus, un établiffement d'Elus en toutes les Provinces où il n'y en a point, & une nouvelle création d'iceux en toutes les Elections déjà établies, avec bons gages, attributions, droits & taxations.

Plus, un Réglement fur l'abus qui fe fait aux caroffes, en reglant ceux qui n'en doivent point avoir.

Plus, un Réglement touchant les contribuables aux Tailles, avec création de nouveaux Officiers, avec gages, droits, attributions, & des créations de nouvelles recettes.

Plus, un Réglement fur les Marais falans & tranfports qui fe font du fel, avec une création d'Officiers pour les faire obferver.

Plus, un Réglement touchant les Maîtres des Requêtes & tous Secrétaires & autres Officiers de grande & petite Chancellerie, avec nouvelle attribution de droits & priviléges.

Plus, une création de nouveaux bureaux de Tréforiers de France, avec une augmentation d'Officiers à ceux qui fubfiftent déjà.

Plus, une création de nouveaux Parlemens, Chambres des Comptes & Cours des Aides.

Le Lecteur fentira aifément que la plus grande partie de ces reffources de Finance ne valoit rien du tout. Auffi le Miniftre les accumuloit-il plus pour tranquilifer l'efprit du Prince, que dans le deffein de les employer. Il avoit préféré, pendant tout le tems de fon adminiftration, l'augmentation des impôts à ces aliénations. On a cru cependant devoir rapporter toutes ces liftes effrayantes de créations, pour faire fentir qu'il y a plus à profiter en étudiant la conduite des Hommes célebres, qu'en les imitant fervilement & fans choix.

ETAT de tous les deniers qui sortent de la bourse des Sujets du Roi de toutes conditions & pour toutes sortes de dépenses, soit volontaires, soit nécessaires ; réservé la vie, le vêtement, le logement & l'entretien des choses nécessaires pour iceux ; le tout par estimation, étant impossible d'en rien supputer avec certitude : ce que se pouvant faire, les sommes en seroient effroyables, & partant s'est-on contenté de prendre une espece de pied sur lequel il s'en peut former quelques-unes, sinon vraies, à tout le moins vrai-semblables.

Premierement, à Gens d'Eglises, pour Baptêmes, Confessions, Confirmations, distributions de Sacremens, Prédications, Visitations de malades, Services extraordinaires, consécrations & frais pour huiles, eaux & pains bénis, cires, flambeaux, cierges, bougies, huiles de luminaires, & autres frais de Marguilleries, à raison de deux cens écus par Paroisse, l'une portant l'autre ; & de quarante mille Paroiſſes qu'il y peut avoir partout le Royaume, compris les Egliſes qui ne ſont point paroiſſes ; le tout par eſtimation, huit millions d'écus valant. . . . . . .

liv.
24000000

Plus, pour aumônes générales & particulieres à dévotion, conſtructions d'Egliſes, Monaſteres & autres lieux ſaints, legs teſtamentaires pour œuvres pies, obits, fondations de ſervices, conſécrations d'Egliſes & gens d'Egliſes, magnifiques ſépultures, Proceſſions, ornemens d'Egliſes, images & croix, Fêtes, Confrairies à Patrons & bâtons, voyages & pelerinages ès lieux ſaints, par eſtimation à raiſon de trois cens écus par Paroiſſe, & ſur le même nombre de quarante mille Egliſes ou Paroiſſes, douze millions d'écus qui valent . . . .

36000000

Plus, pour les dixmes payées aux Prêtres & Cu-

60000000

liv.

De l'autre part... 6000000

rés, & dedans des Eglises fondées, à raison de cent écus par Paroisse & Eglise, & sur le pied de quatre millions d'écus valans ... 12000000

Plus, pour les décimes payées au Roi par les gens d'Eglise & autres dépenses du Clergé ou décimes extraordinaires avec les frais pour toutes ces choses par estimation quinze cens mille écus valant 4500000

Plus, pour argent porté à Rome pour toutes sortes d'expéditions & annates, pour indulgences, dispenses, consécrations de Prélats, dédicaces d'Eglises & autres semblables dépenses par estimation 4000000

Plus, pour achats d'Offices, quarts deniers pour résignations & marcs d'or, expéditions de lettres & réceptions d'Officiers, obtentions d'honneurs, Di-

_____
80500000

De l'autre part... 80500000
gnités, Nobleffes, exemp-
tions, droits, prérogatives
& priviléges que le Roi
confere; par eftimation... 12000000
Plus, pour toutes fortes
de frais qui fe font par toutes fortes de conditions de
perfonnes pour affaires de
procès & plaidoiries pour
avoir juftice, tant pour les
Juges & préfens qu'il leur
faut faire, que pour les
voyages & chomages des
parties, falaires de follici-
teurs, Avocats, Procu-
reurs, Huiffiers & Sergens;
les fommes en font inefti-
mables, & néanmoins ci
par eftimation 40000000
Plus, pour toutes fortes
de Tailles qui fe levent
pour le Roi, en vertu de
fes commiffions, & dont
fes Officiers font les états,
felon ce qui fe monte en
cette année. 20000000
Plus, pour toutes fortes

_____

152500000

liv.

De l'autre part... 152500000
de deniers qui se levent
par forme de taille & lettres d'assiette, tant du grand
sceau que des petits sceaux,
pour les affaires particulieres des Paroisses, tant pour
l'expédition qu'enregistre-
ment desdites lettres, qu'at-
taches sur scellés & frais
de l'imposition ; par estimation 4000000

Plus, pour toutes sortes
de deniers qui se dépendent
& dépérissent au dommage
des particuliers, pour chomages de fêtes, pertes de
journées de Marchands,
artisans, laboureurs & manœuvres, & dépenses qu'à
l'occasion d'icelles ils font
ès tavernes, jeux & bre-
lans , ensemble pour les
Maîtrises & Confrairies
des artisans & métiers ; par
estimation à raison de cent
écus par Paroisse sur le pied
ci-devant pris 12000000

168500000
Plus,

liv.

De l'autre part... 168500000

Plus, pour tous deniers levés sur le sel par le Roi, tant pour ses droits que ceux des Officiers, prix de marchand, archers, droits de passeports, d'embouchures, péages de riviere & autres par toutes les Provinces de France ; par estimation 14000000

Plus, pour tous deniers qui se levent pour le Roi par forme d'Aides nommés quatriéme, huitiéme & vingtiéme à prendre sur le vin, pommée, poirée & cervoise, compris tous les frais des Officiers par estimation 5000000

Plus, pour tous deniers qui se levent pour le Roi par forme d'entrée dans les Villes, péages sur les rivieres, ponts & passages, traites foraines, domaniales, rêue, haut passage, douane, entrées de dro-

liv.

De l'autre part... 187500000

gueries & épiceries, im-
pôts, billots, ports, ha-
vres, brieux, traites de bê-
tes vives, droits d'ancrage
& d'Amirauté; par eſtima-
tion. 8000000

Plus, pour toutes ſortes
de deniers qui ſe levent par
les villes & bourgs tant
par forme de deniers com-
muns & patrimoniaux que
d'octroi, pour les employer
en leurs menues néceſſités.. 4000000

Plus, pour toutes ſortes
de deniers qui ſe débour-
ſent par toutes ſortes de
conditions de perſonnes :
mais ſurtout par les grands
& riches de la Cour & des
bonnes Villes, outre ce qui
eſt néceſſaire de l'honneur
& bienſéance en cérémo-
nies de jours ſolemnels,
étrennes, gâteaux des Rois,
Chandeleur, feſtins, ban-
quets, ivrogneries & cra-
pules, amourettes, chaſſes,

─────────
199500000

liv.

De l'autre part... 199500000

habits, meubles, équipages, bâtimens, jardinages, dorures, diaprures, bagues, joyaux, comédies, mascarades, ballets, danses, jeux, berlans & autres bombances, somptuosités, luxes & dissolutions super-flues, au moins 40000000

Total. 139500000

Il paroît par cet état dressé, lorsque M. de Sully fut appellé aux affaires, que la levée générale sur les Peuples, à raison des impositions, frais de Régie, profits des Fermiers, aliénations, suivant son estime, étoit d'environ quarante-sept millions, sçavoir liv. 20000000 en Tailles, 14000000 des Gabelles, 5000000 des Aides, 8000000 des autres Fermes; ce qui est exagéré si l'on se rappelle ce qui se passa à l'assemblée des Notables en 1596, & que l'état des dettes en 1595 ne porte les aliénations qu'à quinze millions de rente.

Pour se former une idée plus juste de

l'état des Finances, voici l'extrait du compte du Trésorier de l'Epargne de l'année 1609, reçu à la Chambre des Comptes le 11 Février 1610.

EXTRAIT du Compte de l'Epargne de l'année 1609.

Recette générale de Paris par mandemens.

De M. Henri Simon, Conseiller du Roi & Receveur général des Finances en la Généralité établie à Paris, par mandement de M. Raimond de Phelippeaux.

	liv.
Total desdits Mandemens	191381

Par Quittances.

Total desdites Quittances	590772

Total de ladite recette générale, compris 480. livres des restes de l'année 1607 . . 782153

Recette générale de Soissons.

Total de ladite recette générale par Mandemens & Quittances, compris 283 liv.

De l'autre part . . . 782153
des restes de l'année 1607 . . . 237750

Recette générale de Châlons.

Total par Mandemens &
Quittances , compris 5555
liv. des restes de 1607. 304476

Recette générale d'Amiens.

Total *Idem* compris 6000
liv. des restes de 1607 . . . 129837

Recette générale de Rouen.

Total *Idem* compris 2800
liv. des restes de l'année 1606 1240007

Recette générale de Caën.

Total *Idem* compris 5017
liv. des restes de 1607 & 8307
livres revenant du Domaine
Saint Sauveur, Bayeux & autres 788338

Recette générale de Bourges.

Total *Idem* compris 2484
liv. de l'Ecu à Chateauroux,
& sou pour livre du sel . . . 287501

Recette générale d'Orleans.

Total *Idem* compris 600
liv. d'amende jugée par les

———————
3870062

liv.

De l'autre part . . 3870062

Elus de Gien 647717

Recette générale de Tours.

Total *Idem* compris 333
liv. des restes de 1604 & 1606   743406

Recette générale de Poitiers.

Total *Idem* 936411

Recette générale de Limoges.

Total *Idem* compris 4500
livres de pension sur l'Evêché d'Angoulême, 6602 liv.
des restes de l'année 1598,
jusqu'en 1605 inclus, & 17200
liv. des restes de 1607 832840

Recette générale de Moulins.

Total *Idem* compris 2531
liv. des restes de 1602. . . . 341996

Recette générale de Riom.

Total *Idem* compris 1310
liv. des restes de l'année 1606. 597975

Recette générale de Bordeaux.

Total par Mandemens &
Quittances, compris 3000
liv. des restes de 1608, &
21000 liv. des levées faites

_____

7970407

De l'autre part . . . 7970407
en l'Election de Périgord en
1605, en Quercy & Rouer-
gue en 1609. 730501

Recette générale de Toulouze.

Total *Idem* compris 2000
liv. pour restes de 1605, &
17372 livres pour restes de
1608. 246938

Recette générale de Montpellier.

Total *Idem* compris 10000
liv. des restes de 1605, &
21000 liv. pour parties rayées
dans les Comptes de M. Hié-
rome Duverger, ci-devant
Receveur général des Finances audit lieu. 251912

Recette générale de Lyon.

Total par Mandemens &
Quittances. 424088

*Recette générale de Bourgogne
& Bresse.*

Total *Idem.* 225205

Recette générale de Provence.

Total par Mandemens.. 234219
_____
10093270

liv.

De l'autre part . 10093270

Recette générale de Dauphiné.

Total *Idem.* 27244

Recette générale de Bretagne.

Total par Mandemens &
Quittances; compris 12733
liv. revenant bons des rentes
des fieurs Guifpeau, Defcro-
chets, & reftes des années
1606 & 1608. 289247

Recette générale de Calais.

Total *Idem* compris 8916
liv. des reftes de 1606, 1607
& 1608. 16116

Somme totale des deniers
reçus des recettes générales
des vingt-deux Provinces du
Royaume, tant par Mande-
mens que Quittances, com-
pris quelques reftes des années
précédentes. 10245877

Recette générale des Bois.

Total des Recettes géné-
rales des Bois de Paris, Châlons & Orléans par Mande-
mens & Quittances compris
3000 liv. des reftes des années

1680

liv.

1607 & 1608. 282271

Des Parties Casuelles.

Total par Mandemens &
Quittances. 2263751
　　　　Total 2546022

Parties extraordinaires par mandemens & quittances.

Aides de France.

De Henri de la Ruelle,
Fermier & Adjudicataire général des Aides de France. . 603940

*Douane de Vienne & Sainte-
Colombe.*

De Paul Sabliere Fer-
mier. 154000

*Imposition des Rivieres de Ga-
rogne & d'Ordogne, & ex-
tinction du Convoi de Bordeaux.*

De Pierre Moynier Fer-
mier. 327717

Gabelles de Languedoc.

De Guillaume Alliez Fer-
mier. 463432
　　　　　　　　　1549089

Tome I. T

liv.

De l'autre part . . 1549089

Gabelles de France.

De Jean de Moiſſet Fer-
mier. 2448637

*Ferme des trente ſept ſols ſix den.
ſur chacun muid de ſel, qui ſe
levent en Brouage.*

De Jean Viallier Fermier. 139520

Cinq groſſes Fermes.

De Charles Duhan Fer-
mier. 519715

Impoſitions de Loire.

D'Etienne Ruigues Fer-
mier. 126000

*Impoſitions de Picardie, Cham-
pagne & Soiſſons.*

De Barthelemi Carteret
Fermier pour ladite année... 162000
Dudit Carteret des de-
niers reſtant de ſon premier
Bail. 1193

De Buyneau autre Fer-
mier. 38250

Gabelles de Lyonnois.

De Guillaume de Balme
Fermier. . . . . 128257^{m}

——————
5112661

De l'autre part.... 5112661

Imposition des greniers à sel qui
se fourniffent par la riviere
de Loire.

De Paul le jeune Fer-
mier. . . . . . . 170000.

Vingt-quatre fols pour muid de
fel, qui fe levent à l'entrée de la
riviere de Seine.

De Jean Fillaffier Fer-
mier. . . . : . . . 110000

Vingt-quatre fols pour muid de
fel, qui fe levent à Ingrande.

De Gabriel Pineau Fer-
mier. 75000

Recherche contre les Collecteurs
du fel ès Généralités de Bour-
ges & Moulins.

De Chrétien le Comte
Commis. 4593

Trois livres par tonneau de mer
en la Province de Normandie.

De Marcelin Chappel
Fermier. 87000

. 5559254

liv.

De l'autre part . . . 5559254

Etat de Dauphiné pour l'entre-
tenement des Garnisons
d'icelui.

De Paul Porroy Rece-
veur.   12000

Marc d'or.

De Loüis Monceau Com-
mis.   41000

Quatre sous pour écu des de-
niers que les Officiers compta-
bles ont en leurs mains à
cause du sur-hauffement des
monnoies.

De Brunet & Vaillant
Commis.   60000

Imposition du vin, cidre & pe-
ré à Rouen, Dieppe
& le Havre.

De Jean Rouffel Fermier.   108432

Foraine & Patente de Langue-
doc & Provence.

De Léonard de Mance
Fermier.   101462

5882148

liv.

De l'autre part . . 5882148

Imposition des Rivieres de Cha-
rente, Gironde & Seudre.

De Pierre Chenu Fermier. 91800

Remboursement de Domaine en
Champagne jusqu'à
200000 liv.

De Nicolas Hocquelin
Traitant. 12000

Deniers revenant-bon des neuf
deniers pour minot de sel
vendu en Bourgogne.

De Claude Boulon Com-
mis. 3000

Taxes sur les Notaires & Ta-
bellions des terres de la Reine
Marguerite, par forme de sup-
plément pour l'hérédité &
revente desdits Offices.

De Jean Dasneau Com-
mis. 30000

Revente des Greffes d'Agenois
& Condomois appartenant
à la Reine Marguerite.

De Nicolas Robert Com-
mis. 30000
                    _____
                    6048948

liv.

De l'autre part. 6048948

*Impofition particuliere de dix
fous par minot de fel dans les
greniers de Gien , Clamecy
& Saint Fargeau.*

Des Grenetiers auxdits
greniers. 3627

*Impofition de Vienne & Va-
lence.*

D'André Valentin Fer-
mier. 24000

*Supplément des annoblis de
Normandie.*

D'Ifaac Bulnes Commis. . 2088

Tréforerie des grands Ordres.

Du Sieur de Beaulieu-Ru-
ze Tréforier. 31500

Ordinaire des guerres.

Des Sieurs de Lancy &
Olier Tréforiers. 400000

Extraordinaire des guerres.

Des Sieurs Le Charon ,
Collon & du Tremblay Tré-
foriers. 91781

Fouages de Nantes.

De M. Priftin le Pelle-

6601944

liv.

De l'autre part... 6601944

tier Receveur. 2491

Trente sous par muid de vin
entrant à Paris.

De Paul du Thier Fer-
mier. 230000

Tréforerie de l'Epargne.

De M. Vincent Bouhier
Sieur de Beaumarchais Tréforier de l'Epargne, des deniers de fa Charge de l'année
1608. 5350000

De lui, des deniers qui
avoient été mis comptant au
Château de la Baftille. ... 7000000

Traites domaniales de Poitou,
Marans & Ifles en
dépendant.

De Maurice Emard Fer-
mier. 43000

Francs-fiefs & nouveaux acquêts
au reffort du Parlement
de Paris.

De Jean Baudu Traitant. 57100
_____
19284535

De l'autre part . . . 19284535   liv.

Crue de cinq sous par minot de
sel en Champagne, affecté au
Colonel Dammartin.

De Baltazar Chabu Rece-
veur général.   14534

Rachat du Domaine de Calais,
Boulogne & Ardres.

De Benjamin Le Tailleur
Traitant.   14200

Ferme de cinq sous par muid
de sel en Brouage.

De Pierre Guibert Fer-
mier.   15800

Deux sous six deniers par mi-
not de sel pour l'augmenta-
tion des gages des Officiers
de judicature.

De Pierre Citois Commis. ·   4500

Domaine de Navarre uni à la
Couronne.

D'Antoine Billart Trai-
tant.   20000
_____

19353969

De l'autre part ... 19353969

Ferme du Comté de Clermont
& Baronnie de la Tour, don-
née par la Reine Marguerite
à Monseigneur le Dauphin.

De Jacques Ferrier Fer-
mier, pour demi-année. . .   12000

Imposition foraine d'Anjou &
droits de réappréciation.

D'Etienne Ringues. . .   49062

Etats de Bretagne.

Du Trésorier desdits Etats
sur les 200000 liv. accordées
à Sa Majesté moyennant la
préférence au parti du rachat
du Domaine.   100000

Ancien Domaine de Navarre.

De Paul Legoux Trésorier.   12889

Etats de Bourgogne.

De Pierre Fournerel Re-
ceveur général, pour ce qui a
été accordé à Sa Majesté pour
la révocation de l'Edit de
création en titre d'offices de
Receveurs Commissionnaires
desdits états.   120000

            19647920

liv.

De l'autre part . . . 19647920

Revenans-bons du maniement
des Ligues Suisses.

De Claude de Bugnons
Trésorier. 14355

Prêt au Roi.

De M. Jean Lescalopier
Président au Parlement de Paris, pour prêt fait à Sa Majesté
pour subvenir à ses affaires. . 37800

Revenans-bons de l'extraordi-
naire des guerres.

De Jean de Murat Tréso-
rier général. 12685

Rachat du Domaine de Nor-
mandie.

D'Alexandre Marchand
Traitant. 15000

Somme totale des parties
extraordinaires par mandemens & quittances dont
12350000 liv. en reserves des
années précédentes à la Bastille. 19727760

Somme totale de la recette
de ce compte. 32589659

DÉPENSE du présent Compte.

Epargne.

A M. Etienne Puget Tré-
forier des reftes de l'année
1609 & précédentes. . . . 14564921

Chambre aux deniers.

A M. Leonard Fleureteau
Tréforier. 561548

Ecuries.

A M. Pierre Maugis Rece-
veur & payeur. 261590

Maifon du Roi.

A M. Charles Payot Tré-
forier. 435538

Argenterie.

A M. Jean Dumaits ar-
gentier. 197334

Menues affaires de la Chambre.

A M. Jacques Lemaire
Tréforier. 162180

Offrandes.

A M. Samuel de Cirano
Tréforier. 13275
                        ─────────
                        16195486

liv.

De l'autre part..... 16195486

*Cent Gentilshommes sous le
sieur de Rambouillet.*

A M. Gilles Tristan Tré-
sorier............... 11500

*Cent Gentilshommes sous le
Sieur de la Bourdaisiere.*

A M. Bernard Arnond
Trésorier de l'ancienne bande
des cent Gentils-hommes ordinaires de la Maison du Roi. 10500

*Gardes Ecossoises sous le
sieur de ....*

A M. Paul le Jair Tréso-
rier. 52011

*Gardes Françoises du Corps du
Roi sous le Sieur de la Force.*

A M. Jacques Guivry Tré-
sorier. 49380

*Gardes Françoises sous le Sieur
de Praslin.*

A M. Jean Dupré Tréso-
rier. 49380
_____
16368257

De l'autre part... 16368257

Gardes Françoises sous le Sieur de Vitry.

A M. Jacques Gatian Tré-
forier. . . . 49380

Prévôté de l'Hôtel.

A M. Claude Mainferme
Trésorier. . . . 50200

Cent - Suisses.

A M. François le Regra-
tier Trésorier. . . . 24000

Venerie & Fauconnerie.

A M. Philibert Bourlon
Trésorier. 88670

Maison de la Reine.

A M. Florent Dargouges
Trésorier. 541439

Marine de Levant.

A M. Aimé Ciron Tréfo-
rier. 426500

Marine de Ponent.

A M. Guillaume Arthier
Trésorier. . . . 38675

Ligues Suisses.

A M. Pierre Almeras Tré-

_____

17581721

liv.

De l'autre part... 17581721

forier. 1243648

Extraordinaire des Guerres du côté de Picardie.

A M. Jean Charon Tré-
forier Général. 2124371

Extraordinaire des Guerres du côté de Piémont.

A M. Simon Collon Tré-
forier. 873902

Extraordinaire des Guerres du côté de Picardie.

A M. Pierre le Charon
Tréforier. 14473

Artillerie.

A M. Gafton Midorge
Tréforier. 288995

Fortifications de Picardie.

A M. Claude Charlot
Commis. 322444

Fortifications de Champagne.

A M. Pierre Viellart
Tréforier. 104000

Fortifications de Bourgogne.

A M. Jean Collot Tréfo-

22558954

liv.

De l'autre part. . 2258954

rier. 14000

Fortifications de Dauphiné &
Breſſe.

A M. Raimond Eſpeante
Tréſorier. 96000

Fortifications de Guyenne &
Languedoc.

A M. Joachim Marchand
Tréſorier. 29800

Fortifications de la ville
d'Amiens.

A M. Jacques Colas
Payeur. 4350

Bâtimens du Roi.

A M. Ami Jacquelin Tré-
ſorier. 633298
                        ———
                        23336402

Payeurs des Cours ſouve-
raines.

Parlement de Toulouſe.

A M. Matthieu de Co-
mynihan Payeur. 4900

Parlement de Bourgogne.

A M. Claude Catin
. . . .
                        ———
                        23341302

liv.

De l'autre part... 23341302

Payeur. 2900

Chambre de l'Edit de Castres.

A M. Pierre Cazaledes

Payeur. 4400

Chambre des Comptes de Paris,
menues nécessités.

A M. Ferrand le Febvre,
premier Huissier commis... 16000

Epices.

A M. Pierre Dufour

Commis. 3925

Chambre des Comptes de
Montpellier.

A M.... Sallelles Payeur. 7000

Chambre des Comptes de
Grenoble.

A M. de Bourges Rece-
veur. 2737

Comptables extraordinaires.
Grande audience.

A M. Thibault des Por-
tes. 400

————————

23378664

Réparations

De l'autre part.... 23378664

Réparations des Ponts &
Chauſſées.

A M. Louis Arnault Com-
mis. 1024152

Turcies & Levées.

A M. Thomas Bedacier
Tréſorier. 125000

Domaine de Berry.

A M. Germain Gendreau
Receveur du Domaine du Berry , pour délivrer à M. de la
Chaitre , Maréchal de France,
Bailli de Berry , & Capitaine
de la groſſe Tour de Bourges,
pour ſes gages , à cauſe deſd.
Charges de Bailli & Capi-
taine ſuſdit pour trois années,
à raiſon de 433 liv. 15 ſ. par
chacun an pour leſdites deux
charges , ſavoir pour celle de
Bailli 273 liv. 15 ſ. & pour
celle de Capitaine de la Tour
160 liv. cy 1303

Domaine de Lodun.

A M. Daniel Deſchaux ;
                                    —————
                                    24529116

liv.

De l'autre part.... 24529116

Receveur dudit Domaine, pour six années des gages du sieur de Boisguerin, Capitaine du château dudit Lodun, à raison de 100 liv. par an .. 600

Deniers communs d'Abbeville.

A Jacques Gailleret, Argentier & Receveur pour employer aux réparations de ladite Ville. 4000

Domaine de Poitou.

A M. René Lasseré, Receveur pour les charges dudit Domaine. 1976

Deniers communs de Rouen.

A M. Pierre Duval, Receveur pour le payement des rentes de ladite ville constituées sur la recette générale des finances dudit lieu 72000

Domaine de la Marche.

A M. Pierre Gapon, Receveur pour payement des gages des Officiers dudit Domaine 830

Election de Laon.

A M. Jean Duplessis, Re-

24608482

De l'autre part . . . 2460 8482

ceveur des Tailles en ladite Election, pour le payement des taxations des Elus de lad. Election pour la présente année. 600

Pour la réédification de l'Eglise sainte Croix d'Orléans.

A M. Etienne Richard, Commis. 3655

A divers Particuliers comptables par acquit.

Aux sieurs Payot, Dargouges, & autres particuliers comptables par acquit. . . . 80676

Somme totale des deniers comptables tant par rôles que par acquit-patent. . . . 24693413

Pensions, Gages, Etats & Appointemens par rôles des Princes du Sang, autres Princes, principaux Officiers de la Couronne, Chefs des Compagnies Souveraines, Prélats, Gentilshommes, Officiers domestiques de la Maison du Roi,

liv.

Princes étrangers & autres ...   1999186

Pensions par acquits-pa-
tens.   57300

Total des Pensions tant
par rôles que par acquits-patens.   2056486

Voyages par rôles. . . .   104185

Voyages par acquits pa-
tens.   3000

Total des Voyages tant
par rôles que par acquits-patens.   107185

Ambassades par rôles...   192000

Dons , Bienfaits, Ré-
compenses & Gratifications ,
dont Sa Majesté a accoutumé
d'user le premier jour de l'an
envers les plus nécessaires de
sa Cour ; Aumônes aux pauvres nécessiteux tant étrangers que regnicoles , & récompenses d'aucuns de ses
Officiers domestiques, &c. depuis 3 liv. jusqu'à 2400. . . .   85798

Dons par acquits-patens   1684522

Achats par rôles de Che-

1961320

De l'autre part . . . 1962320

vaux , Bagues & Vaisselle
d'argent. 71575

Idem par acquits-patens. 4200

Deniers payés en acquit
du Roi, pour remboursemens
faits à plusieurs Seigneurs Al-
lemands , à compte des sommes par eux prêtées à Sa Majesté durant les derniers troubles. . . . , . . . 202556

Deniers payés par or-
donnance par rôles pour frais
de voyages de Messieurs du
Conseil , Maîtres des Requêtes , & autres envoyés par Sa
Majesté pour l'exécution de
plusieurs commissions concernant son service & le bien
de son Etat. 160184

Deniers payés par acquits-
patens , pour remboursement
de Finance , prêts, payemens
de dettes tant étrangeres que
particulieres , rescriptions
pour gages, appointemens &
solde de gens de guerre, récompenses de gouvernemens ,
_____

2400835

liv.

De l'autre part ... 2400835

rançons, pertes, avances de munitions, &c. 878880

Comptans ès mains du Roi par rôles. 52470

Idem par acquits-patens.. 2246956

Gages des Secretaires des Finaces. 37623

Gages des Secretaires du Roi. 30650

Gages des Trésoriers de l'Epargne. 40000

Augmentation desdits gages. 20000

Dépense par ordonnance de la Chambre. 3600

Dépense commune pour papier, parchemin, & façon de ce compte, &c. 3711
_____
5714725

Total de la dépense. . . 32575849
Total de la recette. . . 32589659

Suivant le compte de recette, les parties des impositions revenant net à l'Epargne, charges déduites, étoient d'environ.... 26000000

	liv.
De l'autre part..	20000000
Et par le compte de dépenses, que l'ordinaire montoit environ à	16500000
Ainsi l'économie en réserve étoit de	3500000

Il paroît aussi par les états qu'on a vû ci-dessus des levées du principal de la Taille, & des crues tant ordinaires qu'extraordinaires, qu'en 1609 le principal de la Taille montoit à 9849000

La crue ordinaire & extraordinaire à . . 4446000

Total. 14295000

Le montant des recettes générales étoit, suivant le compte, de 10308289

Ainsi les charges acquittées sur les lieux, y compris les rentes sur les Tailles de chaque Généralité, montoient à . . . . . 3986711 liv. f. d.

De l'autre part. 3986711

Par l'état des rentes sur la Ville que j'ai trouvé dans un ouvrage manuscrit sur cette partie, il paroît qu'à la fin de ce regne il en restoit sur les Aides & Gabelles pour. 2038955 2 6

Il paroît donc que le total des charges étoit de 6025666 2 6

On a vû que la vérification des charges & assignations sur les divers revenus avoit produit une diminution de 6000000

On offroit quatre millions par an de la prolongation du traité, pour le recouvrement des Domaines & droits aliénés. 4000000

Total. Liv. 16025666 2 6

Par l'état des dettes de 1595, on voit que le montant des aliénations étoit de quinze millions de rente. Ainsi il paroît

roît que ces deux comptes se rappor-
tént.

Il s'ensuit que la totalité des revenus
& impositions étoit à peu près de vingt-
six millions, le marc d'argent du titre de
11 d. 12 s. de fin, à 20 liv. 5 s. 4 d.

On n'avoit pas laissé de diminuer les
Tailles de plus de deux millions, de retrancher le sol pour livre : ainsi les impositions étoient moins fortes qu'en
1596, d'environ trois millions. Dans
cette année l'assemblée des Notables
avoit porté toutes les dépenses à trente
millions. On avoit donc éteint pour
sept millions de rente en aliénations,
sans compter le rachat des quatre-vingt
millions de Domaines, dont le produit
devoit passer quatre millions à la fin de
ce Traité.

SECONDE EPOQUE.

Année 1610.

LA prospérité de la France disparut avec Henri, & peut-être le Royaume se ressent-il encore aujourd'hui du coup affreux qui trancha les jours d'un de ses meilleurs & de ses plus grands Rois. Une Régente avide d'un pouvoir qu'elle n'étoit pas capable d'exercer, des Grands ambitieux & jaloux les uns des autres, des Conseillers vendus à la fortune s'assirent au timon de l'Etat. Au mépris de ses véritables intérêts & des alliances ménagées par le feu Roi, Rome & Madrid dirigerent le Conseil dans les affaires du dehors ; un vil Etranger, qui n'aimoit ni le Roi ni l'Etat, ni la Reine même, dont il maîtrisoit les volontés, disposa des Finances, & dicta des Loix aux François, sans égards à leurs mœurs, à leur génie, & à la constitution de la Monarchie.

Cependant pendant les premiers mois de la Régence on crut devoir garder quelques dehors ; les Princes & les plus fidéles serviteurs du Roi furent

confultés en apparence , jufqu'à ce que
l'autorité fût affez affermie pour donner
un libre cours aux projets médités dans
les Confeils particuliers. Pour gagner
le Peuple toujours aifé à féduire lorfqu'on paroît l'aimer, une des premieres
opérations de Finance fût de fupprimer
cinquante-neuf Edits burfaux , & d'en
furfeoir quelques autres.

Cependant pour la faire valoir davantage , on jugea à propos de groffir l'énu-
mération des droits révoqués de ceux
qui l'avoient déjà été en 1607. Les autres étoient, 1°. la recherche contre
les Meuniers pour leurs meules & meulons qui devoient être au point rond ;
2°. la taxe fur les Huiffiers & Sergens
pour être maintenus en leurs charges ;
3°. la recherche des abus & malverfations prétendues au fait des Gabelles du
Dauphiné ; 4°. la recherche pour les
abus & malverfations commifes au fait
des traites foraines & domaniales, & acquits à caution non rapportés ; 5°. la recherche du droit des confirmations d'office ; 6°. la recherche des Chatelains du
Dauphiné pour les levées de deniers
faites par eux outre & par-deffus les
commiffions ; 7°. l'Edit de nantiffement
& hypotheques ; 8°. les offices de

Voyers Jurés en chaque Siége ; 9°. les offices de Sergens conducteurs des prisonniers ; 10°. les offices de Conseillers Présidiaux qui restoient à pourvoir des quatre créés en 1586 ; 11°. les offices de Courtiers, Jaugeurs & Marqueurs de toiles, draps & autres ouvrages tant de lin que de chanvre, créés en 1586 ; 12°. les offices de Conseillers en chaque siége royal & aux Vicomtés de Normandie ; 13°. les offices de Greffiers des Elections particulieres ; 14°. les offices de Changeurs héréditaires ; 15°. les Officiers établis en 1606 au mesurage des sels dans les Provinces de Xaintonge, Poitou, Angoumois, Pays d'Aunis, Limosin ; 16°. les offices de Contrôleurs des deniers communs, dons patrimoniaux & d'octroi ; 17°. tous les offices vacans par mort avant l'année 1600, tant d'ancienne que de nouvelle création ; 18°. les offices d'Huissiers, Sergens & Notaires restant à pourvoir par commission ou autrement ; 19°. les offices de Procureurs du Roi aux Elections particulieres, créés en 1695 ; 20°. les offices de Procureurs du Roi aux eaux & forêts ; Prévôtés & Siéges particuliers, lieux des Prévôtés des Villes où il y a Présidial ; ès Maréchaussées, Elec-

tions & Greniers à sel de nouvelle création ; 21°. les Procureurs du Roi dans
les Cours Ecclésiastiques ; 22°. les Sergens collecteurs des deniers, créés en
1578 ; 23°. tous les offices anciens &
alternatifs de Receveurs des épices ;
24°. les offices de Greffiers & Clercs
de Greffe de nouvelle création ; 25°. les
offices de Clercs Commissaires de Paris pour l'entrée des vins ; 26°. les
Courtiers de vin & de toutes sortes de
marchandises ; 27°. les offices de Con-
cierges des bureaux des Trésoriers de
France; 28°. de Receveurs des amendes
aux Parlemens & Présidiaux ; 29°. les
offices de Messagers des villes ; 30°. de
Mesureurs de sel ; 31°. de Porteurs &
Mesureurs de grains ; 32°. de Receveurs
& Payeurs des gages des Cours Souveraines & Présidiaux ; 33°. des offices
de Vendeurs de poisson de mer, frais
& salé en gros ; 34°. de Gardes des
Sceaux ès Présidiaux ; 35°. de Receveurs du Domaine; 36°. de Contrôleurs
des Fortifications de Dauphiné, Provence & Bresse ; 37°. Contrôleur alter-
natif des bleds & autres marchandises à
Arles; 38°. de Gardes des livres ès Chambres des Comptes de Montpellier & de
Dijon ; 39°. de Clercs siégés à Rouen ;

40° de Lieutenans & Juges ès Prévôtés, Chatellenies, Vigueries, Alloués, Vicomtés & autres Justices Royales ; 41°. de Collecteurs des Tailles en collecte de recette d'Armagnac, Condommois, Comminges & autres lieux requis par les habitans ; 42°. de Lieutenans des bureaux particuliers, Greffiers, Priseurs, Calculateurs, Scelleurs, Gardes de Maîtres des Ports en Normandie ; 43°. deux offices de Receveurs du Taillon en l'Election de Brivé ; 44°. huit offices de Contrôleurs en tabliers particuliers de la Prévôté de Nantes ; 45°. l'office de Receveur des consignations de Laval.

Les Edits surfis au nombre de dix à douze portoient création d'autres Charges ou Emplois aussi inutiles.

A l'exception d'une ou deux commissions que le bon ordre & la police avoient exigées pour un tems, tout le reste de ces Edits n'étoit, comme on voit, qu'une maniere autorisée par le Prince de vivre dans l'oisiveté, ou d'exercer des vexations sur le Commerce & sur le Peuple. La plûpart de ces créations n'étoient point vérifiées dans les Cours supérieures, & avoient été arrachées au feu Roi par l'importunité des grands

Seigneurs ou des Courtifans, contre laquelle il n'étoit pas toujours affez fort.
M. le Duc de Sully le lui reprochoit
fouvent ; mais le Peuple n'en étoit pas
moins opprimé.

En effet, fi quatre mille perfonnes au
moins qu'occupoient tant d'Offices, ne
tiroient annuellement, foit du Peuple,
foit du Roi, que deux cens livres, l'une
dans l'autre, en droits de charges & en
gages, c'étoit huit cent mille livres au
moins qui fe levoient fur les fujets ;
fomme confidérable alors, puifqu'elle
faifoit le quinziéme environ du revenu
des Tailles. Le Roi ou ceux qu'il vouloit gratifier n'en avoient vrai-fembla-
blement jamais retiré deux millions par
la voie des Partifans. Ainfi en impofant
cette fomme, au cas qu'elle fût abfolument néceffaire dans l'efpace de deux
ans & demi, le Peuple n'eût toujours
payé que 800000 liv. par an ; on lui eût
épargné une perte bien plus confidérable, c'eft-à-dire les embarras, les gênes & les formalités qu'enfante la multiplicité des Officiers : enfin la néceffité
paffée il eût été foulagé ; au lieu que par
ces fortes de créations, le Prince fe voit
réduit ou bien à l'impuiffance de dimi-

nuer les charges, ou bien à manquer à la foi publique.

Qui ne croiroit qu'après avoir une fois reconnu le dommage réel & l'odieux même de pareilles inventions, on y renonceroit pour toujours ? Cependant on les vit rétablies en peu d'années au profit pour la plûpart des personnes en faveur, auxquelles cet Edit sembla ne fournir que la liste des expédiens. Et ce qui n'est pas moins extraordinaire ni moins indécent peut-être, des préambules, magnifiques en paroles & vuides de sens, affectoient d'intéresser le bon ordre de l'Etat à leur établissement.

ANNÉES 1611 & 1612.

Mais sans avancer le terme de ces désordres, il est à propos de remarquer que dans cette année le bail de la Ferme du sel fut renouvellé sur le même pied qu'auparavant, quoique le prix en fût diminué du quart. Cette augmentation justifioit la commission créée précédemment pour la recherche des Ecclésiastiques & des Nobles, qui prétendoient, à l'abri de leur ponts-levis, pouvoir se dispenser de la loi commune au reste du Peuple. La licence de tous les Seigneurs particuliers étoit telle dans ces tems , qu'ils exerçoient presque le droit de la Souveraineté dans leurs terres. L'exemple fait en 1612 d'un Gentil-homme pour avoir exercé des violences contre le Fermier des Gabelles , & protégé des Fauxfauniers, commença à les contenir.

Ce renouvellement de bail avantageux fut une des dernieres opérations de M. le Duc de Sully. L'ordre de son administration blessoit l'impatience d'une infinité de gens , dont la confusion des comptes devoit assurer la fortune : l'économie de sa distribution ne s'accordoit point avec l'humeur prodigue & fastueuse de la Reine , avec l'avidité de Concini & de sa femme , ni avec les prétentions des Princes & des grands Seigneurs résolus de tirer parti d'une administration aussi foible.

Le Sur-intendant déjà mécontent d'avoir vû doubler les pensions, trouva mauvais que le Chancelier n'eût pas brisé les Sceaux du feu Roi, & que l'on eût falsifié la signature de ce Prince ; enfin il refusa de signer un comptant de 900000 livres approuvé par la Reine, pour argent que l'on prétendoit

avoir mis entre les mains du feu Roi.
On lui redemanda sa place, qu'il quitta
au commencement de 1611, avec le
regret que conservent en pareil cas presque tous les hommes accoutumés au
maniment des grandes affaires, & cette
sensibilité qu'éprouvent les citoyens zélés à la vûe d'un bien qui sera négligé.

La Charge de Sur-intendant fut supprimée, & les Finances mises en direction sous la conduite de MM. les Président Jeannin, de Château-neuf & de
Thou. Ce dernier quitta peu de tems
après, imbu, malgré ses grandes qualités, du ridicule préjugé qui confon-
doit alors le ministère des Finances
avec l'art d'un simple Commis. Ses confreres n'en étoient pas exempts, & ils
étoient peu dignes de leurs postes, puisqu'ils n'en comprenoient ni la dignité ni
l'importance. En effet, quelle occupation plus noble que de veiller sur la conservation des richesses & des emplois
de toute une Nation; d'établir la balance entre toutes les classes du Peuple;
de les conduire au maintien les unes
des autres par des vûes qui semblent
quelquefois opposées; d'appeller &
d'entretenir l'abondance dans l'Etat; de
composer en quelque façon avec cha-

que particulier pour la portion de son
aisance qu'il peut & qu'il doit sacrifier
au maintien de la société ; d'en prévoir
les besoins, & d'en ménager les ressources de longue main ? Quel travail exige
plus de génie, de ressources, de profon-
deur, de justesse & d'étude ? En est-il de
plus important, puisque son objet est la
sûreté & la félicité inséparables des Sujets & du Souverain ?

Comme les nouveaux Directeurs
avoient méconnu l'étendue de leurs devoirs, ils furent bien éloignés de les
remplir. Bornés à dresser des états de
recette & de dépense, ils eurent à
peine les talens de ces bons teneurs de
livres, dont les Comptoirs des Marchands & des Banquiers sont remplis
pour des gages modiques. Les sources
furent négligées ; la perception ne fut
plus un art, mais une routine grossiere,
mal-adroite & imprudente. Enfin, dis-
pensés par un Ministre avide & tout-
puissant de répandre de l'économie dans
la distribution, s'ils eurent le courage
de voir piller le trésor public sans y
prendre part, on peut leur reprocher
la bassesse de l'avoir souffert sans se
plaindre. Quelle que soit la foiblesse
de l'humanité, & l'embarras d'un Mi-

niſtre partagé entre le ſoin du Public
& celui de ſa famille ; la poſtérité, qui
juge les choſes de ſang froid & dans l'é-
loignement , ne peut accorder ſon eſti-
me à ceux qui préférent l'amour de leurs
places à celui de leur devoir.

Les tréſors de Henri deſtinés à ſoutenir les Alliés naturels de la France , à
réprimer l'orgueil de ſes ennemis, furent en partie la proie de Concini, de
ſa femme & de leurs créatures ; ou
bien ils ſervirent à récompenſer des
gens ſans mérite & ſans nom , à acheter la tranquillité des Grands qui ſça-
voient le mieux ſe faire valoir. Le tems
des Rois eſt fini, diſoit-on hautement
lorſqu'on vit ces largeſſes commencer,
voici celui des Grands. Il eſt rare qu'une
politique foible ne ſoit pas fauſſe ; auſſi
la ſoumiſſion des Seigneurs finit - elle
avec l'argent du tréſor ; leur butin ſer-
vit à s'aſſurer des créatures ; chacun
devint réellement redoutable , parce
qu'on l'avoit redouté.

ANNÉE 1613.

La détreſſe cependant commença à
ſe faire ſentir ; l'augmentation des dépenſes n'avoit pas fait d'impreſſion tant
que le dépôt de la Baſtille avoit ſervi

de remplacement. La profpérité paroiffoit encore entiere au dehors ; le fafte & les profufions de la Maifon Royale, la multitude des penfionnaires faifoient retentir Paris des louanges du Gouvernement. Mais Concini infatiable de biens autant que d'honneurs, chercha à tirer du Peuple cé que l'épuifement de l'Epargne lui refufoit. On rétablit à fon profit & fans vérification une quarantaine de ces Edits fi fagement fupprimés à l'entrée de la Régence. Cent Offices de Secrétaires de la Chambre du Roi furent créés avec gages. Les aifés furent forcés d'acquérir les Offices qui ne fe levoient pas affez vîte à fon gré ; les droits du Sceau furent augmentés ; & ce qu'on auroit peine à croire, on faifoit trafic ouvert des Arrêts du Confeil. On pouffa l'excès jufqu'à changer dans leur expédition le prononcé des Juges dans les affaires civiles ; pour de l'argent, on expédia, contre toutes formes, toutes fortes de Lettres de Répis, de Rappel, de Bans & de Galeres. Un feul trait achevera de crayonner les auteurs de tant de rapines. La Cour des Aides avoit fait de féveres recherches contre des Elus qui avoient étendu de leur au-

torité privée à huit deniers pour livre
leur droit d'attribution de trois deniers
pour livre. Le nombre des coupables
étoit très-grand ; & pour se souftraire
aux peines décernées contre eux , ils
s'adrefferent fuivant l'ufage à la Ga-
ligai. Elle eut l'impudence de s'engager par contrat public à les faire déclarer innnoçens, moyennant la fomme
de 300000 livres. C'eft ainfi que fe
vendoient les graces, les injuftices,
les monopoles, les droits du Prince,
& le fang du Peuple.

ANNÉE 1614.

Parmi tant de dépenfes & de prodigalités , à peine laiffa-t-on quelques monumens de la richeffe paffagere du Roi. Les
bâtimens commencés à Vincennes & au
Collége Royal furent coutinués ; mais
on ne trouva point d'argent pour fuivre le projet commencé en 1613 de
la jonction des deux Mers. Il ne s'agif-
foit cependant que de creufer un canal
de trois lieues depuis Château-neuf fur
la riviere d'Ouche jufqu'à Gros-bois fur
la riviere d'Armanfon, qui porte bateau
jufqu'à Monbar, d'où elle tombe dans
l'Yonne ; tandis que la riviere d'Ouche

porte bateau du côté de Dijon , & de-
là fe rend dans la Saone. Les troubles
qui furvinrent depuis & les guerres
étrangeres ne permirent pas même de
penfer à l'exécution d'un deffein fi utile. Quelle augmentation d'opuléncé
n'en eût pas reçu la Bourgogne déjà fi
riche par la nature de fes productions ?
Mais n'eft-il pas encore plus furprenant
qu'avec la forme d'adminiftration dont
jouit cette Province , elle ait jufqu'à
préfent négligé tous les objets qui regardoient fon Commerce ?

L'exceffive pauvreté des campagnes
& le luxe de la Capitale y avoient attiré une foule de mendians : il fut défendu de leur donner l'aumône , & ils
furent renfermés dans un hôpital fondé à ce deffein. Il ne manquoit que des
vûes pour perfectionner l'établiffement
en y fondant un travail. Ces hommes
que l'on refferre feront-ils moins à charge à la fociété , lorfqu'ils feront nourris par des terres qui leur font confa-
crées, & auxquelles ils ne travaillent
point ? Non, çe n'eft pas la mendicité
feule qui rend un homme à charge au
public, c'eft fon oifiveté & fon exemple. On n'a befoin d'hôpitaux fondés
que pour les malades, & pour les per-

sonnes que l'âge rend incapables de toute espece de travail : ces hôpitaux sont précisément les moins rentés : le néceffaire y manque quelquefois ; & tandis que mille hommes sont vêtus & nourris dans l'oisiveté , des ouvriers pauvres sont forcés de consommer dans une maladie le profit du travail de deux années, ou de se faire transporter dans un lit commun avec d'autres malades, dont les maux se compliquent avec le sien. Que l'on calcule le nombre des malades qui entrent pendant le cours d'une année dans les Hôtels-Dieu du Royaume , & le nombre des morts ; on verra si, dans une ville composée du même nombre d'habitans, la peste feroit plus de ravages ! N'y auroit-il pas moyen de verser aux hôpitaux des malades la majeure partie des fonds def-tinés aux pauvres mendians, & feroit-il impossible pour la subsistance de ceux-ci d'affermer leur travail à un entrepreneur dans chaque lieu ? Les bâtimens sont construits, & la dépense d'en convertir une partie en atteliers feroit très-médiocre. Il ne s'agiroit que d'encourager pendant quelque tems les premiers établissemens ; en peu d'années on en verroit d'autres se former & se

porter

porter d'eux-mêmes à leur perfection.
Dans un hôpital bien gouverné , la
nourriture d'un homme ne doit pas
coûter plus de cinq fols par jour ; depuis l'âge de dix ans les perfonnes de
tout fexe font en état de les gagner ;
& fi l'on a l'attention de leur laiffer
bien exactement le fixiéme de leur travail lorfqu'il excédera les cinq fols , on
en verra monter le produit beaucoup
plus haut. Pour les vagabonds , les dé-
ferteurs , les contrebandiers , n'avons-
nous pas des mines, dont le travail eft
plus effrayant que celui des galeres , &
pour beaucoup d'hommes plus redoutable que la mort même ? N'avons-
nous pas des Colonies à peupler, à
mettre en valeur ? L'un & l'autre objet ne manquent que de bras à bon mar-
ché.

La Nation Françoife a eu cet avantage par-deffus toutes les autres, qu'elle ne demande qu'à aimer fes Maîtres
& à être conduite. Son activité prodi-
gieufe , & peut - être fa vanité , ont
toujours fait éclore dans les fiecles les
plus ingrats quelques vûes d'une grande reffource. Le Chevalier de Rafilly
étoit parti dès 1612 du Port de Can-
cale avec trois vaiffeaux pour faire un

établiffement dans l'Ifle de Maragnan au Bréfil ; & il y conftruifit le Fort Louis. Si cette entreprife eût été foutenue dans les tems, elle pouvoit avoir des fuites bien précieufes. Mais les établiffemens utiles ne font foutenus & perfectionnés que fous une adminiftration éclairée, & qui trouve des reffources dans fon économie : alors au contraire la France commençoit à s'épuifer de nouveau.

Les profits exceffifs des Fermiers, des Traitans, des Fourniffeurs, & la facilité d'obtenir fans mérite des penfions ou des emplois, avoient redoublé l'ufage des étoffes d'or & d'argent, des galons & autres fomptuofités que la France payoit alors à l'Italie. Ainfi l'argent, au lieu de retourner de la Capitale dans les Provinces par les cirouits ordinaires, s'arrêtoit dans la caiffe des Financiers, ou paffoit chez l'Etranger. Chaque année la perception des impôts devenoit plus difficile, quoique les Tailles n'augmentaffent point. On réfolut de conferver au-moins l'argent dans le Royaume, & l'ufage de ces étoffes étrangeres de luxe fut prohibé.

ANNÉES 1614 & 1615.

L'année 1614 amena l'âge de la majorité du Roi, & découvrit en même-tems la playe secrete de l'Etat. Toute la France sçavoit en général que le feu Roi avoit laissé de grandes sommes en dépôt à la Bastille. Chacun s'imaginoit qu'un tems de minorité devoit être un tems d'économie dans les dépenses de la Maison du Roi, & les peuples sembloient devoir espérer que le premier acte de la majorité seroit une diminution des impôts. Les affaires étoient dans une position bien différente, & les partis commençoient à se former dans l'Etat. Il parut convenable au Conseil de la Régente de justifier ses profusions aux yeux de la Nation, d'intéresser les peuples au soutien du Gouvernment par une marque de confiance, enfin d'opposer aux mécontens une espece de vœu général, puisqu'on n'avoit plus d'argent à distribuer. Les Etats Généraux furent assemblés : le Président Jeannin y fit le rapport de l'état des Finances.

Il représenta que l'état des dépenses de 1610 avoit été arrêté par M. le Duc de

Sully ; que les rôles de l'épargne avoient
été examinés par lui, excepté *les 4°. & 5°.*
rôles comptant & le dernier d'assignation.
On en devine assez la cause , ainsi que
l'artifice de cette insinuation. Il ajouta
que plusieurs dépenses extraordinaires
survinrent en cette même année. 1°. La
guerre de Juliers. 2°. Le Couronne-
ment de la Reine. 3°. Les préparatifs
faits pour son entrée à Paris. 4°. Les
frais du deuil & funerailles de Henri.
5°. Le Sacre du Roi regnant. 6°. Des
gratifications aux Princes & aux plus
grands du Royaume., pour les attacher
plus particulierement au service du Roi.

» Ces dépenses absorberent, dit-il ,
» la plus grande partie de l'argent reçû ,
» outre le courant de 1610 ; il ne resta
» au Trésorier de l'épargne en exercice
» que la somme de 3560000 liv. qu'il
» remit au Trésorier de l'année 1611.

	liv.
Il fut reçû des reliquats des années précédentes. . .	400000
Du Clergé. . . .	300000
Des Confirmations. . . .	750000
Par moyens extraordinaires.	1700000
En moins de quatre ans il étoit rentré d'extraordinaire,	6710000

Mais la dépense étoit fort augmentée.

L'entretien des gens de guerre en campagne ne montoit sous le feu Roi qu'à 1300000 liv. Il revenoit alors à 1947324 liv. excédent. . .

	liv.
	647324

L'état des garnisons augmenté de 100000

L'état des pensions sous le feu Roi montoit à 3 millions. Il étoit alors de 5650000 liv. excédent . . . 2650000

L'état des deniers en acquit augmenté en faveur des Princes, de . . . 500000

Gratifications annuelles augmentées de . . . 1100000

La Maison de Madame. . 120000

Voyages & Ambassades extraordinaires à raison des circonstances actuelles, plus de . . . 4000000

Excédent de la dépense annuelle . . . 9117324

Cependant la recette étoit diminuée de plus de deux millions par la diminution du prix du sel, du tiers sur les

impofitions du Convoi de Bordeaux &
de la Traite foraine d'Anjou.

Le Roi avoit laiffé cinq millions à la
Baftille ; on s'eft vû forcé à regret
d'entamer ce dépôt ; mais, après avoir
eu recours à des moyens extraordinaires qui n'étoient pas à charge au peuple, on a été forcé
de prendre fur les cinq mil-   liv.
lions 2500000
Et plutôt que de toucher
au refte , on a préféré d'emprunter 600000
Total 3100000

Les Etats font priés de confidérer la fituation des affaires, d'avifer aux moyens
d'égaler la recette & la dépenfe , de
» rembourfer le prêt de 600000 livres,
» & de remplir les 2500000 liv. enle-
» vées du dépôt de la Baftille, parce
» qu'il eft intéreffant de le réferver en
» entier pour des occafions urgentes, &
» éviter par-là une furcharge fur le peu-
» ple.

Si j'ai retranché des mots du rapport
du Préfident Jeannin, j'en ai confervé
la fubftance , & j'y ai mis de l'ordre &
de la clarté.

Sans s'arrêter à la difette de détails
& de preuves juftificatives qu'on remar-

que dans cette piece , on y trouve des
faits évidemment faux. 1°. Le tréfor
de la Baftille étoit d'environ dix-fept
millions , fans compter les billets des
Tréforiers & autres parties à rentrer
qui étoient plus confiderables encore ,
fuivant les comptes laiffés par M. le
Duc de Sully. 2°. Le bail des Gabelles
avoit été continué au même prix ; ainfi
la recette n'avoit pas diminué de deux
millions. 3°. Les penfions fous le feu
Roi ne montoient qu'à deux millions.
Alors le prix de la vertu ne confiftoit
pas dans l'argent , mais dans l'honneur
de recevoir un bienfait de la main d'un
Prince connoiffeur en mérite. 4°. Les
dépenfes annuelles étoient augmentées
de 9117324 liv. qui pendant les quatre
annnées font 36469296 liv. Si nous
y ajoutons huit millions pour la prétendue diminution de recette , la différence totale fera de 44469296 liv. fur
quoi on avoit reçû en extraordinaires
6071000 liv. pris à la Baftille 2500000
liv. emprunté 600000 liv. On avoit
donc eu le fecret de dépenfer, fans
augmenter les impôts, 35298296 liv.
c'eft-à-dire 8824574 liv. par année.
Le Préfident Jeannin dit qu'on a eu recours à des impôts extraordinaires qui
n'ont point été à charge au peuple ;

cela implique contradiction. Comment imaginer qu'une somme équivalente à la moitié des tailles soit levée sans qu'on s'en apperçoive ? On n'osoit donc pas découvrir l'immensité des richesses laissées par le feu Roi; & l'on avoit recours au mensonge, artifice toujours vil, mais punissable, lorsqu'on l'employe vis-à-vis d'un Maître ou d'une Nation.

Il paroît, par des états de Finance arrêtés au Conseil cette année, & dont on ne donne pas copie parce qu'il y manque plusieurs généralités, qu'on avoit été obligé dans la détresse où l'on se trouvoit de suspendre cette année le payement de la moitié des rentes, & de ce qui étoit dû aux Officiers supprimés. C'est sans doute un de ces moyens dont le Président Jeannin entendoit qu'on s'étoit servi pour augmenter la dépense sans accroître l'imposition. On n'avoit pas laissé cependant d'imposer les 3 den. pour livre de la Taille, & de les mettre en parti dans quelques Provinces.

Il seroit desirable de pouvoir arracher de nos Fastes ce qui se passa dans l'assemblée de 1614. L'indépendance de la Couronne de nos Rois y fut presque soutenue problématique ; le Tiers-
Etat

Etat feul la regarda comme Loi fondamentale ; tout aboutit en difcordes &
en jaloufies entre les trois Ordres ; le
bien public fut entierement oublié en
faveur des intérêts particuliers ; & quoique le rétabliffement des Finances fem-
blât être le premier objet des Etats , on
n'en vit pas fortir un bon réglement.

On fe débatit long-tems fur la vénalité & l'hérédité des Charges ; & fuivant les idées de ce tems-là on convint
enfin de demander la fuppreffion du prêt
& de l'annuel. Quoiqu'on ait déja touché fous le regne précédent quelques-
unes des raifons qui autoriferent ce
genre d'impôts, on en ajoutera ici quelques autres qui ne paroiffent laiffer aucun doute fur fon avantage.

Les riches feuls pourront à la vérité
prétendre aux Charges : mais on doit
convenir qu'en général les riches ont
une meilleure éducation , plus de défin-
téreffement & de dignité. Le haut prix
des Charges eft un gage de la fidélité des
titulaires envers le Prince ; & comme
ils font très-intéreffés au repos public ,
on doit compter fur leur vigilance à
exercer la Police qui leur eft confiée.
Si ces riches manquent de probité , ils
peuvent être punis auffi facilement que

s'ils ne l'étoient pas. Ne confondons point d'ailleurs les idées : la lecture des Auteurs Latins nous remplit dans les Colleges & pendant l'étude du Droit, des principes fur lefquels les Républiques anciennes ont été gouvernées ; voilà la fource de nos préjugés, tout porte l'empreinte de l'éducation.

Quoiqu'à Athenes les riches feuls puffent occuper certaines places, quoiqu'à Rome il fallût l'être pour arriver aux grands honneurs ; je me contenterai de remarquer que dans les Monarchies où le Prince eft la fource de tout pouvoir, la vénalité & l'hérédité des Charges n'eft point dangereufe pour la tranquillité publique. Suivant quelques Hiftoriens elle a eu lieu affez publiquement, quoique fans être autorifée, fous la premiere race de nos Rois, fous la feconde, & bien avant fous la troifieme, entre autres fous le regne de Saint Louis. Diftinguons encore les Charges de Judicature des places où l'on peut apporter des principes & une conduite arbitraire, & qui dès-lors font dûes aux hommes les plus capables, comme toutes celles qui donnent quelque part à l'adminiftration, même plufieurs emplois de Finance, des Charges militai-

ces qui font le prix deſtiné au courage ,
à l'expérience , aux grandes actions ;
enfin par la même raiſon des grandes
Charges de la Couronne.

Cette vénalité & cette hérédité des
Offices font la ſource d'un impôt très-
utile; car ſi nous examinons tous les
autres, on verra que celui-là ſeul ne
porte point ſur le peuple. Il eſt vrai
que les Parties caſuelles ne rendent
pas tout ce qu'elles devroient produire ; mais c'eſt une réforme toujours
facile à faire. La Loi ſaiſit , au profit du
Prince, l'Office dont le Titulaire meurt
ſans avoir payé le prêt & l'annuel.
Cette rigueur extrème eſt préciſément
ce qui ſauve les coupables. Une veuve,
des mineurs, font des objets touchans;
il eſt toujours honnête d'employer pour
eux la faveur & les ſollicitations ;
l'Office eſt taxé ſi modérément , qu'avec
les diminutions d'uſage , le Roi retire
rarement des contraventions le montant des arrérages dûs ſur le prêt &
l'annuel.

Cette facilité que la compaſſion juſ-
tifie en quelque ſorte, mais abuſive dans
le fond, engage beaucoup d'Officiers
à ne pas payer régulierement. Etabliſ-
ſons une proportion entre la peine &

la faute ; il fera moins facile d'éviter
l'une , & l'autre fera moins commune.
Si le Roi ordonnoit qu'à la mort d'un
Titulaire dont l'Office lui est dévolu ,
on feroit obligé de préfenter les quittances du prêt & de l'annuel depuis la
poffeffion , & que ce qui fe trouveroit
dû feroit payé au double , fans qu'il fût
permis d'accorder aucune modération
fous aucun prétexte ; il est conftant que
les coupables feroient moins plaints ,
& que le Miniftre , à l'abri des importunités , pourroit augmenter d'un tiers
le revenu de cette partie,

Terminons cette difcuffion fur la vénalité & l'hérédité des Charges par une
obfervation importante : c'eft que, fi
elles n'avoient point lieu , le nombre
des perfonnes qui s'y deftineroient feroit beaucoup plus grand. On fçait cependant combien il importe à la Répu-
blique que les claffes d'hommes qui vivent aux dépens des autres , fans apporter de nouvelles valeurs dans l'Etat,
foient reftraintes à la proportion qu'exige la néceffité.

Auffi en regardant la vénalité & l'hérédité des Charges néceffaires comme
utile , on conviendra fans peine qu'il
le feroit encore plus d'en reftreindre le

nombre effrené. Ce fut l'objet des se-
condes demandes formées par les Etats.
Toutes les Charges portoient alors de
gros gages & des attributions de droits
confidérables en raifon de leur premiere Finance, parce qu'étant créées pour
la plupart dans des tems de befoin, on
avoit peu difputé fur le prix de l'argent
pourvû qu'il en vînt, & parce que
l'intérêt légal avoit diminué depuis.
Ainfi il étoit affez facile de fupprimer
celles qu'on pouvoit regarder comme
inutiles. Toute Charge eft cenfée une
aliénation du Domaine, puifqu'elle eft
un exercice ou un ufage de la puiffance
qui réfide toute entiere dans le Souverain. En partant de ce principe, rien
de plus jufte que de rembourfer les Titulaires fur le pied de la premiere Finance ; c'eft ce qu'on propofa. Mais
deux projets différens furent préfentés
pour faire ce rembourfement.

Une Compagnie de Traitans s'offrit
de rembourfer d'année en année la premiere Finance des Offices, à condition
qu'ils pourroient les faire exercer pendant douze ans par un nombre de perfonnes fuffifant, & qu'ils jouiroient
pendant ce tems de tous les gages,
de toutes les attributions de droits &

taxations appartenant aux Officiers
supprimés : & en outre qu'on rétabliroit
en leur faveur les cinquante sous diminués par minot de sel , pour en jouir
pendant douze ans. Ils offroient encore
de rembourser les Officiers des Cours
Souveraines pour les réduire au nombre porté par l'Ordonnance de 1575.
La Cour n'approuva pas cette derniere
offre, à cause des bons services qu'elles
avoient rendus au Roi , & parce qu'elle
reconnoissoit , dirent les Ministres , leur
être en partie redevable de la tranquillité qui avoit regné dans l'Etat. Les autres propositions furent discutées ;
mais le Tiers-Ordre les rejetta avec
raison comme suspectes , ouvrant la
porte à une infinité de vexations de la
part des Traitans. Il représenta qu'il
convenoit mieux que le Roi eût seul le
profit de ce remboursement ; que les
sommes étoient trop fortes pour des
particuliers , puisque la valeur des Offices & charges étoit de 200 millions.

On ne s'accorda gueres mieux sur le
second projet, qui étoit de faire rembourser la moitié des Offices par les Officiers
anciens sur le pied de la Finance , sans
augmentation de gages cependant. Le
tiers Ordre trouvoit injuste qu'un hom-

me, dont prefque tout le bien étoit en-
tré dans l'acquifition d'une Charge au
prix courant , en fût dépofsédé au
moyen d'un leger rembourfement. C'eft
ainfi que chacun parle du bien fans le
vouloir. On trouve des facrificateurs
& point de victimes qui fe dévouent
à la Patrie ! C'eût été un grand bonheur cependant que le Prince eût pris
fur lui de commettre cette prétendue
injuftice, ne fût-ce que pour dégoûter
la Nation de cette manie des Charges ,
vrai tombeau de la population, de l'induftrie & des Finances. Lorfqu'on vou-
dra introduire cette réforme fi néceffaire , il y a un moyen toujours affuré
d'y arriver avec le tems, en n'admet-
tant point au payement de l'annuel les
Charges qu'on voudroit fupprimer , &
dans un certain nombre d'années, elles
feront rentrées la plûpart aux Parties
cafuelles.

La Noblesse & le Clergé demande-
rent la fuppreffion de la recherche à
l'occafion des Gabelles. Ces deux Ordres trouvoient bon qu'on exigeât du
Peuple quittance des deux dernieres années pour le fel d'impôt , mais prétendoient y être fouftraits. En général, il
faut convenir que ces recherches éloi-

gnées sont odieuses, & servent de prétexte à une infinité d'exactions de la part des Commis. Il ne sera jamais possible de corriger les abus d'un impôt vicieux par sa nature ; les formalités toujours éludées par la facilité de la fraude se multiplieront sans cesse, & chaque jour le fardeau s'appesantira, jusqu'à ce qu'il écrase les malheureux condamnés à le porter.

Les autres propositions furent la réduction des pensions sur le pied de deux millions, comme à la mort du feu Roi ; la recherche des Financiers, proposition bien indiscrette sous le regne des Favoris ; enfin la diminution des Tailles.

On ne doit pas oublier quelques articles du cahier du tiers-Etat, parce qu'ils sont intéressans par eux-mêmes, & parce qu'ils sont fondés sur des maximes qui n'auroient jamais dû se perdre : je les transcrirai tels qu'ils sont.

« Bien que ces droits de la Traite
» foraine ne doivent être levés que
» sur les marchandises qui sortent hors
» du Royaume pour être portées à
» l'étranger, ce qui est clairement
» établi par la signification du mot
» de *foraine*, néanmoins cesdits droits
» sont levés sur ce qui va de certaines

» Provinces de votre Royaume à au-
» tres de icelui ; tout ainſi que ſi c'étoit
» en pays étrangers, au grand préju-
» dice de vos Sujets, entre leſquels ce-
» la conſerve ces marques de diviſion,
» qu'il eſt néceſſaire d'ôter, puiſque
» toutes les Provinces de votre Royau-
» me ſont conjointement & inſépara-
» blement unies à la Couronne pour
» ne faire qu'un même Corps ſous la
» domination d'un même Roi ; & que
» vos Sujets ſont unis à une même obéiſ-
» ſance. Pour ces cauſes, qu'il plaiſe à
» Votre Majeſté ordonner qu'ils joui-
» ront d'une même liberté & franchiſe,
» en ce faiſant qu'ils pourront librement
» négocier & porter les marchandiſes
» de France en quelque endroit que ce
» ſoit, comme concitoyen d'un même
» Etat, ſans payer aucun droit de fo-
» raine ; & que pour faciliter la levée
» deſdits droits, empêcher les abus qui
» ſe commettent, la connoiſſance de
» leurs différends pour raiſon de ladite
» Traite appartienne à vos Juges, prin-
» cipalement aux Maîtres des Ports,
» nonobſtant tous baux & évocations
» au contraire.

» Encore que ce droit domanial ne
» ſe doive prendre par leſdits établiſſe-

» mens d'icelle que fur les bleds, vins,
» toiles & paftels qui feront tranfportés
» de votre Royaume à l'étranger ; vos
» Fermiers defdits droits, fous prétexte
» que leurs Commis & Bureaux ne font
» établis en aucunes Provinces & Vil-
» les, ou qu'elles font exemptes dudit
» droit, font payer pour marchandifes
» qui y font tranfportées, comme fi di-
» rectement elles étoient portées à l'é-
» tranger ; pour à quoi remédier que
» défenfes foient faites d'exiger lefdits
» droits fur ces bleds, vins, toiles &
» paftels qui feront actuellement tranf-
» portés dans votre Royaume, pour la
» provifion d'aucunes Provinces, fous
» quelque prétexte que ce foit, à peine
» de concuffion.

   » Afin de remettre la liberté du Com-
» merce, & faire ceffer toutes fortes
» d'oppreffions defdits Fermiers, que
» ces droits, tant de ladite Traite fo-
» raine domaniale, que d'entrée, foient
» levés aux extrémités du Royaume,
» & que à cet effet les bureaux defdites
» traites & droits d'entrée foient éta-
» blis aux villes frontieres & limites
» dudit Royaume, & que lefdits bu-
» reaux defdits Fermiers foient tenus
» pofer & afficher les tableaux conte-

» nant les droits taxés par l'ordonnan-
» ce ; & que les traites foraines & do-
» maniales pour les droits d'entrée &
» de sortie de votre Royaume seront
» réduits à l'instar de la Normandie,
» suivant la Déclaration du mois de
» Septembre 1582, afin que chacun
» puisse sçavoir au vrai ce qui est dû
» pour chaque marchandise ; outre les-
» quels droits ils ne pourront prendre
» ou lever aucunes choses desdits Mar-
» chands, à peine de concussion, &
» que les marchandises qui auront ac-
» quitté cesdits droits en l'un des bu-
» reaux de ladite frontiere, ne soient
» tenues de payer une autre fois le mê-
» me droit en quelque lieu qu'elles
» soient transportées, en représentant
» les acquits du premier payement ;
» comme aussi que lesdits Fermiers ou
» leurs Commis ne puissent aller faire
» visite en aucunes maisons des Bour-
» geois, Marchands & habitans de vo-
» tre Royaume, ni avoir aucun autre
» bureau que lesdites frontieres ».

Rien de plus judicieux que cette demande ; c'est la Nation en corps qui l'a
formée. Les prétentions particulieres
& mal-entendues des Provinces répu-

tées étrangeres, doivent-elles l'emporter ? Seroit-ce donc entreprendre fur leurs priviléges de répondre à ce vœu général qui fubfifte encore parmi tous les citoyens éclairés & zélés pour la patrie ? ou plutôt eft-il quelque privivilége plus facré que la profpérité du Royaume, le travail national, enfin la liberté du Commerce ? On a affez attendu que cès Provinces reconnuffent leurs vrais intérêts. On citera à ce fujet une Déclaration du vingt Février 1622, où le Roi dit :

« Nos Sujets de nos pays de Bre-
» tagne, Poitou, Xaintonge, Guyen-
» ne, Languedoc, Dauphiné, Metz,
» Toul, Verdun & Limoges ont refufé
» l'établiffement defdits Bureaux, à
» quoi nos Prédéceffeurs & nous ne les
» ayant voulu contraindre, efpérant
» que le tems les ameneroit d'eux-mê-
» mes à le defirer, ainfi qu'ont fait les
» habitans de notre Province de Bour-
» gogne, qui après avoir refufé ledit
» établiffement l'ont eux-mêmes de-
» mandé ; nous nous ferions contentés
» d'ordonner que nos droits d'entrée &
» de fortie feront payés & levés fur
» les denrées & marchandifes qui en-

» treroient & fortiroient defdites Pro-
» vinces, Villes & lieux, ainfi que fi
» c'étoient pays étrangers ».

Il faut obferver qu'on s'y prit mal
pour engager ces Provinces à fe foumettre au droit de Traite foraine fur
les frontieres. La Bourgogne le defira
d'elle-même, parce que fes vins, dont
elle tire fa principale richeffe, avoient
comme vins étrangers des droits exceffifs à payer en entrant dans les autres
Provinces. Il falloit donc d'après ce même principe, doubler encore les droits
fur tout ce qui fortoit des Provinces
réputées étrangeres pour entrer dans
les autres Provinces, excepté fur les
matieres premieres & les bleds ; & au
contraire diminuer les droits de moitié
fur tout ce qui fortiroit des Provinces
des cinq groffes Fermes pour entrer dans
les Provinces reputées étrangeres. C'eft
une Police que le Roi eft toujours à même d'établir, puifque ces bureaux n'ont
point été mis en faveur de ces Provinces, comme quelques-uns le croient,
mais au contraire pour les punir de
s'oppofer à l'aifance des autres François.

De ce qu'on a fuivi un principe contraire, il en a réfulté de grands abus,

dont on ne citera qu'un seul ; c'est que
ces Provinces étrangeres reçoivent par
l'arrangement des Tarifs certaines denrées des autres nations, à meilleur mar-
ché que de la leur.

« Par les Edits de l'institution de la
» douane de Lyon (continuoient les
» Etats) , le droit de deux & demi
» pour cent ne doit être payé qu'en la
» Ville , & seulement sur les draps d'or
» & d'argent & de soye , passemens ,
» & autres telles étoffes venant d'Italie
» & du Levant , qui nécessairement
» sont obligées d'aller passer par ladite
» Ville ; & toutes-fois depuis quelque
» tems , les Fermiers de ladite douane
» s'ingerent d'établir des bureaux pour
» la levée dudit droit ès Provinces du
» Dauphiné, Provence, Languedoc &
» autres ; de faire payer en icelles les
» droits des étoffes & marchandises ma-
» nufacturées dans votre Royaume,
» que vos Prédécesseurs n'ont jamais
» entendu charger dudit droit de Do-
» maine. Pour à quoi remédier, que dé-
» fenses soient faites auxdits Fermiers
» de lever aucun droit de Domaine sur
» les marchandises originaires ou ma-
» nufacturées dans votre Royaume , à
» peine de concussion ; & sur les mê-

» mes peines leur faire défenfes d'éta-
» blir aucuns bureaux, ni faire levée
» dudit de Domaine audit Lyon, fauf
» à lui de tenir pour la confervation de
» fes droits telles gardes que bon lui
» femblera èfdites Provinces.

» Que pour remettre le Commerce
» du Paftel, par le moyen duquel en-
» troit anciennement tant d'argent en
» votre Royaume, les droits de Forai-
» ne ne foient levés fur icelui qu'à l'an-
» cienne eftimation de neuf fols pour
» balle.

» Que les Marchands qui vont à la
» pêche du poiffon falé aux Terres Neu-
» ves ne foient tenus de payer les droits
» de Comtablerie, Gabelles au fortir
» pour le fel qu'ils portent en mer pour
» faler leurs poiffons, & pour leurs vi-
» vres, en fe purgeant au préalable par
» ferment de n'y commettre fraude.

» Plaife à Votre Majefté abolir le
» Convoi établi à Bordeaux, qui eft
» l'impofition qui fe leve fur le fel,
» vins & paftel portés par les rivieres
» de Garonne & d'Ordogne; d'autant
» que ledit pays eft racheté de tous im-
» pôts de fel par contrats avec le feu
» Roi Charles IX, s'obligeant de n'y
» pofer jamais aucun droit fur le vin &

» denrées de ladite Province ; en con-
» séquence de quoi aussi le feu Roi de
» glorieuse mémoire promit d'abolir le-
» dit droit, après que le tems du bail
» sera expiré.

» D'abolir les impositions communé-
» ment nommées le doublement du tré-
» pas de Loire, réappréciations & nou-
» veaux subsides sur la riviere de Loire
» & par terre, ensemble ceux qui se
» levent tant sur le vin qu'autres den-
» rées sur les rivieres de Sudre, Bou-
» tonne, Moise & Chavelle, depuis
» l'année 1588, attendu que les causes
» pour lesquelles lesdits subsides sont
» établis cessent à présent.

» D'abolir l'écu par tonneau de vin
» qui se leve en Normandie, & qui fut
» établi pour l'armement de quelques
» navires au siége de Blavet, lors de
» de la réduction de la Bretagne en vo-
» tre obéissance ; n'étant raisonnable
» que cette imposition soit perpétuelle
» sur vos Sujets, puisque Votre Ma-
» jesté reçoit un notable intérêt que le
» Commerce s'étende ès Pays étran-
» gers.

» Pour inciter vos Sujets par espé-
» rance de quelque profit à s'employer
» à l'ouverture des mines découvertes
» &

» & à découvrir en votre Royaume,
» vos très-humbles Sujets fupplient
» auffi Votre Majefté de remettre les
» droits qui pour ce vous appartien-
» nent, & ordonner à vos Juges de
» condamner tous coupeurs de bour-
» fes, blafphémateurs, fainéans, va-
» gabonds, gens fans aveu, à travail-
» ler auxdites mines, & les faire déli-
» vrer pour cet effet aux maîtres d'i-
» celles, avec défenfes aux condamnés
» de laiffer leurs ouvrages & s'abfen-
» ter pendant le tems qu'ils auront été
» condamnés de fervir aux mines, à
» peine d'être pendus & étranglés au
» lieu & à l'inftant qu'ils feront trou-
» vés ailleurs ».

Si ce fage projet eût été exécuté, la
France eût retiré & retireroit encore des
Pyrenées autant de richeffes qu'en pro-
duifent enfemble les mines de Saxe, de
Bohême & de Suéde. C'eft encore un des
principaux moyens d'y parvenir, parce
que ces fortes d'entreprifes font coû-
teufes & rifquables dans leur principe.
Un pareil encouragement équivaudroit
à des récompenfes en argent. Quand même les mines des Pyrenées en plomb,
cuivre, fer, cobolt, or & argent ne
feroient pas auffi riches que les effais

Tome I. A a

l'indiquent, quand même elles ne ren-
droient qu'à peine la dépenfe de l'exploitation, l'Etat trouveroit encore un
grand avantage à employer annuellement un ou deux millions à tirer de
nos terres les métaux que nous tirons
de l'étranger pour nos befoins. La dépenfe feroit faite dans le Royaume ;
des hommes dont la fociété eft privée
par les autres genres de fupplices pro-
duiroient des valeurs ; il fortiroit moins
d'argent pour la confommation de ces
productions. Qui nous empêcheroit encore d'acheter pour ce travail des ef-
claves à Malte, & chez tous les Peuples qui font en guerre avec les Barba-
refques ? Nous les inftruirions dans notre Religion , on les marieroit, & leurs
enfans étant déclarés libres augmente-
roient notre population.

Ce n'eft pas qu'il n'y eût encore d'autres arrangemens à prendre pour mettre en vigueur cette partie entierement
ignorée parmi nous. Beaucoup d'entreprifes ont manqué par l'impéritie des
Régiffeurs ; il conviendroit donc au
préalable d'appeller des hommes intel-
ligens dans cette partie, de faire voyager des éleves déjà inftruits dans les établiffemens étrangers. Les capitaux &c.

l'envie du gain ne manquent point ; & lorfqu'on pourra donner quelque confiance aux perfonnes qui fe propoferont pour régir ces établiffemens , on les verra bientôt floriffans. Elles éviteront deux inconvéniens dans lefquels on eft prefque toujours tombé ; le premier, de commencer par des dépenfes trop confidérables ; le fecond d'effleurer les mines fans les fouiller.

La maniere de procurer l'exploitation des mines femble auffi partager les opinions, & a peut-être donné naiffance à deux abus oppofés , qui femblent également contraires à l'objet public. L'un eft d'accorder des conceffions trop étendues ; le fecond, d'accorder trop facilement à chaque particulier la liberté d'ouvrir des puits qu'il abandonne bientôs après faute de facultés. Dans l'un & l'autre cas, l'Etat perd certainement des produits. Lorfque les conceffions font trop confidérables, il eft néceffairement beaucoup de terrain utile négligé ; on borne l'induftrie, l'emploi des capitaux; on prive les propriétaires du terrain des moyens d'en tirer un meilleur parti par la concurrence des entreprifes. Si des particuliers peu opulens ont la liberté de fouiller la terre à leur gré, ils fe laifseront gagner par les eaux, ou bien ils ne tireront point de parti d'une mine qui a besoin d'un achat considérable d'autres matieres pour être mise en valeur.

Les grands établissemens, comme les fonderies, font la dépense la plus coûteuse. Le grand point sembleroit être de parvenir à en établir plusieurs dans un même canton, & de répandre par préférence les encouragemens sur les Compagnies les plus pécunieuses. Alors il se formeroit insensiblement dans les environs d'autres Compagnies subalternes, qui ne s'occuperoient que de la fouille des mines, dont elles vendroient le produit à la fonderie qui les traiteroit le mieux. Ces établissemens divers se soutiendroient réciproquement. De toutes nos mines, celles de fer font les plus abondamment exploitées ; & malgré une longue expérience, il est assez singulier que nous n'en tirions pas tout le parti dont elles sont susceptibles. On doit l'attribuer principalement à nos Loix, qui accordent exclusivement la mine au fourneau le plus voisin ; d'où il résulte que l'entrepreneur n'est pas le maître de fondre avec tout l'avantage qu'il retireroit des mixtions, s'il étoit libre de les prendre où il en trouve de convenables ; & que la qualité n'est pas aussi parfaite qu'elle pourroit l'être.

« Que toutes maîtrises de métiers » érigées depuis les Etats tenus en la vil- » le de Blois en l'an 1576, soient étein- » tes ; sans que par ci-après elles puis- » sent être remises ni aucunes autres de » nouveau établies ; & soient ces exer- » cices desdits métiers laissés libres à » vos pauvres Sujets sous visite de leurs » ouvrages, marchandises, par experts » & prudhommes qui à ce seront com- » mis par les Juges de la Police.

» Que tous Edits d'arts & métiers, » ensemble toutes lettres de Maîtrise » ci-devant accordées en faveur d'en- » trées, mariages, naissances, Régence » des Rois & Reines, leurs enfans, ou » d'autres causes quelles qu'elles soient, » soient révoqués, sans qu'à l'avenir il » soit octroyé aucunes lettres de maî- » trise, ni fait aucun Edit pour lever de- » niers sur artisans pour raison de leurs » arts & métiers : & où aucunes lettres » de Maîtrise ou Edits seront faits & » accordés au contraire, soit enjoint à » vos Juges n'y avoir aucun égard.

» Que les Marchands & Artisans soit » de métiers Jurés ou autres métiers,

» ne payent ou donnent aucune chofe
» pour leur réception, levemens de bou-
» tiques ou autres, foit aux Officiers de
» Juftice, foit aux Maîtres Jurés, & vi-
» fiteurs des métiers & marchandifes; &
» ne faffent banquet ou autres dépenfes
» quelconques, ni même pour droits de
» Confrairies ou autrement, fur peine
» de concuffion à l'encontre defdits Of-
» ficiers, & de cent livres d'amende
» contre chacun defdits Jurés ou autres
» qui auront affifté au banquet, pris fa-
» laires, droits de Confrairies ou autres
» chofes.

» Qu'il foit enjoint aux Italiens &
» autres étrangers d'amener en votre
» Royaume Artifans à faire verres &
» poteries de fayance, tapifferies &
» autres métiers quelconques; de pren-
» dre & tenir pour apprentifs les ori-
» ginaires François qui voudront ap-
» prendre à travailler efdits arts & mé-
» tiers, fuivant & par la forme prefcrite
» par les Arrêts & Réglemens de votre
» Confeil; & où lefdits étrangers en fe-
» ront refus, qu'ils foient chaffés de
» tout le Pays de votre obéïffance.

» Soient faites défenfes à toutes per-
» fonnes de quelques qualités & con-
» ditions qu'elles foient, d'amener &

» faire entrer en votre Royaume aucu-
» nes marchandifes ouvragées d'or &
» d'argent, de foye, de laine, de fil,
» ni même de dentelles, paffemens ou
» autres quelconques manufactures de
» foye; pareilles défenfes foient faites
» de tranfporter hors de votre Royau-
» me aucunes matieres pour manufac-
» turer dans les pays étrangers, foit
» laines, fils, chanvres, drapeaux &
» autres quelconques, le tout à peine
» de confifcation defdites marchandifes
» & de mille livres d'amende à l'encon-
» tre de chaque contrevenant; afin de
» par la manufacture employer tant de
» vagabonds & gens fainéans, & empê-
» cher le tranfport qui fe fait hors de
» votre Royaume de grandes fommes
» de deniers pour achats defdites mar-
» chandifes manufacturées.

» Soit permis à tous Marchands de
» faire trafic en la nouvelle France de
» Canada & par toute l'étendue du pays
» en quelque degré & fituation que ce
» foit, & en tous autres lieux, tant de-
» dans que dehors votre Royaume, de
» toutes fortes de denrées & marchan-
» difes; & à tous artifans & autres d'ou-
» vrer & faire ouvrer toutes fortes de
» manufactures, nonobftant tous privi-

» léges concédés à aucuns, ou parties
» faites fur ce trafic & manufacture des
» étoffes de laine, tapifferies, eaux-de-
» vie, vinaigre, moutarde, & autres
» quelconques qui feront caffés ; que
» toutes interdictions ci-devant faites
» à vos Sujets de trafiquer en certaines
» marchandifes & denrées, & en quel-
» ques dénommées manufactures, foient
» entierement levées ; & que la liberté
» du commerce & trafic ou manufac-
» tures, foit *remife* en tous lieux & pour
» toutes chofes ».

Tout bon François lira fans doute
avec un mouvement de joie & de fen-
fibilité ces monumens précieux des principes de nos peres. Mais quelle honte
pour nous d'en avoir perdu la trace au
point de regarder comme des nouveautés dangereufes, ou du moins d'une utilité problématique, les mêmes propofitions que les Etats affemblés ont portées il y a 150 ans au pied du Trône !
Ces états voyoient-ils le Commerce en
Marchands ? Avoient-ils des principes
trop Anglois ? Etoit-ce même alors
des nouveautés qu'ils propofoient ? Et
n'étoit-ce pas le rétabliffement de l'ordre ancien qu'ils réclamoient, fondés
fur l'expérience, & la raifon d'Etat que

l'ignorance

l'ignorance des chofes & l'abus des formes ont défigurée depuis.

La clôture de l'affemblée fe fit le 23 Février 1615. Le Roi promit en recevant les cahiers d'y avoir tous les égards que la fituation des affaires pourroit permettre. Pour donner quelque fatisfaction fur l'article le plus defiré, il fupprima l'annuel. Mais fix femaines après on fut bien aife que les remontrances d'un grand nombre d'Officiers donnaffent occafion de le rétablir : car cette partie feule produifoit 1500 mille livres; & les befoins étoient extrêmes, comme le defordre de l'adminiftration.

Les autres articles furent fi peu obfervés, que prefque dans le même tems Concini, appellé le Maréchal d'Ancre, fit créer trois Charges de Tréforiers des penfions qui lui valurent un million. La pauvreté de l'Epargne ouvroit une branche de commerce très-riche aux Tréforiers; d'accord avec leurs protecteurs, ils achetoient à bas prix les créances fur le Tréfor, & la dépenfe entiere en étoit portée fur les Regiftres. Jamais le luxe n'avoit été porté fi haut chez les Financiers, & chez tous ceux qui étoient dans la faveur de la maifon du Maréchal d'Ancre. La France vit chez eux pour

Tome I. B b

la premiere fois en argent, ces fortes de meubles & d'uftenfiles domeftiques, auxquels l'ufage deftinoit chez les Princes même le cuivre & le fer.

Un fpectacle fi infultant pour la mifere publique, l'excès des abus, & la foibleffe des membres des Etats réveillerent le zélé du Parlement. Il porta aux pieds du Trône les gémiffemens des Peuples, y fit la peinture la plus vive des malheurs dont on étoit menacé, dévoila en détail les brigandages commis dans prefque toutes les parties du Gouvernement & particulierement dans les Finances. Il expofa les rabais énormes que s'étoient procurés pour de l'argent les Fermiers des Aides, des Gabelles & des cinq groffes Fermes; que les revenus du feu Roi étant moindres, il avoit mis annuellement en réferve deux millions, quoiqu'il dépensât environ trois millions en bâtimens & en fubfides aux étrangers, qui avoient ceffé à fa mort; que dès-lors on auroit pû épargner annuellement cinq millions avec lefquels on eût racheté pour vingt millions fur les Domaines aliénés; que la dépenfe de 1610, quoique chargée de plufieurs dépenfes extraordinaires, avoit été moins forte qu'en 1611 ; que la

Maifon de Sa Majefté manquoit des chofes néceffaires, quoique la dépenfe en
fût augmentée de 500 mille livres ; qu'il
en étoit de même de toutes les autres
parties, nommément des Gendarmes &
Chevaux - légers , & autres gens de
guerre auxquels on devoit plufieurs
montres ; que les Ordonnances pour
voyages ou autres chofes, la plûpart
fuppofées & inutiles, avoient monté
par année à dix-huit cent mille livres :
les comptans à dix-neuf cent mille livres ; les penfions à fix millions ; les
dons par rôles & acquits-patens à feize
cent mille livres à gens inconnus pour
la plûpart ou fans mérite ; que tous les
tréfors laiffés par le feu Roi étoient dif-
fipés à la réferve de deux millions cinq
cent mille livres, qui ne fuffifoient pas
pour payer les avances faites par les
Tréforiers, avec les intérêts exorbitans
qui leur étoient adjugés ; qu'il avoit été
créé de nouveaux Officiers des Finances pour les engloutir ; que les droits
révoqués à l'avenement de Sa Majefté
fur le Trône avoient été rétablis peu
de tems après au profit de quelques particuliers, fans vérification dans les
Cours Souveraines, & en vertu de fimples commiffions fcellées ; que plufieurs

impôts onéreux avoient été renouvellés, entr'autres le fol pour livre fur
toutes fortes de marchandifes. Toutes
les malverfations dont j'ai déjà parlé furent expliquées, & les preuves offertes
à Sa Majefté : on finiffoit par lui indiquer les moyens de retrancher les dépenfes inutiles pour pourvoir au néceffaire, par la fupplier de n'accorder aucune penfion aux Officiers des Cours
Supérieures, & d'ordonner que toute
gratification au-deffus de mille livres
feroit enregiftrée à la Chambre des
Comptes.

On parloit à un Roi enfant, & il
laiffa répondre pour lui les auteurs même des maux dont on fe plaignoit. Ils
ne manquèrent pas de reprocher au
Parlement qu'il entroit dans l'examen
des affaires d'Etat, qui lui étoient inter-
dites. Un Arrêt du Conseil ordonna la
fuppreffion de ces Remontrances fur
les Regiftres ; mais il ne fut point exécuté, parce qu'une prompte & fâcheu-
fe expérience prouva à ce jeune Prince, qu'autant qu'il feroit dangereux d'a-
bandonner aux Cours Supérieures une
autre autorité que celle de la confervation des Ordonnances des Rois, autant
importoit-il à fa fûreté & à la félicité

de fes Sujets, qu'il pût apprendre par cette voie des vérités qui ne pouvoient arriver autrement jufqu'à lui.

Le 8 Août 1615, le Clergé renouvella pour dix ans fa fubvention annuelle d'un million trois cent mille livres.

Pour remédier à l'augmentation du cours populaire des monnoies, on augmenta la proportion de l'or; c'eft-à-dire que la valeur du marc d'or fin fut portée à deux cent foixante-dix-huit livres fix fols fix deniers, tandis que le marc d'argent le Roi refta au même prix de vingt livres cinq fols quatre deniers. Cette opération mieux combinée que celle de M. de Sully fixa la proportion comme un à treize & un onziéme: elle étoit fort convenable; mais l'ufage mal reglé des monnoies étrangeres dans le commerce, & les rogneurs occafionnerent encore de nouvelles augmentations.

Ceux qui gouvernoient l'Etat étoient trop au-deffus des remords & de la honte pour changer de plan. Le Préfident Jeannin ne fut fans doute pas trouvé affez fertile en expédiens; il fut renvoyé en 1616, & Barbin mis à fa place avec le titre de Contrôleur Général.

Bb iij

Tous les Grands accoutumés à se faire craindre, parce que leurs fautes étoient récompensées, trouvoient sans cesse des sujets spécieux de révolte dans une administration relâchée, & qu'ils ne vouloient pas sincerement anéantir. La rigueur dont on usa envers M. le Prince étoit trop tardive pour être sage; elle renouvella la haine publique contre le Maréchal d'Ancre, effraya les Chefs de l'Etat sans les corriger, & réunit tous les Partis. Pour la troisiéme fois, on eut recours aux armes; les deux premieres guerres avoient coûté plus de vingt millions, ruiné les campagnes, suspendu le payement des impôts; les coffres étoient vuides; on remit l'impôt de cinquante sols par minot de sel; les Greffes, dont les revenus étoient estimés plusieurs millions, furent retirés des mains des partisans auxquels M. le Duc de Sully les avoit abandonnés pour seize ans, à condition de les rendre libres au Roi dans ce tems. Quoique huit années fussent déjà écoulées, les Traitans furent remboursés, & les Greffes remis en vente; on créa des places de Clerc de Tabellionage; on établit des droits de petits Sceaux avec leur doublement, de présentations &

autres ; les droits des rivieres furent
doublés *pour foulager le Peuple*, portoit
le préambule de l'Edit. Quel langage !
Pour foulager le laboureur, on arrêtoit
la vente de fes denrées !

ANNÉE 1617.

Des troupes furent levées en Suiffe,
& l'argent néceffaire y fut emprunté ;
la difette d'argent étoit générale, excepté dans les coffres du Maréchal d'Ancre. Il achetoit de tous côtés des Places, des Citadelles avec l'argent du Roi,
faifoit conftruire des fortifications inutiles à l'Etat dans fon Gouvernement de
Normandie. Enfin il fe rendit affez puif-
fant pour forcer fon Maître à diffimu-
ler avec lui. L'ordre de l'arrêter fut donné avec autant de précautions que fi la
Capitale où il étoit détefté eût dépendu
de fes ordres. Coupable de concuffions,
de renverfement des Loix du Royaume,
de correfpondances contre l'Etat, il eût
péri plus juftement par un fupplice ;
& fa mémoire, pour être condamnée,
n'avoit pas befoin des crimes ridicules
dont elle fut chargée. Après fa mort, le
Peuple en tira la vengeance dont fa baf-
feffe & fa barbarie font capables. En-

fin les circonstances de cette tragédie
arrachèrent des plaintes en faveur d'un
homme qui n'avoit excité que l'indignation pendant sa vie.

La France a eu sans doute en divers
tems des obligations signalées à un grand
nombre d'étrangers ; mais difficilement
l'usage de la Toute-Puissance y a-t-il
réussi entre leurs mains. Plus sensibles
au maintien de leur fortune qu'au bonheur d'un peuple d'étrangers ; froids sur
ces saillies de tendresse si précieuses entre le Prince & ses Sujets, & qui ne sont
connues que des cœurs François, ils ont
cherché à établir dans l'Etat une distinction d'intérêts qui en feroit insensiblement la chute.

La mort du Maréchal d'Ancre fut le
signal de l'obéissance ; les clefs des villes
surprises furent envoyées au Roi, les
troupes des Seigneurs congédiées ; enfin le promt rétablissement de l'ordre &
du calme parut du moins justifier la vérité des motifs de la prise d'armes. On
ne crut pas plûtôt que desormais le Prince se gouverneroit lui-même, que personne n'osa & ne voulut lui résister.

Cependant les troubles passés avoient
totalement épuisé les Finances ; les Princes avoient levé des tailles & des subsi-

des pour faire subsister leurs armées ; les campagnes avoient ressenti tous les maux qu'entraîne la licence des guerres civiles ; en moins de sept années les auteurs de tant de calamités avoient reçu du Roi en onze ou douze articles , près de dix-sept millions de dons extraordinaires. Le Concini & sa femme avoient en outre retiré du trésor public onze à douze millions , sans y comprendre les Edits bursaux donnés en leur faveur, & leurs diverses exactions. Si la situation présente étoit triste, les espérances n'étoient pas meilleures. Les tailles étoient montées à dix-sept millions ; le produit des autres branches de revenu étoit de quatorze millions : mais les charges formoient une déduction de 13109700 liv. Ainsi le total des impositions, depuis la mort du feu Roi, étoit déja accru de quatre à cinq millions environ ; & les parties revenant à l'Epargne n'étoient pas plus fortes ; effet naturel des emprunts & des créations de Charges. Les anciens Conseillers rappellés, le Président Jeannin établi Sur-Intendant des Finances, & le sieur de Maupeou, Contrôleur Général , ne trouverent dans une pareille confusion d'autre ressource que d'écouter les conseils de la Nation.

L'assemblée des Notables fut convo-
quée à Rouen. En attendant on fit un
effort pour soulager le Commerce en
proie aux Pirates. Le sieur Barault par-
tit de Bordeaux avec une petite escadre
de neuf vaisseaux armés le mieux que
l'on put; & après avoir escorté cent
cinquante vaisseaux marchands qui n'o-
soient sortir du port, il nettoya les côtes par la prise de sept à huit Corsaires.
Telle fut la cause ou le prétexte de la
continuation du droit de convoi de Bordeaux, dont le Commerce est resté chargé avec beaucoup moins de profit pour
le Roi, que d'incommodité pour les sujets; il avoit été racheté sous le regne
précédent.

Malgré les diverses Loix somptuaires,
l'Italie continuoit de tirer notre argent
par le grand usage que Paris faisoit de
ses dorures; les Édits furent renouvellés par Sa Majesté, & ils furent exécutés parce qu'elle en donna l'exemple
très-exactement. Expédiens plus sûrs en
France que toutes les Loix prohibitives
contre les étoffes étrangeres.

Le Président Jeannin exposa à l'assemblée des Notables les besoins de l'Etat,
l'augmentation des pensions jusqu'à six
millions, de l'entretien des gens de guer-

re à quatre millions, des garnisons extraordinaires à deux millions ; il exposa
que le Maréchal d'Ancre avoit pris deux
millions sur les quartiers de Juillet &
d'Octobre, & dix-huit cent mille livres
sur les années 1619 & 1620. Enfin il remit les propositions sur lesquelles Sa Majesté desiroit entendre les délibérations
de l'Assemblée. Pendant dix-huit jours
que dura sa tenue, on forma un cahier
de réponses dont voici les principales
dans la matiere qui fait l'objet de ces recherches.

Sa Majesté fut suppliée de n'adjuger
desormais les Fermes qu'au plus offrant
& dernier enchérisseur, après les publi-
cations faites dans toutes les Provinces,
où les encheres seroient reçues par les
Trésoriers de France. Sa Majesté fut ins-
tamment priée d'accorder la préférence
aux Villes, Communautés & habitans
desdites Provinces pour la douceur du
recouvrement. Que les adjudications ne
pussent être faites par avances de deniers sur le prix des Fermes, & qu'il ne
pût entrer en payement aucune espece
de dettes de l'Etat. Que les différends
au sujet de l'exécution des baux à ferme
entre parties fussent jugés & terminés
par les Juges ordinaires ; qu'il ne fût accordé aucun article d'évocation, afin

de rendre inutile la subtilité des Fermiers qui introduisoient dans leurs baux des clauses vagues & obscures ; d'où ils prenoient occasion d'augmenter continuellement leurs droits à la faveur de leur argent & de leurs protections.

Qu'il ne fût accordé dans un Conseil du Roi aux Financiers aucuns rabais sans grande connoissance de cause & sans information préalable dans la forme prescrite par les ordonnances ; que les Fermiers ne pussent jouir du rabais qu'ils ne fussent enregistrés & vérifiés aux Cours souveraines.

Les dépenses s'étant accrues à mesure que la recette diminuoit, & l'économie étant toujours l'opération de Finance la plus sûre, la plus favorable au peuple, Sa Majesté fut très-humblement exhortée à faire réduire l'entretien des gens de guerre & des garnisons sur le pied qu'il étoit lors du décès du feu Roi, de faire démolir toutes les fortifications de l'intérieur du Royaume.

De réduire les pensions à trois millions, & moins s'il se pouvoit ; d'ordonner qu'elles ne seroient plus payées en vertu de simples brevets, à moins qu'elles ne se trouvassent sur l'état signé de la main du Roi ; de supprimer les charges de Trésoriers des pensions, source d'une infinité de malverfations à raifon des préférences, des efcomptes & autres exactions.

De réduire les gages des Officiers de fa maifon fur le pied qu'ils étoient à la mort du feu Roi, & d'établir dans les dépenfes de fa maifon un fi bon ordre qu'il ne payât que les confommations réelles.

Cette propofition étoit convenable de la part de l'Affemblée; mais quel Miniftre feroit jamais affez courageux pour porter la lumiere dans ce labyrinthe obfcur, pour tâcher à la fois d'augmenter la magnificence & l'éclat de la maifon Royale & diminuer les frais ? Son crédit réfifteroit difficilement aux clameurs d'une multitude avide & plus difficile à contenter que toute la Cour même; les abus retranchés diminueroient le prix des Charges, & dès-lors le produit des grandes Charges de la Couronne. Cette hydre eft très-formidable.

On propofoit enfuite au Roi d'ordonner un fonds limité à l'Epargne pour payer les menus dons & récompenfes, fans qu'il fût jamais permis d'en acquitter d'autres que fur ledit fonds; de n'employer aucune efpece de don dans les comptans qui fe font pour la néceffité des affaires du Roi ; l'Affemblée regardant l'inexécution de cette regle comme le principe des plus grands defordres dans les Finances.

Pour empêcher que , par importunité ou autrement il ne fût à l'avenir expédié des acquits de comptans pour dons ou gratifications , l'Affemblée fupplia très-inftamment Sa Majefté de révoquer , par des Lettres patentes adreffées à fes Chambres des Comptes , tous payemens de dons & de gratifications faits par cette forme ; défendant aux Comptables d'en faire le payement fous peine de reftitution par eux ou leurs héritiers, & amende du quadruple. En outre qu'il plût à Sa Majefté faire exactement garder les Ordonnances contre les fuppofitions de noms dans les acquits de don ; *d'obliger toutes perfonnes d'exprimer dans leurs placets & dans les acquits-patens les dons & bienfaits qu'elles auroient déja reçus de Sa Majefté, à peine d'être déchus de la derniere grace.*

Sa Majefté étoit priée de confidérer que la fomme des Tailles avoit augmenté de jour en jour , quoique le nombre des exemptions fe fût multiplié à l'infini ; qu'un moyen naturel de foulager le peuple fans diminuer la recette, feroit de ré-

voquer les exemptions & abonnemens
de Tailles accordés pour de l'argent,
toutes Lettres d'annobliſſement données depuis trente ans pour argent, &
ſans juſte cauſe; de réduire tous les Officiers commenſaux de la Maiſon du Roi,
de celle des Reines, de Monſeigneur,
de l'Ecurie, Venerie, Fauconnerie,
Amirauté, Artillerie, & autres grandes
Charges de la Couronne, quant à l'e-
xemption de la Taille, au même nombre qu'ils étoient lors de François I.

On voit, pour le dire en paſſant,
combien l'abus des priviléges eſt ancien:
ſans ceſſe attaqué, quelquefois anéanti,
& toujours reſſuſcité peu de tems après,
il aura une durée égale à celle des beſoins attachés au maintien d'un grand
Etat, au deſir naturel de ſe ſouſtraire
aux contributions, & plus encore aux
gênes & à l'aviliſſement. Car dans le
fond les priviléges coûtent réellement
plus à leurs acquéreurs qu'ils n'épar-
gnent de Taille; excepté cependant les
charges de Secrétaire du Roi, à cauſe
de l'exemption des lods & ventes dans
le Domaine du Roi. L'augmentation
des richeſſes accroîtra encore cette ſoif
des exemptions. Et tant que les impôts
ne ſeront pas aſſis de maniere à percevoir

des particuliers à raifon de leur aifance ;
la condition de l'Etat ne s'améliorera
prefque point ; une portion des fujets
vivra dans l'opulence, tandis que l'autre dépérira journellement. Les Priviléges
font onéreux fans doute ; mais l'expérience de tant de fiecles devroit prouver qu'ils font enfantés par le vice de
l'impôt, qu'ils font faits pour marcher
de compagnie à quelques inftans près
d'une réforme paffagere.

Les Notables fupplierent Sa Majefté
de n'admettre dans les Offices inférieurs
de fa Maifon perfonne qui ne fût de condition requife pour exercer réellement
l'emploi dont il étoit pourvû.

De ne plus permettre la vente des
Charges nobles de fa Maifon, de celle
des Reines, Princes & Princeffes, des
Charges de la guerre, & particulierement des Gouvernemens ; afin de multiplier les emplois pour fa Nobleffe, de
pouvoir récompenfer fes ferviteurs,
fans augmenter l'état des penfions, &
d'être fervi d'une maniere plus conforme à la majefté de fon Trône.

De révoquer & d'annuller toutes fortes de Brevets, de réferves & de furvi-
vances fur les Charges & les Bénéfices,
& de faire de ces trois derniers articles

une

une Loi fondamentale du Royaume auffi importante pour maintenir l'émulation parmi ſes ſujets, que pour la conſervation de ſon autorité.

Le Commerce ne fut point oublié. « L'Aſſemblée, conſidérant combien il » importe à la réputation & à la gran- » deur du Roi, à l'avantage de ſon ſer- » vice, à la commodité de ſes ſujets, » que la navigation & le trafic par mer » ſoient rendus libres & ſûrs, & que » l'expérience a fait voir que les excep- » tions faites de la liberté du Commerce » au-delà de la Ligne donnent lieu aux » fréquentes dépradations & aux Pira- » tes Forbans de tenir la mer : eſt d'avis » qu'il plaiſe à Sa Majeſté pourvoir au » plutôt aux moyens néceſſaires pour » entretenir dans ſes principaux Ports » & Havres des vaiſſeaux de guerre gar- » des-côtes en nombre ſuffiſant ; de faire » traiter par ſes Ambaſſadeurs avec les » Princes étrangers ſes alliés, à ce que » la même liberté de trafiquer que leurs » ſujets ont en France, ſoit accordée » réciproquement aux François ; en at- » tendant que l'on ait trouvé les moyens » propres & convenables pour rétablir » la navigation, & pourvoir à la facili- » té & ſûreté des voyages de long cours.

Tome I. C c

» L'assemblée est aussi d'avis, sous le bon
» plaisir de Sa Majesté, que lesdits voya-
» ges ne soient empêchés aux particu-
» liers. Que toutesfois Elle gratifie le
» plus qu'Elle pourra ceux qui se présen-
» teront pour faire des Compagnies pour
» lesdits voyages de long cours, sans en
» priver ses autres sujets.

Je saisis avidement toutes les occasions de rendre hommage à la mémoire
& aux bons principes de nos peres. J'a-
vouerai même que plus j'ai remonté,
plus j'ai trouvé qu'ils étoient opposés à
ces préjugés d'exclusif & de monopole
dont on a fait depuis, pendant si long-
tems, des principes d'administration.
Dans les anciens Capitulaires il est bien
parlé de chefs-d'œuvre des ouvriers,
mais nulle part d'apprentissages, de Lettres de maîtrises. Il ne faut qu'un oudeux
ignorans accrédités pour pervertir dans
un Etat l'esprit des Loix les plus saines.
C'est à la grande influence des Favoris
& des Financiers, sous le regne de Henri
III, que l'on doit rapporter la plupart des
établissemens funestes au Commerce.

Les guerres civiles & étrangeres, le
peu d'attention qu'on a apporté pendant
très-long-tems à l'administration intérieure, la mauvaise éducation de ceux

qui se destinoient au maniment des affaires publiques, entretinrent tous les
abus, & l'ignorance toujours arrogante
& décisive produisit cette maxime insen-
sée, que l'Etat tournoit depuis tant de
siécles sur le même pivot ; qu'il seroit
dangereux d'y apporter le moindre
changement. On doit s'applaudir de
trouver dans nos vieux livres & dans
nos anciennes Ordonnances de quoi re-
vendiquer la lumiere que nous pensions
communément avoir été révélée aux
Anglois & aux Hollandois avant nous.

Il fut encore question de la vénalité
& de l'hérédité des Charges : la proposition de Sa Majesté à ce sujet est remarquable : elle porte, « Que la plus utile
» réformation qui se puisse apporter à
» l'Etat est la suppression & réduction
» des Offices, & d'en ôter la vénalité ;
» par la multitude desquels Offices les
» peuples sont divertis de la marchan-
» dise, du labourage, & autres actions
» utiles à l'Etat, pour s'affainéantir en
» des Charges la plupart inutiles, ou y
» re chercher de l'exercice en mangeant
» & dévorant le peuple.

Le Roi remarquoit que cet abus ne
pouvoit être réformé sans un grand
fonds, pour suppléer aux Parties ca-

fuelles. C'eſt ſurquoi l'Aſſemblée ne trouva point d'expédiens convenables.

Le droit d'annuel ne laiſſa pas d'être ſupprimé ; mais le droit de prêt fut conſervé, quoique d'un produit très-médiocre. Dès-lors le Réglement ne pouvoit avoir l'effet deſiré, puiſqu'en payant ce prêt, le titulaire gardoit le droit de réſignation des quarante jours en faveur de qui bon lui ſembloit. Peut-être ceux qui diſpoſoient des volontés du Roi & des Finances voulurent-ils faire un ſacrifice qui ne pouvoit ſubſiſter, pour être en quelque façon excuſés ſur l'inéxécution d'autres réformes plus ſûres & plus utiles. En effet, après ce qu'on vient de dire dans le préambule de la vingt-uniéme propoſition de Sa Majeſté, ne doit-on pas être ſurpris de voir ériger ou confirmer une foule de nouveaux Offices ?

Les Procureurs furent érigés en titre d'office. Le motif véritable de cet Edit étoit le beſoin, mais leur trop grand nombre en étoit le prétexte, raiſonnable en ſoi. En reſtreignant la permiſſion d'exercer un emploi qui ne peut être utile à la ſociété ſans la charger, il ſemble qu'on fait un grand bien. Car s'il eſt

libre, les hommes s'y porteront dans une
proportion plus forte qu'il ne convient
au Public. Auſſi ne faut-il point confondre cette création avec l'Edit qui portoit attribution d'hérédité, en payant
finance, à pluſieurs petits Offices, ſans
gages, qui ne tenoient aucun lieu dans
l'adminiſtration de la Juſtice & des Finances; ſavoir Courtiers de vins, laines, cuirs, & de toutes autres marchandiſes; Auneurs, Viſiteurs de draps &
de toiles, Vendeurs de poiſſon frais,
ſec & ſalé, Vendeurs de bétail à pied
fourchu, Meſureurs & Porteurs de
bleds, Jurés Meſſagers des villes, Jurés Maçons & Charpentiers, Clercs de
l'Ecritoire, Contrôleurs des plâtres de
Paris, Contrôleurs aux portes de la
Ville, Arpenteurs & Meſureurs Jurés
des terres, bois, eaux & forêts.

La plupart de ces Officiers étoient autant de Tyrans érigés pour mettre le
Commerce à contribution, gêner ſa liberté, décourager les Artiſans, les Marchands, & anéantir la conſommation.
Auſſi le peuple, ſur qui retomboit à
plomb cette nouvelle charge, jetta-t-il
de grands cris qui ne furent point en-
tendus.

Il y eut un Edit pour la revente du

Domaine royal aliéné, du fonds & propriété des bois en gruerie, grairie, tiers
& danger des forêts du Duché d'Orléans, & des autres Provinces ; pour la
vente & revente des droits des petits
sceaux avec augmentation pour l'attribution aux Greffiers des présentations
de quatre sols d'augmentation sur l'ancien droit. C'est avec de pareilles ressources que se soutinrent les Finances
pendant les années 1618, 1619 & 1620.
C'est ainsi que, sans rien faire pour ouvrir de nouvelles sources à la Finance,
c'est-à-dire, sans favoriser l'Agriculture,
les Manufactures, & la Navigation ; sans
chercher dans la meilleure combinaison
ou dans l'amélioration des impôts établis, des secours proportionnés aux besoins ; enfin sans recourir à l'ordre & à
l'économie dont le regne précédent
avoit signalé les effets prodigieux, on
épuisoit pendant la paix la substance du
peuple, & les expédiens réservés à un
tems de nécessités fâcheuses.

Ces objets desagréables ne doivent
pas cependant me faire oublier que le
sieur Champlain arriva en 1618 du Canada avec deux vaisseaux chargés de
Pelleteries ; qu'il avoit poussé ses établissemens jusqu'aux Iroquois, & fait

alliance avec toutes les nations fauvages dont celle-là est ennemie.

La révolte de ceux de la Religion prétendue Réformée acheva d'écraser les campagnes qui furent le siége de la guerre. Cependant l'augmentation des impôts devint une nécessité, ainsi que cette foule des autres desordres qu'entraîne l'aliénation des revenus de l'Etat.

Tel fut le fruit de la fatale politique qui avoit imaginé les places de sureté. Au droit naturel de la liberté de conscience on associa des intérêts politiques qui tinrent bientôt le premier rang. On s'accoutuma de part & d'autre à les confondre; & suivant le cours ordinaire des choses, les Protestans dûrent perdre insensiblement une liberté légitime, qu'on n'eût jamais songé à leur disputer, s'ils n'avoient prétendu à une puissance qui ne leur appartenoit pas.

ANNÉE 1621.

A l'occasion des troubles, une ordonnance de M. de Lesdiguieres rétablit la douane de Vienne sous le nom de douane de Valence, mais avec beaucoup plus d'étendue. Car il fut arrêté que le droit se leveroit sur toutes sortes de marchandises du Levant, d'Espagne, de Provence, & de Languedoc allant à Lyon par terre ou par eau, & entrant en Dauphiné par la Savoye, Genêve ; & aussi sur toutes les denrées du Dauphiné, Lyonnois, Beaujolois, Bresse, Bourgogne & autres Provinces, qui seroient conduites en Languedoc, Provence, Piémont & autres lieux par terre ou par eau : les obligeant de passer par Valence pour y acquitter le droit. En même tems les Bureaux de conserve furent répandus de tous côtés, & poussés jusqu'aux extrémités du Dauphiné. Le Tarif de la douane de Vienne fut adopté.

Toutes ces Provinces, & la ville de Lyon en particulier, ressentirent promptement les fatales conséquences de cet établissement ; elles joignirent aux plus vives représentations l'offre d'acquitter par quelque autre secours les assignations qui pouvoient avoir été faites sur cette nouvelle branche de revenu. En conséquence on convint d'imposer pendant six années sept sous sur chaque minot de sel, qui se prendroit dans les greniers destinés à la fourniture du Dauphiné, vingt sous sur chaque minot de sel

sel vendu dans le grenier de Lyon, &
cinq sous par minot dans les autres greniers des gabelles de Lyonnois.

Ces crues subsistent encore, mais ne
garantirent point le Commerce & les
peuples de la douane de Valence.

En 1625 elle fut rétablie sous prétexte des grandes dépenses que le Roi étoit
obligé de faire pour l'entretien de ses
armées contre les rebelles. La premiere
proposition n'ouvrit point les yeux sur
le choix des moyens, sur les véritables intérêts de l'Etat : « Les Marchands
» se plaignent toujours, disoient les
» douaniers ; il ne faut pas écouter ces
» gens-là. Peut-on croire que le Com-
» merce tombe quand on voit des Mar-
» chands riches » ? La postérité a payé
bien cher cette faute, & nous en verrons les effets. Cependant soit que les
Ministres suivans ayent manqué de
tems, de courage, de stabilité, ils se
sont contentés de reconnoître le mal &
d'en rejetter le blâme sur leurs prédécesseurs. Insensiblement les choses sont
devenues une affaire de coutume, &
cette Nation taxée d'inconstance se montre la plus opiniâtre à conserver les
fausses mesures qu'elle a une fois em-
brassées.

Tome I.   D d

Nous suivrons ici l'histoire de la douane de Valence, afin de ne point trop
séparer les objets.

En 1626 le bail en fut passé pour la
somme de 400,000 liv. pendant trois années. Mais les Fermiers suivans se trouverent hors d'état d'en soutenir le prix ;
parce que le Commerce avoit cessé ou
avoit changé de cours. Pour remedier
à ces non - valeurs, le droit fut tiercé
en 1640 sur les sept premiers articles
du Tarif. Cette nouvelle augmentation
détourna encore une partie du Commerce qui subsistoit : mais les Fermiers
l'allerent forcer dans ses dernieres is-
sues. Dès l'an 1642 leurs Bureaux for-
merent une chaine depuis le Dauphiné
jusques dans la Provence , le Languedoc, le Vivarais , le Forès , le Lyonnois, la Bourgogne , la Bresse , le Bugey , le pays de Gex , & l'Auvergne.
Ils furent bien servis ; & les commis
continrent tellement le Commerce de
ces Provinces, que les communications
furent en peu de tems réduites à celles
que la nécessité rendoit indispensables.
Les produits cependant diminuoient
toujours d'autant.

La Ville de Lyon représenta que la
ruine de son Commerce avoit suivi la

progreſſion de l'auſtérité de la régie des douaniers de Valence. Elle envoya des détails frappans ſur la diminution des diverſes branches de ſon Commerce. Enfin elle terminoit ſa requête en demandant que le payement de la douane fût au moins reſtreint au paſſage, devant Vienne & Sainte-Colombe, des denrées de Provence, Languedoc & Vivarais allant à Lyon, & réciproquement ; qu'il fût défendu aux douaniers de rien exiger ſur ce qui venoit à Lyon de l'Auvergne, du Limouſin, de la Marche, du Poitou, de la Guyenne, du Bugey, de la Breſſe, de la Savoye, de l'Allemagne. On ne leur accorda point le fond de leur demande ; ſeulement en 1644 les denrées apportées de l'Auvergne, du pays d'Aunis, du Limouſin, & de toute cette bande furent déchargées du payement de la douane de Valence ; mais les bureaux furent conſervés.

Par un uſage qui s'introduiſit alors, les denrées qui paſſoient de Lyon en Breſſe, en Bugey & au pays de Gex, excepté les ſoies, furent exemptées lorſqu'elles ſe tranſportoient par terre.

La Ville de Lyon & diverſes Communautés ſoit du Languedoc, ſoit des

Provinces voifines, revinrent à la charge à l'occafion d'une foule de procès
qui s'élevoient chaque jour avec les
douaniers. Ceux-ci l'emporterent, leurs
prétentions arbitraires furent toujours
confirmées & s'accrurent chaque jour.
Le Rhône qui avoit toujours été cenfé
appartenir au Languedoc dans la difcuffion des droits du Domaine, continua
de l'être pour exiger le droit de foraine ; mais il fut regardé comme appartenant au Dauphiné à l'égard de la
douane de Valence. Enfin tout ce qui
fort de Provence, de Dauphiné, de
Languedoc, & paffe dans l'étendue de
la Ferme, doit payer le droit au paffage. L'effet de ces impofitions a été de
détruire le Commerce des beftiaux autrefois fi confiderable en Dauphiné,
d'occafionner des tours & détours aux
marchandifes des Provinces limitrophes, dont les frais font prefqu'auffi
coûteux que la douane même ; mais
on épargnoit la rencontre des régiffeurs;
enfin de diminuer les confommations
intérieures & extérieures à un point
qu'il n'eft pas poffible d'exprimer.

Je n'ai parlé jufqu'à préfent que de
l'étendue de la douane de Valence ;
mais la maniere de percevoir le droit

n'est pas moins onéreuse. Il a été remarqué, en parlant de la douane de
Vienne, que le Tarif distinguoit vingt
classes de marchandises, non pas suivant leur nature, mais à-peu-près suivant leur prix & qu'elles devoient
payer au poids. Quoique ce Tarif ait
reçû sept changemens différens, on
n'a rien changé à la forme ; on s'est
contenté d'augmenter les droits de chacune de ces classes, & dans les dernieres éditions de marquer la proportion du quintal & de la livre. Le dernier de ces Tarifs est celui de 1659,
qui a été imprimé plusieurs fois, sans
qu'aucune des copies se ressemble. Il
contient dix-neuf classes de marchandises seulement ; & celles qui n'y sont
point spécifiées furent assujetties à un
droit de 2 $\frac{1}{2}$ pour cent avec les quatre
sous pour liv. du montant des droits.

Le poids usité à la douane de Valence fut d'abord celui de table, plus
foible de quatorze pour cent que celui de marc. Comme cela occasionnoit
beaucoup de discussions, le poids de
marc fut ordonné en 1734, & le droit
accru d'un septieme en compensation.

Il est évident que cette forme de Tarif est contre toute bonne police, qu'elle

D d iij

est susceptible d'une infinité de surprises. Cependant le Commerce effrayé par l'expérience du passé a toujours mieux aimé se soumettre à l'abus que de consentir à la réforme, de peur que sous ce prétexte on n'augmentât encore les droits. Il y a long-tems que de bons esprits ont avancé qu'en politique même c'est être bien peu adroit que de tromper : mais les génies étroits sortent difficilement de leur petit cercle de ruses ; & il est rare que le service public fasse sur ces sortes de gens une impression proportionnée au respect & à l'amour dont il devroit pénétrer.

La douane de Valence a acquis entre les mains industrieuses des régisseurs, une propriété particuliere ; c'est celle de pouvoir être perçue deux fois sur la même marchandise. Cela arrive. 1°. lorsque les marchandises, après avoir payé le droit, sortent de l'étendue de la Ferme pour y rentrer, soit en continuant leur route, soit en retrogradant. C'est-à-dire, qu'une denrée qui sort de Provence pour aller à Lyon, payera la douane de Valence au premier bureau de Dauphiné au-dessous de Lyon ; & si de-là elle continue sa route, elle payera dans les bureaux au-dessus de Lyon. 2°. Lors-

que les marchandises étant entrées dans
la partie de la rivicre de Rhône censée
par le Fermier appartenir au Dauphiné,
sont déballées, commercées, ou qu'elles changent de main, la douane est dûe
au premier bureau où l'on passe. 3°. Si
une marchandise séjourne plus de jours
dans l'étendue de la Ferme que son *trai-
sit* n'en devoit employer, elle est censée commercée; c'est-à-dire, qu'il est
défendu aux voituriers de tomber malades; il leur est enjoint de garantir
soit leurs bateaux, soit leurs mulets,
de tout accident inopiné, sous peine
de payer deux fois. 4°. Lorsque les denrées entrées dans l'étendue de la Ferme
y ont reçu quelque changement dans la
forme, ou qu'autrement elles y ont
été manufacturées, elles doivent
en sortant payer une seconde fois la
douane. Cette derniere regle avoit été
imaginée pour faire payer un double
droit aux soies envoyées de Lyon à
Nantua en Bugey pour être ouvrées.
Elles y ont été assujetties jusqu'en 1720;
alors la nécessité de soulager un peu le
Commerce pour rétablir le Royaume,
fit supprimer cette seconde douane sur
les soies seulement.

Ces quatre regles ne furent pas con-

D d iiij

trouvées d'abord. Mais à mesure que la régie se perfectionna, on les vit éclore successivement; les effets en furent merveilleux. Les Foires de Beaucaire diminuerent considérablement; parce que les marchandises invendues étant obligées de payer une seconde douane, les marchands préférerent d'autres genres de Commerce. Il y avoit autrefois dans la Ville de Briançon un entrepôt où beaucoup de marchands du côté de la Savoye apportoient les denrées qu'ils avoient achetées à Beaucaire, afin de les troquer dans le mois de Septembre à la Foire de Briançon contre diverses denrées du Dauphiné. Cette branche, pour ainsi dire, de la Foire de Beaucaire la rendoit plus considérable, & établissoit une circulation de denrées très-utile au Dauphiné & au reste du Royaume, d'où les marchandises y pénétroient en faveur de cet échange. Les Fermiers trouverent l'entrepôt contraire à la loi, sévirent, & les marchands disparurent.

Enfin j'observe notre embarras lorsque des pieces autentiques nous apprennent que dans des tems regardés aujourd'hui comme barbares, les manufactures de Lyon & de Tours occupoient

trois fois plus d'hommes & de matieres.
Mais on ignore fans doute qu'alors la
douane de Valence n'exiftoit pas, que
la douane de Lyon n'étoit pas autant
établie pour produire un revenu que
pour réprimer l'excès des importations
étrangeres. Dans ces vieux tems il y
avoit en Dauphiné plufieurs manufactures de laines très-confidérables ; aujourd'hui à peine les veftiges en font-
ils connus dans les villages des environs.

Pour ne pas s'appefantir fur des détails fi peu fatisfaifans, on obmet une
quantité de troubles & d'incidens que
les régiffeurs ont fufcités : comme à
l'égard des menues denrées portées à
bras au-deffous de vingt livres qui ne
devroient pas payer; du fromage & du
beurre qui payent même dans cette
quantité contre l'efprit de la loi. Divers
articles ont été tranfportés d'une claffe
à l'autre au gré des commis, & un long
ufage en a fait un titre légitime.

Je finirai par un exemple de contrainte qui paroît leger dans fon principe, & qui peut avoir des fuites importantes. Les habitans de Provence a-
voient coutume de faire paffer en Dauphiné pendant l'Eté les moutons qu'ils
avoient nourris pendant l'Hyver. Les

commis à la fin de l'Automne exigeoient au retour le droit à raison de deux livres de laine par mouton tondu en Dauphiné : mais comme il en meurt , que les animaux carnaciers en dévorent toujours quelques-uns , les commis ne laissent pas de percevoir le droit sur les absens. Les Provençaux ont pris le parti de tondre leurs moutons avant de les envoyer en Dauphiné, c'est-à-dire , avant que la laine ait pû atteindre son accroissement & sa maturité.

Quelle que fût cependant l'avidité des commis, le Clergé de Vienne trouva un jour le secret de s'y soustraire. On voulut lui faire payer la douane sur la dixme des vignes qui sont dans le territoire de Sainte-Colombe : les Ecclésiastiques allerent processionnellement avec Croix & Banniere chercher leur vendange , qui depuis a toujours passé librement.

Quelqu'onéreuse que soit la douane de Valence, il est constant qu'elle eût fait moins de ravages si les Ministres eussent veillé plus exactement dans les tems à empêcher toute innovation dans la régie. Les commis, pour se faire valoir auprès de leurs commettans , sont toujours portés à exercer des rigueurs,

à imaginer de nouvelles gênes qu'ils
préfentent comme effentielles à la confervation des produits, fans prévoir
qu'ils peuvent fouvent les altérer réellement par ce moyen. Ceux-ci fur la
foi de pareils rapports follicitent des
décifions ; l'ufage devient loi fans avoir
approfondi s'il eft bon ou mauvais: un
bail fuivant afferme non-feulement le
droit en foi, mais la maniere dont il s'é-
tend & fe perçoit ; les Fermiers établif-
fent des principes très-juftes & très-lé-
gitimes d'ailleurs fur la perception telle
qu'elle leur eft abandonnée & engagée.
Alors toute propofition de changement
paroît altérer les conditions du bail ;
la crainte de l'incertitude des produits
paffe également chez le Miniftre ; on
convient du mieux, & les chofes reftent dans le même état.

Ces objets font d'une telle importance, qu'il a paru convenable de les ref-
ferrer. Reprenons le fil des événemens.

Pour faire les fonds néceffaires au
foutien de la guerre, le droit d'annuel
fut rétabli pour neuf ans, à condition que chaque titulaire payeroit fur
le champ le foixantieme denier de l'é-
valuation ancienne de fon Office, &
feroit un prêt du quinzieme denier de

la même évaluation avant d'être reçu
à payer l'annuel.

Les Officiers de Cours Souveraines
furent cependant exemptés de l'avance
du quinzieme, sans doute parce qu'ils
étoient les plus riches ; car cette méthode paroît passer en principe. Quelques mois après, l'avance du quinzieme
denier fut modérée au trentieme en
faveur des Juges Royaux dépendans
des Parlemens, & pour tous autres
Officiers au vingtieme. Remarquons à
cette occasion, que les Charges dé-
volues au Roi pendant le court intervalle de la suppression de l'annuel, furent presque toutes données à des gens
d'armes, à des valets-de-chambre.
On vit enfoncer les portes d'Officiers
malades, afin de sçavoir le moment du
décès ou l'espérance qu'on en pouvoit
prendre.

Quatre cent mille livres de rentes
furent créées sur les gabelles au principal de six millions quatre cent mille
livres ; mais comme on en composa
avec les Traitans, il est vrai-semblable que l'épargne en retira beaucoup
moins.

Aussi eut-on recours à l'établissement d'un Greffier des affirmations en

chaque Election , avec le pouvoir de recevoir les droits de vérifications & fignatures des rôles des Elus , & attribution de quatre den. pour liv. de toutes levées tant ordinaires qu'extraordinaires.

Autre Edit pour l'attribution aux Greffiers des Elections de fix den. pour liv. fur tous les deniers impofés fur les fujets contribuables aux tailles.

Les Traitans ne donnerent de ces deux Edits que quatre millions , quoique le dernier feul eût dû les produire, à ne fuppofer les tailles qu'à quinze millions. Quelles reffources ! quelle adminiftration !

Le Clergé en cette occafion offrit un fecours de trois millions fix cens trente-fix mille fept cens foixante-huit livres , à condition qu'il ne pourroit être employé qu'au fiége de la Rochelle. Rien de plus noble & de plus fage que les vûes expofées dans fes remontrances , & dans la harangue de Pierre Cornulier Evêque de Rennes. « La fupplication qui nous refte à vous faire , » difoit-il au Roi, c'eft qu'il vous plaife » de ne pas calmer cet orage par les » moyens employés au paffé.... Cette » paix n'en eft point une, elle n'en re-

» tient que le nom ; c'eſt un mal fardé
» ſous l'apparence d'un bien. Non ,
» Sire, que nous voulions détourner
» les effets de votre clémence envers
» les particuliers qui, touchés d'un vrai
» repentir de s'être armés contre Votre
» Majeſté , auront recours à ſa bonté.
» Nous ſçavons qu'un grand Monarque
» comme vous ſe plaît plus à ſauver
» ſes ſujets , à leur pardonner, qu'à
» les détruire & à les perdre ; mais tous
» ces avantages qui leur ont été don-
» nés au paſſé par ces Edits généraux
» de pacification, n'ont ſervi qu'à les
» rendre plus opiniâtres, à guider leur
» erreur contre Dieu , & leur rebellion
» contre vous: tant de fois s'accorder,
» tant de fois ſe mutiner , tantôt ſe
» mettre au joug , tantôt le ſecouer ;
» ce ſont toutes marques de leur infidé-
» lité , & de notre foibleſſe tout enſem-
» ble.

    » Moins encore prétendons-nous dé-
» raciner leurs erreurs par la force & la
» violence ; reconnoiſſant la liberté
» gravée naturellement dans l'eſprit de
» l'homme; que celui qui s'y introduit
» par force n'eſt guere de durée, moins
» encore de mérite pour ſa foi qui doit
» être libre & s'inſinuer doucement par

» inspiration divine, par patience, par
» remontrances, par toutes sortes de
» bons exemples. Aussi est-ce par cette
» douce contrainte que nous espérons
» voir fuir l'hérésie des bords de votre
» Royaume, & dissiper ce venin qui a
» corrompu tant de bonnes parties de
» l'Etat. Ce sont-là, Sire, les armes
» dont nous prétendons nous servir
» pour les ramener à la vraie Religion
» dont ils sont séparés.

Au milieu du tumulte & parmi le
trouble des affaires, un particulier nommé François du Noyer de Saint-Martin
entreprit de faire valoir les Arts paisibles. Il proposa l'établissement d'une
Compagnie Royale & générale de Commerce & de Navigation, sans préjudi-
cier à la liberté du Commerce général.
La Cour lui permit de publier son plan,
& d'inviter à son association les particuliers, les Villes & les Communautés.
Quelque utiles que fussent ces vûes,
elles étoient trop étendues, & les tems
n'étoient pas assez tranquilles pour les
exécuter. Le projet ne réussit point.

ANNÉE 1622.

Les dépenses de la guerre étoient
telles que le besoin d'argent se fit bien-

tôt fentir. Le Comte de Schomberg, fucceffeur du Préfident Jeannin dans la Sur-intendance, fit briller fes talens. Douze Edits burfaux furent dreffés & vérifiés aux Cours Souveraines, portant.

Création de deux places de Confeillers en chaque Préfidial, Baillage, Prévôté, attributions d'Office de Confeiller aux Avocats du Roi en chaque Jurifdiction.

En chaque Election, d'un Confeiller & premier Elu Affeffeur, d'un Confeiller Elu, d'un Avocat & d'un Procureur du Roi.

En chaque Grenier à fel, de trois Receveurs particuliers héréditaires, trois Confeillers Receveurs généraux & Provinciaux héréditaires, trois Confeillers Contrôleurs auffi héréditaires, en chaque Généralité.

Trois Offices de Confeillers Tréforiers de toutes les Fermes des Gabelles, trois Confeillers Tréforiers généraux, & trois Offices de Confeillers Contrôleurs généraux de toutes les Fermes domaniales & d'impofitions, fubfides, avec augmentation de gages aux Tréforiers & Contrôleurs des Fermes, au lieu des taxations à eux attribuées.

Deux

Deux Conseillers Commissaires particuliers des vivres en chaque Election, avec attribution de deux deniers pour livre sur tous les deniers qui se levent sur les contribuables aux Tailles.

Trois Trésoriers & Contrôleurs provinciaux de l'extraordinaire des Guerres de Béarn.

Trois Conseillers Contrôleurs généraux des rentes sur les Gabelles & Greniers à sel, avec augmentation de gages aux Conseillers Contrôleurs généraux des Gabelles.

Augmentation de gages, réglement de droits & taxations attribués aux Officiers des Elections.

Attribution aux Receveurs des Tailles d'un denier pour livre sur les deniers de leur recette, outre & par-dessus les trois deniers à eux attribués ci-devant.

Attribution aux Greffiers des Elections de six deniers pour livre sur tous les deniers qui se leveront sur les Taillables.

Etablissement, vente, revente, & engagement des Charges & Offices des Gardes des petits Sceaux, places de Maîtres Clercs en chaque Election. Attribution de quatre deniers par livre sur tous deniers levés sur les contribuables.

Réglement des droits que prendront les Mesureurs & Porteurs de sel héréditaires.

Quelle fertilité d'expédiens ne falloit-il pas pour imaginer autant de titres ? Mais considérons plûtôt les funestes conséquences d'une administration qui n'a point de principes , & dès-lors subjuguée par les Traitans. On aliénoit à perpétuité les revenus de l'Etat , dont il faut toujours que le peuple fasse le remplacement. On augmentoit la charge de ce peuple , par la multiplicité des priviléges & par celle des nouvelles formalités qu'entraîne la création des Offices ; car il faut leur attribuer des fonctions. Enfin ce qui ne contribue pas moins à la surcharge publique , on introduisoit une foule de moyens nouveaux de vivre honorablement dans l'oisiveté. Ces réflexions ont déjà été présentées ; elles sont d'une telle importance , qu'on les répetera encore ; l'occasion ne s'en présentera que trop souvent : puissent-elles détourner pour toujours de semblables abus , & prouver la nécessité d'en corriger les effets par un grand nombre de suppressions !

On composa à l'ordinaire avec les

Traitans, de ces belles inventions. J'i-
gnore ce que l'on en retira ; mais j'obferve qu'en deux ans le Roi avoit aliéné dix-neuf deniers par livre fur toutes
les fommes payées par les contribuables aux Tailles, fans compter les attributions précédentes. La totalité des
Tailles pouvoit aller à vingt cinq millions ; ainfi l'aliénation en ces deux années fut d'environ deux millions de
rentes, qui devoient produire un principal de trente-deux millions.

ANNÉE 1623.

Dans ce tems, un nommé Bourgoin,
fort au fait des affaires des Financiers,
dont il dreffoit les états de compagnie,
offrit caution d'une certaine fomme,
s'obligeant, fi l'on vouloit en faire une
recherche exacte & fans acception de
perfonnes, de faire rentrer dans les cinq
premiers mois cinq millions, & trente
dans un an, outre les confifcations des
Charges des coupables.

Un autre donna l'avis de l'Inféodation de tous & chacun les Offices, droits
domaniaux & héréditaires de la France, offrant de faire rentrer dans l'an-

née vingt millions , de racheter & réunir les Domaines aliénés , & en outre de procurer un nouveau revenu de deux millions annuels. Soit que ces avis ne fuſſent pas praticables , ſoit que l'on eût des raiſons pour le dire, on aima mieux réduire enfin les penſions trop conſidérables accordées aux Grands , & celles qui n'avoient de titre que l'importunité.

Un fort beau Mémoire parut alors ſur la néceſſité de fonder une marine au Roi, au lieu de prendre au beſoin les vaiſſeaux des particuliers qui n'étoient ni aſſez forts , ni aſſez bien équipés, ni même bien commandés. Indépendamment du trouble infini que cela apportoit au Commerce , on remarquoit que les Armateurs retenus par la crainte de perdre leurs vaiſſeaux & de n'être pas rembourſés, ne feroient jamais une guerre vigoureuſe ; que dans le dernier combat avec les Rochelois , cette défiance avoit été le ſalut des rébelles.

On propoſoit de faire entretenir une Flotte de trente vaiſſeaux ſur l'Océan par les Villes maritimes, ſuivant leurs forces , & par les Villes de terre à dix lieues de la Mer : en outre , de mettre sur les vins qui sortoient des rivieres de France, un Impôt proportionné à la dépense des équipages.

Plusieurs écrits parurent aussi sur la mauvaise distribution des Finances pendant la Guerre ; & le Roi qui les lut donna ordre à M. de Schomberg de se retirer. Il avoit suivi le plan d'administration que le Président Jeannin & les autres avoient tracé de répondre aux besoins par des créations de Charges, par des constitutions de rente, des aliénations de droits & de domaines. Pour avoir de l'argent comptant, on traitoit de ces ressources avec les partisans, au prix qu'ils le vouloient. Ainsi chaque année l'Etat étoit forcé d'accroître les impositions ordinaires pour son maintien ; les sujets payerent insensiblement pour les dépenses ordinaires tout ce que leurs facultés leur permettoient de payer, & les besoins extraordinaires précipitoient nécessairement l'Etat dans de nouvelles détresses. Le mauvais ordre, effet indispensable de l'ascendant que prenoient les Traitans & les Fermiers pécunieux, achevoit de ruiner les affaires ; & dans moins de treize ans, cet Etat si formidable au-dehors se trouvoit presque dans l'impuissance au-

dedans. Aucune des fages propofitions
des Etats Généraux & des affemblées
des Notables n'avoit reçu la moindre
exécution ; au contraire, les principes
de l'adminiftration femblerent tendre à
exclure pour toujours les feuls qui pouvoient rétablir les affaires, parce qu'on
envifagea feulement la circonftance
préfente, fans égard à la fortune de
l'Etat.

Le Marquis de la Vieuville fut mis à
la place de M. de Schomberg ; mais fon
Brevet n'étoit que d'un an. On l'accufa
d'une dureté exceffive & d'une often-
tation d'œconomie dont l'Etat ne ref-
fentoit point les effets. Ses ennemis pu-
blierent qu'il fouffroit que Beaumarchais fon beau-pere, Tréforier de l'E-
pargne, agiotât fur toutes les Ordonnances, dont il falloit compofer, ou fe
réfoudre à ne rien toucher : même qu'il
s'étoit approprié cent vingt mille livres
fur le fubfide que le Roi accordoit aux
Hollandois. Le cri des peuples fe joignit à celui de fes envieux, parce qu'il
hauffa les Tailles dans un tems de mifere & de calamité, au lieu de fe prêter
à des ouvertures utiles à l'Etat. La Province de Bretagne vouloit acheter à fes
dépens le Marquifat de Belle - Ifle,

moyennant un million deux cens mille livres, à condition qu'après trois ans de jouissance il retourneroit à la Couronne. Le Surintendant n'y voulut point consentir ; & dans le même tems il vouloit faire acheter au Roi le Comté d'Alais pour huit cens mille livres. Les troupes étoient mal payées ; quoique la recette fût accrue, tout languissoit dans le desordre & la confusion. Pour captiver la confiance entiere du Roi trop aisé à gouverner, & qui pour ainsi dire se sentoit soulagé de l'être, il le remplissoit de soupçons contre tous ceux qui lui donnoient ombrage. Les talens du Cardinal de Richelieu trouverent cependant grace devant lui ; il résolut de s'en étayer, & le fit déclarer Chef du Conseil : ce fut le seul bien qu'il fit pendant son administration, quoique relativement à ses intérêts il ne pût se conduire plus mal-adroitement. Sa chûte fut inopinée & terrible ; revêtu des plus beaux Gouvernemens & au comble de la faveur, il se vit arrêté & conduit à Amboise par ordre du Roi, dans l'esprit duquel son apologie publique ne put effacer les impressions qu'y avoient fait naître divers libelles.

Année 1624.

Le Roi confia la Surintendance des Finances aux Sieurs de Marillac & de Champigny, créatures du Cardinal de Richelieu, qui par la supériorité de son génie domina constamment le Roi : ce fut le salut de l'Etat.

Les Etats Généraux, l'Assemblée des Notables, avoient demandé la recherche des Financiers ; le peuple se plaignoit hautement de ce qu'on lui refusoit ce soulagement, qui cependant n'en a presque jamais été un que pour sa vengeance. Le Cardinal, qui vouloit que le Roi régnât dans son Etat & protégeât ses Alliés au - dehors, avoit besoin de fonds ; il laissa agir le Surintendant, homme impétueux, & qui fit passer dans l'esprit du Roi tout le feu dont il étoit animé contre les Financiers. Une Chambre de Justice fut établie pour connoître des malversations commises par eux depuis le dernier Septembre 1607, Sa Majesté déclarant que la recherche ne pourroit avoir lieu à l'égard des remises des traités & intérêts des avances faites sans fraude sur les moyens extraordinaires auxquels la nécessité

ccffité des affaires l'avoit obligé de recourir. Cette attention étoit néceffaire
pour conferver fes reffources dans un
tems de befoin. Cependant s'il eft quelque partie où le Prince foit en droit de
compter avec les Traitans, fans bleffer
la foi publique, c'eft affûrément dans
celle des affaires extraordinaires où
l'ufure a été exceffive & l'exercice violent. A l'égard des baux & des contrats
où les parties contractantes font cen-
fées avoir une connoiffance égale du
fond, ce n'eft point tant aux Fermiers
qu'il convient de reprocher des gains
extraordinaires, qu'à ceux qui les leur
accordent. Je n'ignore point que notre
goût pour le paradoxe a prefque accrédité celui-ci, que les profits des Fermiers du Roi ne font point diminués
fans furcharge pour le Peuple. Sous une
adminiftration relâchée ou ignorante,
cela pourroit être vrai ; mais l'effet eft
impoffible, fi le Miniftere veille, fi les
produits font connus dans le plus grand
détail. Cette derniere connoiffance fera
facile toutes les fois que le Prince vou-
dra retenir quatre portions d'intérêts
dont il fera lui-même les fonds, & qui
feront exercées par fes Commiffaires
diftribués dans tous les Comités. Ce fe-

roit même une occasion de former des hommes aux grandes affaires; & il semble qu'il seroit convenable que quelques Maîtres des Requêtes fussent, au-moins trois années de suite, Auditeurs au Conseil de Commerce, & qu'au bout des trois ans ils entrassent pendant trois autres années aux Comités des Fermes, sans cesser d'assister au Bureau du Commerce. Il est vrai-semblable qu'au bout de ces six années ils porteroient dans l'Intendance des vûes & des lumieres que les formes seules du Conseil ne sont pas en état de procurer. Une partie du bénéfice des quatre places dont le Roi auroit fait les fonds pourroit servir à donner des gratifications aux premiers Commis des Bureaux des Ministres, à condition qu'aucun ne pourroit être intéressé directement ni indirectement dans les affaires & fournitures pour le compte du Roi. La multiplicité des affaires a rendu ces places si importantes, qu'il est nécessaire d'honorer & de mettre à leur aise par les bienfaits du Prince ceux qui les remplissent. On en peut faire même un objet d'émulation pour les personnes du second ordre, ou pour ceux qui n'ont pas d'argent pour acheter les pla-

ces qui menent à l'administration. L'é-
mulation produira des talens qui ne se
développent pas faute d'objet, ou qui
sont perdus pour la société faute d'occasions de les employer.

Il est bon d'observer une grande différence qui se trouve entre la Chambre de Justice établie par M. le Duc de
Sully & celle-ci. La premiere se fit dans
un tems calme, dans un tems d'ordre &
d'œconomie, à la suite d'une confusion
& d'un renversement déplorables. La
seconde n'eut de commun dans ses circonstances que les desordres qui l'a-
voient précédée ; on prévoyoit de nouveaux besoins & la matiere de nouveaux abus : effrayer les Financiers,
c'étoit les avertir de mettre un plus
haut prix à leur argent.

Ceux qui se sentirent le plus coupables
prirent la fuite, ils furent condamnés
par contumace & pendus par effigie ; un
seul perdit la vie ; plusieurs subirent
d'autres peines : enfin les familles soit
des condamnés soit des accusés se réu-
nirent pour adresser des Remontrances
au Roi ; quoiqu'appuyées de l'alliance
de tout ce qu'il y avoit de plus distin-
gué à la Cour, elles eurent peine à les
faire agréer. Les alliés de ces infortu-

nés repréfenterent avec juftice que la peine devoit être perfonnelle ; que cependant la honte attachée aux voyes de procéder contre les Financiers par emprifonnemens & par punitions corporelles, s'étendoit fur des perfonnes utilement employées dans les Charges civiles & militaires, & qui n'avoient d'autre crime que d'avoir cherché à aggrandir leur fortune par des alliances avec des gens d'un état que le Roi avoit comblé de diftinctions. Les Financiers remontrèrent qu'on s'étoit contenté jufqu'alors de les taxer, hors les cas où il y avoit quelque fauffeté commife.

Le Roi touché de la defolation de tant de familles révoqua la Chambre de Juftice, & accorda aux Financiers une abolition très-détaillée, à la charge que dans les comptes qui feroient rendus en 1624, il ne leur feroit alloué aucune fomme qui ne fe trouvât fur l'état figné de la main de Sa Majefté, de façon qu'il ne pût fe trouver leur redevable ; & en outre, qu'ils payeroient les taxes qui feroient réparties fur eux par le Confeil. Sa Majefté déclaroit en même tems que de dix ans en dix ans il feroit créé une pareille Chambre de Juftice. La Déclaration fut vérifiée à la

Cour des Aides , fans aprobation cependant de la derniere claufe.

Le produit des taxes fut de dix millions huit cent mille livres : le Confeil
les régla ; au lieu que fous M. de Sully
on avoit laiffé les gros Financiers en
faire le département ; moyennant quoi
les plus foibles & les moins coupables
avoient payé pour les riches. Cette répartition ne paffa point cependant pour
être proportionnelle ; & les gens de la
Cour s'y enrichirent plus que le Roi.

A N N É E 1625.

Dans ce même tems à-peu-près fut
renouvellé le Bail des cinq groffes Fermes pour neuf années , pour la fomme
de feize cent cinquante mille livres ; à
condition de faire une avance de douze
cent mille livres rembourfable fur les
fix premiers quartiers par portion égale
avec les intérêts. Sous les droits cédés
aux Fermiers étoient compris la douane de Lyon, un droit de trente fols par
muid de fel enlevé des Gouvernemens
de Brouage , Ifles de Xaintonge , de
Rhé, Pays d'Aunis ; excepté fur le fel
deftiné au fourniffement des greniers
qui ne devoit payer que vingt-cinq fols'

par muid. On réunit encore à cette
Ferme un droit particulier de cinq fols
par muid de fel de Brouage, qui par un
abus très-préjudiciable avoit fait jufqu'alors une Ferme féparée. J'obferve
que dans ce Bail on eut foin de renouveller les Ordonnances qui affujettif-
foient les manufactures étrangeres d'or,
d'argent, de fil, & de laine, à n'entrer
que par telle & telle frontiere, & dans
chaque ville par telle ou telle porte,
afin de percevoir les droits établis ; efpérant, dit Sa Majefté, qu'à ce moyen
il ne fortira plus du Royaume une auffi
grande quantité d'or & d'argent qu'il
s'en tire ordinairement.

Pour favorifer les manufactures nationales, il eft ordonné que dans les
Villes frontieres du Royaume où il fe
fabrique des étoffes femblables à celles
des étrangers , les Marchands prendront un certificat comme elles font
manufacturées dans ladite Ville , fans
que l'on puiffe prétendre d'eux la moindre chofe. Il étoit permis aux Fermiers d'établir ou de changer la place des Bureaux, comme bon leur fembleroit ; liberté qui a donné matiere
à de grands abus: s'il ne convient pas
de la retrancher tout-à-fait , il eft

du - moins important de la reſtrein-
dre, de façon que le Commerce puiſſe
être conſulté ſur ces changemens. Cette
précaution devenoit encore plus néceſſaire alors en vertu d'une clauſe
très-dangereuſe, qui permettoit aux Fermiers de céder leur droit en tout ou en
partie, par Généralités, ou par Provinces, à tous ſujets, excepté aux Juges des
Traites. Les principes de la Régie ne
ſçauroient être trop uniformes pour la
ſûreté publique & pour la facilité du
travail à l'égard des Supérieurs : & s'il
convient ordinairement de permettre
les Soufermes des parties qui exigent du
détail, il ſemble que la bonne police
exige que ces Soufermes s'adjugent à
l'enchere au profit du Roi, & que tout
ce qui regarde une partie appartienne à
une ſeule Compagnie compoſée de travailleurs.

Dans cette même année, le Conſeil
accepta la ceſſion qui fut faite par le
Sieur Feydeau, Adjudicataire général
des Gabelles, au Sieur Payen, de la
fourniture des Généralités de Tours,
Orléans, Bourges, Moulins, & Blois,
pour la ſomme de dix-huit cent quatre-
vingt-dix-huit mille trois cent cinquante-huit livres. On obligea les Fermiers

à se servir de Vaisseaux & de Matelots
françois pour le transport du sel, sous
peine de confiscation; & comme notre
fret étoit beaucoup plus cher, le Roi
leur accordoit un dédommagement de
cinquante mille francs. Le Cessionnaire
renonça à ce qui lui revenoit de ce dédommagement, en faveur du sieur Feydeau; preuve évidente que le Roi auroit pû se l'épargner. Qui croiroit que
dans un tems éclairé des Entrepreneurs
eussent osé tenter de se soustraire à une
loi si sage?

La Chambre de Justice fut suivie de
Réglemens nouveaux pour la régie des
Finances & l'administration des Comptables : mais cette réforme fut passage-
re, & la confusion y rentrera toujours,
tant que l'on s'éloignera de l'ordre le
plus simple. Celui des parties doubles
avoit été proposé dès l'an 1607 à
M. de Sully dans un ouvrage composé exprès par Simon Stevin de Bruges;
il l'a encore été depuis avec d'autres
projets utiles, & dont la mémoire sera
toujours honorable à leurs auteurs :
mais leur inexécution, en prouvant
que le bien est toujours l'opération la
plus difficile, a presque réduit en pro-
blême cette question, savoir si entre

deux points donnés la ligne droite eſt plus courte que la ligne courbe.

Le Cardinal de Richelieu remarqua quatre cauſes principales de l'affoibliſſement de la Monarchie Françoiſe : l'ambition & les entrepriſes continuelles de la Maiſon d'Autriche ; la licence exceſſive des Grands ; le défaut d'un corps ſuffiſant de troupes aguerries toujours ſubſiſtant ; le manquement de fonds pour les occaſions extraordinaires. Le remede à ces quatre maladies du Corps politique devint l'objet de tous ſes ſoins & le but de ſa politique. L'Etat étoit épuiſé, & cependant la néceſſité actuelle exigeoit un ſubſide annuel aux Hollandois ; l'entretien de quatre armées ſur pied, en Languedoc, en Poitou, à la Valteline, en Italie ; le mariage de Madame Henriette Marie, ſœur du Roi, avec le Prince de Galles, étoit réſolu & alloit encore occaſionner de nouvelles dépenſes.

On commença par retrancher ſur l'état des penſions une foule de protégés inutiles qu'y avoient introduits les fréquens changemens dans le Miniſtere. Il fut défendu aux Secrétaires d'Etat de ſigner aucunes Ordonnances ſur le Tréſor, ſans le commandement formel du

Roi; & les Surintendans eurent ordre
de ne point autorifer les Ordonnances
des Secrétaires d'Etat, fans une jufte
confidération.

Ces œconomies, quoique confidérables, ne fuffifoient pas encore ; on
conftitua cinq cent mille livres de rentes au denier feize, fur l'Hôtel-de-Ville
de Paris ; la création de 1621 étoit de
quatre cent mille livres, & les anciennes rentes de deux millions trente-huit
mille neuf cent cinquante-cinq livres
deux fols fix deniers.

On accorda une attribution de deux
deniers par minot de fel aux Receveurs
& Contrôleurs provinciaux des Gabelles, & de quatre deniers aux Receveurs particuliers. Il fut réglé que les
porteurs des quittances des Parties Cafuelles jouiroient de ces droits jufqu'à
ce qu'ils en fuffent remboursés par les
anciens Titulaires ou par leurs fucces-
feurs.

Attribution de trois deniers pour li-
vre aux Receveurs Généraux & Payeurs
Provinciaux des rentes affignées fur les
Aides, Tailles, recettes générales des
Finances & Gabelles.

Attribution de deux deniers pour liv.
aux Receveurs Généraux & Payeurs

des rentes de l'Hôtel-de-Ville de Paris.

Attribution aux Receveurs des fouages en Bretagne, de trois deniers pour livre de leur recette, à l'inſtar des Receveurs des Tailles, avec la qualité de Conſeiller du Roi en payant finance.

C'eſt ainſi que chaque jour l'état s'obéroit de nouvelles dettes ; mais l'urgence des circonſtances laiſſoit peu de choix ſur les moyens. Quoique peut-être on eût pû en employer de moins fâcheux, il faut convenir que les profuſions précédentes & le défaut de ſyſtème dans le Gouvernement étoient le principe du mal. Les beſoins furent d'autant plus preſſans qu'ils n'avoient pas été prévûs.

Année 1626.

Le 11 Février 1626, la ſubvention annuelle du Clergé de treize cent mille livres fut renouvellée pour dix ans, & il accorda un don gratuit conditionnel de dix-ſept cent quarante-cinq mille cinq cent livres, en cas que l'on fît le ſiége de la Rochelle.

Les Etats de Bretagne accorderent au Roi un ſubſide de cinq cent mille liv. & il fut arrêté que Sa Majeſté & la Reine

la mere seroient suppliés de recevoir
en outre un présent de cent cinquante
mille livres. Il leur fut aussi permis de
lever une somme de cent mille livres
pour les besoins de la Province. Les
Etats établirent la perception de ces
fonds sur un droit de huit livres dix sols
par pipe de vin & d'eau-de-vie étrangeres entrant dans la Province; de cin-
quante-six sols huit deniers par pipe de
vin du crû de Bretagne transporté hors
du pays; & quarante-deux sols six deniers par pipe de vin du pays transporté
d'un Evêché dans l'autre. C'étoit faire
payer leur imposition par les Provinces
voisines, & troubler le Commerce de
l'Etat : aussi le Bail fut-il cassé par le
Roi & le droit annullé. Les Etats y
substituerent l'imposition d'un sol six
deniers par pot de vin de crû étranger
consommé en Bretagne & transporté
d'un Evêché à l'autre ; d'un sol seulement par pot de vin du crû du pays
transporté d'un Evêché à un autre ; six
deniers par pot de vin consommé dans
l'Evêché où il croît ; trois deniers par
pot de cidre & de bierre vendu en détail. Cette nouvelle imposition n'avoit
rien que de très-raisonnable : mais il est
très-intéressant pour le service de Sa

Majefté, que les Provinces des cinq
groffes Fermes déjà plus chargées que
les Pays-d'Etats, ne fouffrent pas des
priviléges de ceux-ci dans le Commerce
extérieur de leurs denrées.

Les côtes fur l'une & l'autre Mer
étoient infeftées de Pirates & de Forbans ; celles de la Méditerranée étoient
les moins protégées & les plus expofées, à caufe du voifinage des Barba-
refques. Le Parlement de Provence fit
une députation vers le Roi pour le fupplier de protéger le Commerce de fes
fujets, d'achever les Fortifications
d'Antibes & de Toulon, comme on
avoit fait celles des Ifles d'Hieres ; enfin de relever la Marine, vrai boule-
vart des côtes d'un Etat. « La néceffité
» vous y porte, difoit le Parlement de
» Provence au Roi ; car quoique vous
» n'ayez point de guerre ouverte avec
» aucun Prince, quoique vous n'ayez
» aucun membre détaché de votre Etat
» comme l'Efpagnol ; il n'en eft pas
» moins certain que, votre Royaume
» étant flanqué de deux Mers, votre au-
» torité ne fe peut dignement mainte-
» nir fans une force maritime, non plus
» que fans une force terreftre.

« Vous êtes obligé de l'avoir toute

» prête , & avec plus de raison que la
» terreftre : car en la terre vous ne pou-
» vez être furpris, vû que vous y pou-
» vez & faire & refaire, pour ainfi di-
» re, des armées entieres dans un jour
» & par votre feule parole : mais à la
» mer, on ne peut conftruire de galeres
» & de vaiffeaux avec cette prompti-
» tude. Il y faut beaucoup de tems , &
» pendant ce long-intervalle, il eft mal-
» aifé qu'il n'arrive quelque inconvé-
» nient ; de façon qu'en vain votre Etat
» montre le front bien muni & bien ar-
» mé à vos ennemis , fi les flancs mari-
» times font découverts, nuds & dé-
» farmés comme ils font ; étant defti-
» tués de forces femblables à celles par
» lefquelles ils peuvent être affaillis. ...
» Vous êtes tenu de garantir vos Sujets
» d'oppreffion , & de tenir vos mers
» auffi-bien que vos terres en affurance.
» Pour cela , Sire , vous êtes établi de
» Dieu ; pour cela fe cueille une partie
» des droits qu'ils vous payent , & lef-
» quels venant principalement du né-
» goce, vous obligent à l'affurer d'au-
» tant plus ».

Sa Majefté convaincue de la vérité de
ces maximes, commença par faire conftruire fept vaiffeaux de guerre en Hollande,

On avoit remarqué que les droits &
les formalités exigées par l'Amiral &
par ses Officiers étoient une des causes
principales du dépérissement du Commerce, & que l'autorité dont étoit re-
vêtue cette Charge étoit un des grands
obstacles au rétablissement de la Marine
Royale ; elle fut remboursée à M. de
Montmorenci, & supprimée.

Cependant, comme il falloit quelqu'un à la tête de ces deux parties pour
les ressusciter en quelque façon, le Roi
donna à M. le Cardinal de Richelieu le
brevet de Sur-intendant du Commerce
général & de la Navigation de France,
avec les mêmes prérogatives que celles
de l'Amiral, à l'exception de celles qui
se trouvoient onéreuses au Commerce,
& nuisibles au rétablissement de la Marine. Ce Ministre refusa aussi les gages
de cent mille livres attachés à la dignité d'Amiral ; ainsi l'Epargne profita de
cette somme. Cette nouvelle forme
d'administration vit éclore une Compagnie générale du Commerce, tant
par terre que par mer, Ponent, Levant
& voyages de long-cours. Elle fut appellée Compagnie de Morbihan, du
nom d'un Port de Bretagne où se devoient établir ses Comptoirs. Les ar-

ticles en furent dreffés par les Sieurs
Brué, Duval, le Maréchal, & Mont-
mort, au nom & fe difant avoir pouvoir de cent affociés, qui fignerent réellement lorfque la Cour les eut approu-
vés.

Le Commerce étant la fource inta-
riffable des Finances, on ne peut fe
difpenfer de donner quelque célébrité
aux premiers efforts de la Nation. On
trouvera à la fin de ce premier volume
les articles de ce projet, qui interrom-
peroient le fil de nos recherches.

Cette Compagnie ne réuffit point
malgré les avantages & les faveurs
qu'elle avoit reçues ; mais il eft à remarquer que fuivant cette piece, le
Commerce du Levant étoit libre alors
dans tout le Royaume, & que c'étoit
la branche la plus confidérable que nous
euffions.

M. le Cardinal de Richelieu effaya
auffi vers ce tems à-peu-près de nous
procurer un Commerce en Ruffie, &
fit un Traité avec le Czar Michel. C'é-
toit affurément la voie la plus fûre pour
établir une Marine ; mais la plûpart de
ces établiffemens périrent, parce que
l'Etat toujours preffé par les befoins ex-
térieurs, ne mit point les Commerçans
en

en sûreté contre les entreprises des gens d'affaire, & ne put accorder aux Peuples une aisance sans laquelle il n'excitera ni l'industrie ni l'émulation.

On essaya aussi de rétablir le Conseil de Commerce ; le Cardinal en fut le Chef, & s'y associa quatre Conseillers d'Etat & trois Maîtres des Requêtes ; mais la qualité des personnes ne pouvoit suppléer à l'expérience, ni aux principes.

On avoit épuisé tous les expédiens de Finance dans chacune des années 1620, 1621, 1622. La dépense avoit monté à quarante millions ; les dettes étoient de cinquante-deux millions ; les revenus réduits à seize millions ; & la misere du Peuple paroissoit interdire toute augmentation de tailles. Dans ces nécessités pressantes de l'Etat, on ne vit de ressources que l'Assemblée des Notables qui fut indiquée au deux Décembre 1626. En attendant, il fut constitué sur l'Hôtel de Ville quatre cent vingt mille livres de rentes au denier seize.

Aussi-tot que la nouvelle de l'Assemblée des Notables fut répandue, divers écrits parurent sur les objets qui devoient paſſer ſous les yeux de l'Aſſemblée.

L'un d'eux en forme de Remontrances au Roi s'étendoit uniquement ſur les abus des Finances. Le plus grand de tous, ſuivant l'Auteur, étoit l'uſage des Comptans. Par leur moyen, il paroiſſoit que le Roi recevoit par ſes mains de très-grandes ſommes, quoiqu'il fût de notoriété publique qu'elles étoient détournées à d'autres uſages, & ſouvent en faveur de gens qui publioient n'avoir rien reçu de Sa Majeſté. Ils ſervoient encore à couvrir les uſures énormes qu'on retiroit des avances faites au Roi.

Il obſerve que les faiſeurs de parti, pour un léger ſecours d'argent, ſe font adjuger le revenu des recettes & le prix des Fermes avant l'échéance des termes ; que preſque toujours ces marchés ſe font avec l'argent même de Sa Majeſté, par le mauvais ordre de recette & la connivence des Tréſoriers ; non contens de leurs gains extraordinaires, ils ſçavent encore préſenter de faux états ſur leſquels on leur adjuge des dédommagemens.

Il attaque l'uſage des pots-de-vin

que donnent les Fermiers aux perſonnes en faveur, ſoit pour obtenir des préférences injuſtes, ſoit pour ſe procurer plus aiſément des rabais ; double perte pour le revenu de l'Epargne.

On prouve que l'excès des penſions & des gratifications n'a pas tant ſervi à maintenir la tranquillité publique, qu'à encourager la licence des Grands, toujours ſûrs d'être achetés s'ils ſont craints.

L'excès des taxations & des droits accordés aux Tréſoriers & aux Comptables abſorbe le plus clair des Finances. Ils achetent ces attributions à ſi vil prix, qu'en deux ou trois années ils en ſont rembourſés : encore par leurs intelligences ſe font-ils accorder quelque don dans un comptant. Si les Cours Souveraines refuſent de vérifier ou modifient ces Edits, ils obtiennent des Lettres de Juſſion ; & après enregiſtrement, on ne peut rien retrancher ſur leurs pillages, ſans qu'ils atteſtent la foi publique violée.

Chaque jour les emplois de Finance ſont multipliés, & les Comptables ne demandent que de nouveaux prétextes de travail pour avoir lieu de prétendre de nouveaux profits.

Tant d'Edits à la charge des Peuples, & annoncés pour être destinés aux affaires, se trouvent réellement absorbés en pensions & en gratifications. Les principaux Comptables même se trouvent pensionnés de douze cens écus qu'ils employent en dépense dans leurs comptes. Il faut de nouveau recourir aux moyens extraordinaires, & le Peuple fond sous le faix de la pauvreté.

« Sire, prenez donc en main sa cause, disoit l'Auteur de cette Remontrance, » car c'est la vôtre, & telle- » ment la vôtre, que sans son secours, » vos revenus seroient réduits au petit » pied, votre Royaume sans forces en- » tretenues, pour le garder des entre- » prises & invasions des Princes vos » voisins ».

Un autre écrit adressé à l'Assemblée des Notables contenoit divers avis très-bien conçus sur presque toutes les parties de l'administration. On l'engageoit à conseiller au Roi de donner peu & souvent, mais de n'établir rien de certain ; parce que dès-lors même chacun en fait état comme du sien même & se le croit dû. Henri le Grand dressa le premier un état des pensions, parce que la nécessité l'y obligea.

On propose de supprimer les Officiers de Finance en leur payant la rente de l'argent réellement payé, jusqu'à ce que l'État puisse en faire le remboursement ; de façon qu'il ne restât dans chaque Généralité qu'un seul Trésorier de France, & un seul Trésorier de l'Epargne ; d'imiter la pratique de la Guyenne, du Languedoc, de la Bretagne, où les deniers, sans passer par tant de mains, sans essuyer tant de diminutions de frais, de taxations & d'attributions, sont remis ponctuellement au Trésorier de l'Epargne.

En conséquence de ces remboursemens, de diminuer les tailles, mais d'augmenter les droits sur les superfluités étrangeres.

D'examiner l'état des branches du Commerce qui apportent de l'argent dans le Royaume, & de celles qui en font sortir.

Les Anglois n'apportent point d'argent ; au contraire, ils enlevent les vins en troc de leurs étoffes de laine, de leur plomb & de leur étain.

Les Hollandois fournissent des sucres, des épiceries, des drogues.

L'Italie des étoffes d'or & d'argent en telle qualité, que Milan, Lucques,

Genes & Florence épuisent la France d'argent. Paris seul consomme plus de ces marchandises que toute l'Espagne.

L'Allemagne fournit des chevaux pour des sommes immenses.

L'Auteur propose d'établir des haras dans toutes les Abbayes & dans tous les Prieurés de France, suivant la commodité des lieux.

De hausser les droits sur la sortie des vins de Bordeaux, qui ne valoient alors que quinze à vingt écus, & que les Anglois, Ecossois & Hollandois ne laissoient pas d'enlever également lorsqu'ils valoient soixante & quatre-vingt écus. J'observerai à ce sujet que les hauts droits sur la sortie de plusieurs de nos denrées surabondantes ont leur source dans cet ancien préjugé, que les étrangers ne peuvent se passer de la France. Il a été fondé en partie : dans le tems dont il s'agit ici, nous vendions des bleds presque exclusivement ; car l'Angleterre avoit souvent recours à nous ; les Polonois n'avoient pas encore l'art de dessécher leurs grains, & je trouve qu'on se plaignoit alors qu'ils arrivoient toujours corrompus par l'humidité. Le Portugal & l'Espagne n'avoient pas autant de vignes qu'elles en ont

planté depuis ; & la sortie des vins n'é-
toit point affranchie, comme elle l'est
aujourd'hui dans ce dernier Pays. L'Allemagne fabriquoit peu de toiles, &
dès-lors les nôtres pouvoient porter un
droit modique à la sortie. Régle générale, un tarif doit être reglé sur la connoissance intime du Commerce des
étrangers qui vendent en concurrence, & des convenances réelles des con-
sommateurs.

Les idées suivantes sont les plus saines : l'Auteur desire qu'on engage nos
Marchands à aller eux-mêmes dans les
Indes chercher les épiceries, en dimi-
nuant les droits sur le prix de celles
qui seront apportées par les François
à droiture.

» Messieurs, dit-il, prenez occasion
» sur ce sujet de représenter au Roi
» qu'il est obligé, pour la grandeur &
» réputation de son état, de rétablir le
» Commerce. A cela il y a deux choses
» à faire : premierement à purger cette
» vermine d'Officiers qui volent tout
» le monde ; ils ont été créés pour la
» sûreté du Commerce, & néanmoins
» ils ne servent véritablement qu'à pil-
» ler nos Marchands & à décrier nos
» Ports. Deux Commissaires envoyés

» sur les lieux, avec pouvoir de faire
» & parfaire le procès à ces gens-là,
» suffiront pour y remédier.

   » En outre, il faut instituer un ordre
» général pour la navigation. N'est-ce
» pas une honte qu'en trois cent lieues
» de côtes, il ne se trouvera pas vingt
» vaisseaux François ? Et néanmoins,
» s'il vous plaît d'y mettre la main,
» nous serons en peu de tems maîtres de
» la Mer, & ferons la loi à ces Insulaires
» qui usurpent ce titre. Nous avons sans
» comparaison plus de Havres qu'eux,
» *plus de bois & meilleur qu'eux pour bâtir*
» *des navires, plus de matelots, puis qu'-*
» *ils ne se servent en leurs voyages que de*
» *nos Biscayens, de nos Bretons ou Nor-*
» *mands. Les toiles, les cordes, les cidres,*
» *les vins, les chairs salées, les équipages*
» *nécessaires se prennent sur nos terres.*

   » Il ne reste plus que de donner la
» forme à ce dessein, la matiere n'est
» que trop ample : en voici un projet;
» servez-vous-en, si vous n'en trouvez
» point de meilleur; il ne m'importe pas,
» pourvû que la chose se fasse & que
» le Public y profite. Que le Roi par
» Edit ordonne qu'en chacune Ville ca-
» pitale de ses Provinces, les Marchands
» feront une Compagnie pour la navi-
               » gation

» gation fur le modele d'Amfterdam,
» & équiperont certain nombre de vaif-
» feaux dans les Ports les plus proches
» & les plus commodes ; & pour les
» inciter davantage, qu'on leur accor-
» de de grands priviléges, comme entre
» autres qu'on rabatte le dixieme des
» impofitions aux navires François qui
» entreront & fortiront fans fraude de
» nos Ports ; & qu'il foit défendu à peine
» de confifcation de corps & de biens à
» nos Mariniers d'aller fervir les étran-
» gers. En peu de tems vous ferez une
» flotte innombrable , & couvrirez la
» Mer de voiles ; & fi vous employerez
» quantité de jeune Nobleffe qui demeu-
» re inutile & qui s'abatardit.

» Le fel & les Aides font encore deux
» rudes charges, la premiere bien plus
» grande que la feconde , parce qu'il
» eft bien plus aifé de fe paffer d'aller
» à la taverne que de manger du fel,
» aliment néceffaire ; néanmoins je ne
» crois pas que vous en deviez pour
» cette heure demander l'extinction ou
» la diminution. Il fuffira que le Roi re-
» lâche les Tailles, fardeau prefque in-
» fupportable , jufqu'à ce qu'ayant ra-
» cheté tout fon Domaine, Dieu lui ou-
» vrira les moyens pour rendre la liber-

Tome I. H h

» té à la France. De tous les ménages du
» tems paſſé, je n'en ai approuvé qu'un
» ſeul. Cet or amoncelé dans la Baſtille
» ne m'a jamais été de bon augure. Le
» vrai tréſor d'un bon Roi eſt dans le
» cœur & dans la bourſe de ſes Sujets.
» J'ai condamné cette converſion des
» octrois extraordinaires & à tems, en
» recette ordinaire : outre que c'étoit
» proſtituer la foi d'un Prince qui doit
» être inviolable, c'étoit ôter le moyen
» de ſervir l'Etat à une extrémité. Le
» ſeul ménage donc que j'ai eſtimé étoit
» le rachapt du Domaine en ſeize an-
» nées de jouiſſance, & néanmoins c'eſt
» celui-là ſeul qu'on a renverſé. Dieu le
» pardonne à ceux qui en ſont coupa-
» bles ! Remettez donc, s'il eſt poſſible,
» ſur ce pied ces partis, & qu'ils ſoient
» exécutés ſans exception de perſonne
» du Monde. Le Domaine du Roi s'ap-
» pelle *Sacré*, parce que véritablement
» on ne peut y mettre la main ſans ſa-
» crilége.

» En général, rejettez avec honte
» ceux qui vous propoſeront des expé-
» diens pour augmenter la recette des
» Finances. Le Peuple n'eſt que trop
» chargé ; & au contraire, recueillez à
» bras ouverts les avis qui vont à dimi-

» nuer la dépenſe, ſoit par retranche-
» ment légitime, ſoit par bon ménage.
» C'eſt ce ſeul moyen qui reſte pour
» ſoulager le Royaume.

Enfin il remarque qu'il y a pour la
valeur de trois cent millions d'Offices
dans le Royaume, qu'il eſt preſque im-
poſſible d'ôter l'hérédité ſans la vénalité : qu'après tout, le Peuple n'a pas
tant d'intérêt à la ſuppreſſion de la vénalité & de l'hérédité, qu'à être ſoulagé
de l'oppreſſion que lui cauſent les exactions de tous ces Officiers. Que le remede véritable eſt de faire rendre la
juſtice gratuitement dans toutes les Ju-
riſdictions, comme dans celle des Marchands, où elle eſt ſi prompte & ſi
bonne ; enſuite de rembourſer ſucceſſivement les Officiers à meſure que la ſituation des affaires le permettra.

J'ai penſé devoir rendre compte de
ces deux écrits du tems, qui m'ont paru
dictés par la raiſon & par le zèle pour
le bien public, ſans aucun mélange
de cet eſprit d'humeur ou de ſatyre qui
fait perdre à la vérité même ſon crédit.
On y découvre la ſituation des affaires
& les lumieres du ſiecle ſur des points
importans.

On jugera encore mieux de la révolution des Finances depuis le commencement de ce regne & de leur état actuel, par le rapport qu'en fit à l'Assemblée M. le Marquis d'Effiat, nouveau Sur-intendant des Finances. Cette piece seule est un gage des grands talens qu'il apportoit dans cette Charge.

» Messieurs, un ancien disoit qu'on
» ne vivoit si bien en aucun lieu qu'à
» Rome, soit pour l'institution des
» mœurs, ou pour l'exercice du cou-
» rage ; qu'il estimoit plus un Caton
» qu'il ne faisoit trois cent Socrates. Je
» puis dire aussi qu'il n'y a point de con-
» trée au Monde plus fertile en grands
» Rois que la France, & que je fais
» plus de cas d'un Henri le Grand de
» louable mémoire, que de tous les
» Rois des Nations étrangeres, parmi
» lesquels il ne s'en est point trouvé ni
» vû qui n'eût pû apprendre de ce grand
» Monarque les régles nécessaires pour
» bien & glorieusement regner.

» Et si pour gouverner un grand Etat il
» étoit besoin à cette heure de choisir des
» Loix qui eussent été pratiquées & pro-
» duit d'heureux effets, l'on n'en pour-
» roit trouver de meilleures que celles
» dont il s'est servi, & qui lui ont si
» utilement réussi : car dès-lorsqu'il eut

» donné le repos à fes Sujets, fon État
» devint floriffant, fut rempli de béné-
» dictions; & tout ce que la confufion
» des guerres civiles avoit déplacé, fut
» rétabli en fon premier ordre.

» Il fit exactement obferver les an-
» ciennes Ordonnances fur le fait des
» Finances, & fa prudence parut telle-
» ment en la diftribution de fes libéra-
» lités, qu'aujourd'hui elle eft tirée en
» exemple, & fera admirée des fiecles
» fuivans, ne fe remarquant qu'il en
» ait ufé que par prévoyance d'un bien
» à efpérer, ou pour une preffante né-
» ceffité.

» Néanmoins, comme il furvient au
» corps humain, auffi parfait qu'il puif-
» fe être, des pertes de fang (fiége
» principal de fa vie) par divers acci-
» dens qui ne fe peuvent aifément ré-
» parer : de même cet Etat avec fon
» excellente difpofition, ne laiffa de
» fentir au courant des années plufieurs
» manquemens en fes Finances (où gît
» le premier mouvement de la force),
» foit en dépenfes inopinées, ou pour
» des rabais qu'il convenoit faire aux
» Fermiers, à caufe des ftérilités ou
» mortalités advenues, & qui engen-
» droient des non-valeurs dans les re-

» cettes générales, ou pour la récep-
» tion des Ambassadeurs, des Négocia-
» tions, pensions dedans & dehors le
» Royaume ; dépenses secrettes, assis-
» tances d'hommes & d'argent données
» aux Alliés, & soldes extraordinaires ;
» de sorte qu'il ne se trouvera aucune
» année durant ce grand calme que l'é-
» tat au vrai de dépense n'ait excédé
» de plus de cinq à six millions de li-
» vres les états faits par estimation aux
» commencemens des années.

» C'est chose qui consiste en fait à
» quoi l'on ne sçauroit rien ajouter ni
» diminuer , & dont la Compagnie
» pourra être éclaircie par les comptes
» qui en ont été présentés à la Cham-
» bre, & que M. le Procureur Géné-
» ral en icelle peut faire voir, n'étant
» pas possible d'en acquérir une certai-
» ne connoissance qu'en les examinant
» par le menu.

» Ainsi vous verrez que le feu Roi
» faisoit toujours sa dépense plus foible
» que sa recette de trois à quatre mil-
» lions de livres , pour avoir de quoi
» fournir à toutes ses dépenses inopi-
» nées, & en outre , faisoit enfler sa
» recette du bon ménage qu'il pouvoit
» faire durant l'année par moyens ex-

» traordinaires ; & ce qui se trouvoit
» rester de bon , charges acquittées ,
» étoit mis en réserve. C'est de-là qu'est
» provenue la somme qui s'est trouvée
» dans la Bastille après sa mort , qui
» montoit à cinq millions & tant de
» mille livres, & environ deux millions
» qui demeuroient entre les mains du
» Trésorier de l'Epargne en exercice
» pour faire ses avances, lesquels sept
» millions étoient le fruit de dix années
» paisibles qui commencerent depuis
» son retour de Savoye.

» Après son décès, la face des affai-
» res fut changée, en sorte que ceux
» qui eurent la direction des Finances
» crurent par de louables & saintes con-
» sidérations qui vous seront ci - après
» représentées , que c'étoit assez de
» conserver cet argent amassé , sans
» continuer les précédens bons ména-
» ges pour y en ajouter, se conten-
» tant d'égaler la dépense à la recet-
» te ; ce qui fut cause qu'étant surchar-
» gés par les dépenses extraordinai-
» res, ils se trouverent courts en fin
» d'année de trois à quatre millions de
» livres : & pour réparer cette faute de
» fonds & prévenir les mouvemens qui
» se préparoient dans l'Etat pendant la

» minorité du Roi, ils furent forcés d'en-
» tamer ce sacré dépôt, qui les fit paf-
» fer doucement jufqu'en 1713.

» Ainfi cet argent de réferve utile-
» ment confommé, & les charges croif-
» fant de jour en jour, ils furent con-
» traints de porter partie de la dépenfe
» d'une année fur la recette de la fui-
» vante; tellement qu'en 1615 ils euf-
» fent été bien embarraffés fi le Roi
» n'eût été fecouru de deux moyens;
» l'un de la révocation des contrats
» pour le rachat de fon Domaine &
» Greffes en feize années, & revente
» d'iceux : l'autre de la création des
» triennaux faite au commencement
» de l'année 1616 : ce qui foutint les
» affaires en ce tems-là, auquel les
» non-valeurs furent exceffives à l'oc-
» cafion des troubles qui s'émurent lors
» en toutes les contrées de la France ;
» depuis les dépenfes augmentant, il
» n'y eut plus moyen de les fupporter
» avec le revenu ordinaire de l'Etat.

» Et tout ainfi qu'on fe fert de tou-
» tes inventions pour affermir un vieil
» bâtiment qui menace de ruine, de
» même les Directeurs voyant que cet
» ancien Royaume courboit fous le
» faix des charges & n'avoit aucune

» reſſource pour les acquitter, furent
» contraints de chercher tous les ans
» des Edits, réglemens & créations
» nouvelles d'Officiers, afin de couler
» le tems & ſoulager le mieux qu'ils
» pourroient leur néceſſité. Avec toute
» leur induſtrie ils ne purent rejoindre
» le courant; ſi bien que, pour ſortir
» d'une année, ils furent forcés d'en-
» gager le revenu de la prochaine, quel-
» quefois d'un an & demi & de deux
» années.

. » Dès-lors les Comptables leur firent
» des avances dont les rembourſemens
» étoient ſi éloignés, qu'à peine pou-
» voit-on ſatisfaire à leurs intérêts, &
» même à la ſûreté de leur prêt, qu'en
» les rendant comme maîtres abſolus du
» maniement de leurs Offices.

» Les Fermiers & ceux qui avoient
» traité avec le Roi firent de même,
» leſquels n'ont plus voulu mettre à
» prix aucun office ou portion du Do-
» maine, que ſuivant le revenu qui
» en pouvoit provenir; ce qui a fait
» que les ventes n'ont jamais excédé le
» denier dix, & s'en ſont acquis la
» jouiſſance dès le commencement des
» années que les créations ont été faites,
» nonobſtant que la plupart n'euſſent

» traité qu'après les premiers quartiers
» échûs : ils ont ajouté les deux fous
» pour livre qu'ils difoient être affectés
» à fupporter les frais ; enfemble la re-
» mife du fixieme pour les tirer hors de
» tous intérêts & les garantir du ha-
» zard qu'ils pouvoient courir à faire
» valoir les chofes par eux achetées ;
» lequel fixieme avec les deux fous pour
» livre & la jouiffance font une fomme
» égale au tiers du total.

» Que fi l'urgente néceffité des affai-
» res a voulu que les Partifans ayent
» avancé le terme de leur obligation
» pour avoir tout en argent comptant,
» on leur a donné des intérêts jufqu'à
» quinze, dix-huit & vingt pour cent,
» lefquels ajoutés avec les autres remi-
» fes ont fait que les meilleures affaires
» ne font pas revenues à la moitié des
» charges de l'Etat ; étant réduites à ce
» point, qu'elles n'avoient d'autre re-
» cours pour les foutenir que la bourfe
» des Partifans, lefquels en cette nécef-
» fité s'étoient tellement autorifés ,
» qu'au bout du tems on n'a fçû les fai-
» re compter nettement ; & pour s'en
» garantir ils fe fervoient des change-
» mens qui arrivoient dans le Royaume.

» Il s'eft auffi rencontré que tous les

» Tréforiers de l'épargne qui ont levé
» fur les Receveurs généraux des fom-
» mes d'argent avant le terme échû,
» n'étoient point ceux auxquels ils de-
» voient répondre en l'année de leur
» exercice ; & l'épargne formant fes
» recettes ainfi confufément, s'eft trou-
» vée elle-même tellement embarraf-
» fée, qu'il n'y a plus eu lieu de voir
» clair dans fes comptes.

» Les Naturaliftes difent que la fei-
» che a cette induftrie de troubler l'eau
» pour tromper les yeux des pêcheurs
» qui l'épient : de même les Tréforiers
» ont perverti tout l'ordre & obfcurci
» leur maniement, afin qu'on ne pût
» apprendre par l'épargne, les recettes
» qui s'étoient faites dans les Générali-
» tés, ni pareillement juger des dépen-
» fes ; quoique l'épargne foit la fource
» d'où doivent fortir les moyens de les
» faire. De-là vient que quand le compte
» de l'épargne eft demeuré, ceux des
» Généralités demeurent auffi accro-
» chés ; femblables à un peloton de fil
» mêlé duquel vous ne pouvez tirer un
» bout que vous ne ferriez davantage
» les autres ; & ce d'autant plus que les
» Tréforiers de l'épargne ont pouvoir
» de faire recette & dépenfe, de leur

» autorité, jusques à la clôture de leur
» compte, qui ne peut être fini que
» quand il leur plaît.

» Le moyen d'éviter ce desordre est
» que le Surintendant compte avec eux
» de jour à autre, ou du moins toutes
» les semaines ; & pourtant se trouve-
» ra bien empêché avec cette vigilance
» de pénétrer dans le fond de leur ma-
» niment. Je n'aurai pas peu d'affaires
» étant à présent en charge, de voir les
» comptes de dix Tréforiers de l'é-
» pargne, ayant tous la même autorité
» que celui qui est en exercice ; & en
» même tems compter avec cent & tant
» de Receveurs généraux, plus de cent
» & vingt Fermiers, & autant de Trai-
» tans, qui ont dû porter leur recette à
» l'épargne pendant les cinq années dont
» ils n'ont encore entierement compté.

» Combien de comptes de diverses
» natures de deniers doivent rendre les
» Tréforiers des Parties casuelles ! Tous
» ceux qui ont agi par commiffion aux
» reventes du Domaine, qui en ont
» reçû les deniers par les quittances de
» l'épargne, desquels ils n'ont point
» encore rapporté des ampliations ; ce
» qui empêche l'épargne d'en faire sa
» recette assurée.

» Or s'il y a tant de difficulté à re-
» connoître la vérité en la plus facile
» fonction des Finances qui est la recet-
» te , comment pourra-t-on pénétrer
» jusqu'au fond de la dépense , pour
» voir si elle est vraie ou fausse , après
» qu'elle a passé par tant de mains dif-
» férentes , tant de divers sujets , &
» sous l'autorité de plusieurs Ordonna-
» teurs , desquels aucuns ne sont plus
» en Charge ; & les autres disent qu'ils
» ne sont obligés de rendre compte de
» leur gestion qu'au Roi.

» Ainsi par ces difficultés l'on ne sçau-
» roit apprendre le menu des sommes
» qui sont entrées pendant ces cinq an-
» nées dans la Chambre aux deniers ;
» & l'épargne rapportant la quittance
» du Trésorier d'icelle Chambre à sa
» décharge , il n'y a lieu de contester ;
» le même est de l'écurie , argenterie,
» des menus, de la Chambre du Tré-
» sorier de la Maison , de ceux des Rei-
» nes & de Monsieur , & généralement
» de tous les Comptables des Maisons.

» Quant aux pensions, gratifications
» & entretenemens donnés pendant ces
» cinq années , pour sçavoir à quelles
» sommes elles se montent , il ne faut

» que les quittances des parties prenan-
» tes pour en être éclairci.

» Pour la guerre, la plupart des Of-
» ficiers nous en ont caché le menu &
» n'en pouvons avoir aucune lumiere ;
» témoin la dépense de la Marine faite
» en 1622, qui monte à un million
» d'or * : le même se trouvera des au-
» tres années ; & pour mieux couvrir
» leur jeu, ils disent que c'est du fait de
» l'Amiral qui en a usé ainsi que bon
» lui a semblé.

» Autant se peut dire de l'Artillerie
» qui porte le tiers de la dépense de la
» guerre ; & quand on demande aux
» Officiers l'emploi des deniers qu'ils
» ont reçû de l'épargne, ils rejettent
» tout sur le Grand-Maître.

» De même est-il de l'ordinaire de la
» guerre, la dépense de laquelle n'est
» connue que par le Connétable, &
» le Sécretaire d'Etat qui en a le dépar-
» tement.

» Quant à l'extraordinaire, pour en
» vérifier au vrai la dépense, il est be-
» soin de faire compter dix Trésoriers,
» qui ont exercé durant les cinq années

* Le million d'or valoit trois millions de livres.

» tant deçà que de-là les Monts : & y a
» tel d'entre eux par les mains duquel
» ont paſſé plus de douze millions de li-
» vres en ſon année , dont les dépenſes
» ſe ſont faites en divers endroits de ce
» Royaume , en Italie , en la Valteline
» & ailleurs.

» En cet extraordinaire de la guerre ,
» je n'y comprends point les Suiſſes ,
» parce qu'ils ſont payés par les Tréſo-
» riers des Ligues qui manient les de-
» niers qui leur ſont envoyés, & ſe diſ-
» tribuent ſuivant l'état qu'en fait l'Am-
» baſſadeur.

» Ce n'eſt pas que je veuille con-
» damner l'autorité de ces Ordonna-
» teurs , quoiqu'ils aient formé tant
» qu'ils ont pû des nuages épais pour
» les jetter aux yeux de ceux qui deſi-
» rent voir jour en leurs affaires. Et
» pour ces conſidérations, le Roi uſant
» de ſa prudence accoutumée , a jugé
» bon de ſupprimer la Charge de Con-
» nétable & celle de l'Amiral ; parce
» qu'il n'eût été poſſible, ces Charges
» demeurant en leur entier, de faire au-
» cun Réglement parmi les gens de
» guerre de terre ou de mer, étant vé-
» ritable qu'on fait plus à préſent pour
» un million de livres, qu'on ne pour-

» roit faire pour fix millions, ces Char-
» ges fubfiftant en leur premiere auto-
» rité.

   » De l'abus de ces Puiffances font
» arrivés ces defordres, qui ont telle-
» ment mis en arriere les affaires de Sa
» Majefté qu'elles en font comme aban-
» données ; & ne fait-on comment re-
» connoître ceux auxquels il eft dû, ni
» de qui on doit recevoir l'argent pour
» les payer ; chaque Receveur alléguant
» avoir fourni ce qu'il devoit long-
» tems avant le terme échu, par des
» avances ou des prêts, & pourtant
» perfonne ne fe trouve fatisfait.

   » Si l'on s'adreffe à ceux qui font en
» exercice en l'année 1626, ils difent
» avoir fourni à l'Epargne ce qu'ils doi-
» vent dès l'année 1625, d'autres en
» 1624, & il s'en trouve qui difent
» avoir payé en 1622 & 1623. Que fi,
» pour vérifier leurs acquits, on fe veut
» regler fur les états par eftimation,
» vous les trouveriez ne monter qu'à
» vingt ou vingt-deux millions ; & par
» les états au vrai ils fe montent à tren-
» te, même à quarante millions de li-
» vres. Que fi l'on veut entrer à la con-
» noiffance du détail, ils renvoyent à
» des Supérieurs & Chefs de Charges,
                        » defquels

» defquels la naiſſance & l'autorité ſont
» ſi grandes, qu'ils nous ferment la bou-
» che, & nous diſent qu'ils ne rendent
» compte à perſonne qu'au Roi.

» C'eſt ce qui a bouleverſé l'ordre
» des Finances, par lequel on pouvoit
» connoître la vérité des recettes & dé-
» penſes: auſſi a-ce été la cauſe que ceux
» qui m'ont précédé ont été tellement
» emportés par les grandes dépenſes que
» la grande quantité d'armées a engen-
» dré, & ont trouvé leur courant ſi dé-
» placé, que quelque affection qu'ils y
» ayent eu de remettre les choſes en
» leur ordre, ils ne l'ont pû ; bien qu'ils
» ayent vaqué avec toute ſorte de ſoins
» & d'intégrité au devoir de leurs char-
» ges : mais les moyens de ſoutenir ces
» exceſſives dépenſes leur manquant
» tout-à-fait, & étant toujours en peine
» de chercher de nouveaux fonds pour
» les ſupporter, il ne s'eſt point fait
» d'état du Roi, où toutes les dépenſes
» doivent être contenues ès dernieres
» années ; d'où eſt provenue la diſette
» que l'Etat ſouffre préſentement, qui
» manque à toutes occaſions de moyens
» pour ſupporter la ſixieme partie des
» dépenſes du Royaume, leſquelles ſont
» toutes propoſées néceſſaires & de-

» mandées comme juftes ; & fi elles font
» différées ou refufées, le Sur-intendant
» feul en reçoit le blâme & paffe con-
» damné.

» Il eft comme le Pilote qui regarde
» les vents & la mer conjurer enfemble
» contre fon vaiffeau, & apporte ce
» qu'il a de prévoyance pour y remé-
» dier. De même eft-il feul à fe défen-
» dre contre tous venans qui s'accor-
» dent pour l'attaquer, fait ce qu'il peut
» pour les contenter : & n'ayant moyen
» de leur donner fatisfaction, parce
» qu'il ne lui eft pas poffible d'accom-
» moder une affaire qu'il ne foit forcé
» d'en bleffer une autre, il eft contraint
» de les laiffer plaindre & donner air à
» leur douleur ; ainfi n'y ayant point de
» regle dans l'Epargne, toutes chofes
» qui en dépendent tombent en confu-
» fion.

» J'appelle à témoin de mon dire la
» Chambre des Comptes, s'il n'eft pas
» véritable qu'elle s'eft trouvée en ce
» point, de ne pouvoir examiner &
» clorre les comptes, faute que ceux de
» l'Epargne n'avoient point été arrêtés.

» M. le Procureur Général en ladite
» Chambre ci-préfent vous affurera
» qu'il m'eft venu dire de leur part qu'ils

» ne pouvoient faire leurs fonctions que
» les comptes de l'Epargne ne fussent
» rendus entierement, & que les Comp-
» tables qui y portent les deniers de leurs
» Charges, ou y prennent les assigna-
» tions, n'eussent fait le même ; d'autant
» que les recettes de tant d'années accu-
» mulées formoient de si grandes confu-
» sions, & favorisoient si fort les diver-
» tissemens, qu'il n'étoit possible de dis-
» cerner les vraies recettes & dépen-
» ses d'avec les vrai-semblables. J'a-
» jouterai que cela donna sujet à la
» Chambre de députer deux Maîtres de
» chaque Bureau pour m'en faire plain-
» te, & peu de tems après elle donna
» un Arrêt célebre contre tous Comp-
» tables, à même fin qui contient ce que
» je dis.

» Voilà l'état auquel est la France à
» présent, qui a besoin de puissans reme-
» des pour la remettre en vigueur, les
» foibles ou palliatifs lui étant inutiles.
» C'est avec douleur que je découvre
» les nécessités qui sont en ce Royaume;
» non que je redoute que nos voisins en
» puissent tirer de l'avantage, parce qu'ils
» sont encore en plus mauvais état,
» mais parce que cette grande necessité
» émeut la compassion des bons Fran-

» çois qui aiment leur patrie : & pour-
» tant ces maux ne font fi extrêmes
» qu'on ne les puiffe réparer, & rendre
» à la France fa premiere fplendeur.

» Le moyen d'y parvenir eft que tous
» les états de Finances foient formés
» à l'avenir fur le modele de ceux de
» 1608, & que dans la recette nous laif-
» fions une fomme fuffifante pour rem-
» placer les non-valeurs & les parties
» inopinées que nous fupportons ; parce
» que, fi nous nous contentons d'égaler
» la dépenfe à la recette, il eft indubi-
» table qu'au lieu de guérir nos defor-
» dres, nous les accroîtrons.

» Ce n'eft pas que je veuille blâmer
» le tems auquel le bon ordre que nous
» defirons aux affaires a fini, car une
» fainte intention en a été la caufe. La
» Reine mere du Roi, lors Régente, fut
» perfuadée de prier le Roi de tourner
» le ménage qui fe faifoit aux Finances
» en libéralité, afin que les affections
» des peuples dûes à leur Roi lui fuffent
» confervées entieres, malgré les per-
» nicieufes pratiques qui fe faifoient au
» contraire.

» Ce falutaire confeil fit telle impref-
» fion aux cœurs de leurs Majeftés,
» qu'Elles remirent aux peuples trois

» millions de livres, tant de ce que por-
» toit auparavant le brevet de la Taille,
» que des impofitions des Fermes. Le fel,
» qu'on avoit propofé d'établir par Edit
» dans les Provinces qui en font libres,
» n'eut point de lieu, comme il fe voit
» par la révocation des offices créés aux
» greniers à fel d'Auvergne, qui étoient
» déja vendus à un nommé Blanche-
» teau, lefquels furent au même inftant
» rembourfés & fupprimés.

» La douane de Valence fut ôtée, &
» les Provinces de Provence, Langue-
» doc & Dauphiné foulagées : l'on dimi-
» nua plus du tiers de l'impofition du
» convoi de Bordeaux, & la moitié de
» celle de Charente, autant fur celle de
» la riviere de Loire & des autres : l'on
» remit plus de la moitié des fubven-
» tions aux grandes villes, lefquelles de-
» puis n'en ont quafi rien payé : le prix
» du fel fut diminué de cinquante fols
» par minot en la Ferme des Gabelles
» de France : & en celui de la Ferme de
» Lyonnois, de cinquante-trois fols ; ce
» qui revenoit lors fur le pied des ventes
» à plus de quinze cent mille livres.

» Toutes lefquelles diminutions affoi-
» blirent d'autant la recette, & ôterent
» le fonds qui fervoit à foutenir les dé-

» penses extraordinaires, qui peu après
» furent grandement accrues.

» Le Roi desirant que les Grands se
» ressentissent de ses munificences,
» aussi bien que les petits, tripla les pen-
» sions de tous les Princes; donnant à
» M. le Prince de Condé trois cent mille
» livres de pension, à MM. les Prince
» de Conty & Comte de Soissons, cha-
» cun deux cent mille livres, aux autres
» Princes chacun cent mille livres. Les
» Ducs, Pairs & Officiers de la Cou-
» ronne reçurent leur part de ses bien-
» faits, & n'y eut Seigneur à la Cour
» qui ne s'en ressentît; ces gratifications
» même s'étendant jusqu'aux Provinces
» les plus éloignées, où les Gentilshom-
» mes qualifiés en étoient participans.

» De sorte que cette augmentation de
» dépense composoit une somme d'en-
» viron quatre millions de livres, la-
» quelle jointe à la diminution faite au
» peuple firent manquer le fonds annuel
» de la recette de six à sept millions de
» livres : & sans les retranchemens que
» le Roi & la Reine firent sur eux-mê-
» mes, il eût fallu rétablir ce que leurs
» Majestés avoient donné aux Provin-
» ces pour leur soulagement, & dimi-
» nuer les libéralités que recevoient les

» Grands, les Seigneurs & Genilshom-
» mes du Royaume.

» Néanmoins la guerre que l'on pen-
» foit alors éviter pour cette munificen-
» ce, ne laiffa pas de troubler griéve-
» ment l'Etat (l'ambition des hommes
» ou leur avarice l'ayant ainfi voulu)
» & s'alluma de telle forte en tous les
» endroits de la France & avec telle vio-
» lence, que les Loix furent foulées aux
» pieds, & n'y eut rien de facré qui ne
» fût méprifé & pollu.

» En ce defordre les dépenfes qui n'a-
» voient encore excédé vingt millions
» de livres, monterent jufqu'à cinquan-
» te millions ; ce qu'il n'a été poffi-
» ble de foutenir que par des voies ex-
» traordinaires, qui n'ont pû néanmoins
» être juftement blâmées, tant parce
» qu'elles ont été caufées par la néceffi-
» té, que pour avoir été puifées dans le
» Domaine du Roi, que Sa Majefté a
» voulu être engagé, & les deniers en
» provenant, à réparer les calamités
» publiques, plutôt que d'interrompre
» le cours de fes bonnes intentions.

» Que fi d'ailleurs il eft venu à l'Epar-
» gne quelque fomme d'argent, ç'a été
» par des créations d'Offices dont les ga-
» ges, droits & fonctions fe font à fes

» dépens ; & les droits des acquéreurs
» de ces Offices sont si bien conservés,
» que s'il y a pour un teston de non-va-
» leurs, il est porté sur la partie de l'E-
» pargne, quelque petite qu'elle puisse
» être.

» Or si le revenu du Domaine est tiré à
néant, les Tailles qui se montent tous les
» ans à près de dix-neuf millions de liv.
» *ne sont pas beaucoup plus utiles au
» Roi, puisqu'il n'en revient à l'Epargne
» que six millions, qui passent par les
» mains de vingt-deux mille Collecteurs,
» qui les portent à cent soixante Rece-
» veurs des Tailles, d'où elles passent à
» vingt-un Receveurs Généraux pour
» les voiturer à l'Epargne.

» Et ces deniers des Tailles sont tirés
» de l'Epargne, pour être distribués aux
» Trésoriers de l'extrarodinaire de la
» Guerre, ou des Maisons, suivant qu'ils
» sont destinés, lesquels en baillent la
» moindre partie à ceux qui les doivent
» recevoir d'eux ; car avant que les Of-
» fiers, entre les mains desquels passent
» ces deniers, ayent pris leurs gages,

* Le prix du marc d'argent le Roi étoit alors à
vingt livres cinq sols quatre deniers ; il est aujour-
d'hui à cinquante livres douze sols huit deniers : ainsi
les dix-neuf millions de Tailles équivaloient à quarante-sept environ, monnoie actuelle.

» taxations

» taxations, droits, ports & voitures, il
» fe trouve enfin que ces fommes re-
» viennent à peu de chofe.

    » Quant aux Gabelles, la Ferme gé-
» nérale eft de fept millions quatre cent
» & tant de mille livres, les frais des
» Fermiers rabattus, qui reviennent à
» deux millions de livres ; & des fept
» millions quatre cent mille livres, il y
» en a fix millions trois cent mille livres
» d'aliénés, fi bien que le Roi n'en re-
» tire que onze cent mille livres, qui
» ont été affectées l'année paffée & celle-
» ci au payement des rentes de la Ville,
» dont Feydeau étoit demeuré en ar-
» riere.

    » Le Roi a fouffert une femblable per-
» te aux rentes des Aides ; & ainfi il
» porte feul la folle enchere des Ban-
» queroutes, & paye pour tout le mon-
» de, quelque neceffité qu'il ait en fes
» affaires. La Ferme des Aides porte des
» charges près de deux millions de li-
» vres : les deux tiers du revenu de tou-
» tes les autres Fermes à peine peuvent
» fatisfaire pour en acquitter les char-
» ges.

    » L'on voit donc comme la bonté de
» leurs Majeftés a confervé les effets de
» leur premiere libéralité, & qu'à leur

Tome I.   K k

» dommage, les feux de leurs sujets ré-
» belles ont été amortis, la paix réta-
» blie dans le Royaume, & toutes cho-
» ses remises dans leur ordre.

» Sa Majesté ne s'est pas contentée de
» dissiper les factions nouvelles, aux dé-
» pens du revenu de sa Couronne, mais
» a exposé sa personne aux hazards de
» la guerre, jusques aux coups de main,
» aux injures de l'air & maladies con-
» tagieuses, dont Dieu seul l'a garanti.
» Et après tant de maux soufferts, ses su-
» jets vivent sous son obéissance en dou-
» ceur, accommodés de toutes choses,
» lui étant plein de nécessités : ce sont
» les marques de sa bienveillance, qui
» n'a autre but que de soulager son peu-
» ple, bien faire à sa Noblesse, augmen-
» ter les gages des Compagnies souve-
» raines, & de continuer ses libéralités
» aux Princes de son sang, & à ceux qui
» sont près de sa personne.

» L'on peut voir par là que les biens
» que le Roi a fait à tous, sont cause des
» incommodités qu'il souffre, ce qui ne
» seroit, s'il ne le vouloit ; puisque
» c'est par son autorité que nous jouis-
» sons du repos, que nous goûtons la
» vie, & que Sa Majesté, pouvant se
» donner un pareil contentement, ne se

» plaît qu'à vivre en continuel fouci
» pour notre confervation.

» En ce cahos d'affaires il defire avoir
» vos avis, pour apprendre par quelles
» façons il s'en pourra démêler & fe
» tirer hors de la néceffité préfente ;
» ufant en cela d'un procédé qui tourne
» à la gloire de fa perfonne facrée, &
» de ceux qui ont l'honneur d'opiner en
» fes fecrettes réfolutions : l'avis qu'il
» vous demande n'eft que vos confente-
» mens en des chofes qui dépendent nuë-
» ment de Sa Majefté.

» Il demande d'être fecouru, non pour
» s'en prévaloir, mais pour ce que la
» fureté publique le requiert : fa bonté
» ne voulant fe fervir d'aucuns remedes
» qu'on lui propofe, fi cette Affemblée,
» pleine des plus fages & prudens hom-
» mes de ce Royaume, n'en convient
» avec lui ; érant fi éloigné de faire
» chofe qui puiffe fouler fon peuple,
» qu'il l'a déchargé de fix cent mille li-
» vres par le brevet de la Taille de cette
» année, qui pouvoit augmenter au-
» tant qu'il eût plû à fa fouveraine auto-
» rité.

» Il eft vrai que cette gratification a
» déplu à quelques perfonnes mûes de
» mauvaifes intentions, lefquelles,

» pour ne paroître en public auteurs
» de calomnies, vont difant à l'oreille
» les uns aux autres, qu'on a chargé le
» peuple d'ailleurs, & par ce moyen
» veulent détruire la grace du bienfait
» de Sa Majefté : fi leur volonté étoit
» bonne, ils pourroient parler haute-
» ment, & dire leur penfée en cette céle-
» bre compagnie, afin d'avoir des preu-
» ves hors de toute exception, pour faire
» châtier féverement les auteurs de
» cette mauvaife action, comme ils le
» méritent. Cela étant du tout contraire
» aux volontés du Roi, qui peut & ne
» veut pas que l'on augmente charges
» quelconques fur fon peuple, nonobf-
» tant que fes Finances foient éloignées
» du courant, & que trente millons de
» livres ne l'y puiffent remettre.

» Et afin de vous le faire reconnoî-
» tre, je vous dirai en peu de mots qu'il
» plut au Roi me mettre en Charge au
» commencement de Juin, n'ayant trou-
» vé dans l'Épargne aucuns fonds pour
» foutenir la dépenfe du mois, je fuis
» obligé d'ajouter à la demi-année que
» j'ai exercée.

» M'étant enquis quelle recette & dé-
» penfe étoient à faire durant le refte de
» l'année, j'appris qu'il n'y avoit plus

» rien à recevoir, & que même la re-
» cette de l'année 1627 étoit bien avant
» entamée ; que le quartier de Janvier
» étoit entierement mangé, & qu'on
» avoit commencé de lever fur celui
» d'Avril : que les Fermiers Généraux
» des Aides avoient prêté un million de
» livres, & les Sous-Fermiers cinq cent
» mille livres, pour s'en rembourser
» aux quatre quartiers de l'année, &
» fur les deux premiers de la fuivante :
» que les cinq groffes Fermes étoient
» affectées à Charlot, pour fon rembour-
» fement des grandes avances qu'il avoit
» faites : de même eft-il de la Ferme des
» Gabelles de Languedoc à Coulange ;
» la Ferme générale des Gabelles à
» Briois, à caufe d'un million qu'il
» avoit avancé pour le payement des
» rentes dont Feydeau étoit demeuré
» redevable.

» Ainfi je trouvai toute la recette
» faite, & la dépenfe à faire : car toutes
» les garnifons preffoient d'être payées
» de leurs foldes des années 1625 &
» 1626 ; les armées de la campagne de-
» mandoient leurs montres de Novem-
» bre & Décembre 1625, & celles de
» l'année 1626. Jufques alors les payes
» des deux années dûes aux garnifons fe

» montoient à cinq millions de livres,
» suivant l'état, à raison de deux millions
» cinq cent mille livres par an : que s'il
» s'en est trouvé qui ayent touché quel-
» que chose, il y en avoit aussi d'autres
» qui demandoient trente sols de solde.

   » Pour les armées de la campagne, il
» se trouve que le Roi, payoit tant en
» Italie, Valteline, qu'en France, quatre-
» vingt onze mille hommes de pié, & six
» mille chevaux, dont la solde revenoit
» par mois à plus de deux millions de li-
» vres ; & pour huit mois il falloit plus
» de seize millions de livres ; à quoi
» ajoutant les cinq millions des garni-
» sons, le tout revenoit à près de vingt-
» deux millions de livres, comme il se
» peut justifier par les états du Roi , &
» par les certifications que j'en ai tirées
» des Trésoriers de l'extraordinaire des
» guerres, pour mettre l'Epargne en
» quelque ordre de compter.

   » Les gratifications que le Roi fait,
» réduites sur le pied de quatorze cent
» & tant de mille livres, étoient toutes
» à payer durant les deux années qui
» sont environ trois millions de livres.

   » Tous les appointemens des Officiers
» de la Couronne, ceux de Messieurs
» du Conseil, des domestiques de la Mai-

» son du Roi , & des Compagnies sou-
» veraines , avec les pensions étrange-
» res , étoient à payer, qui se montoient
» à plus de deux millions de livres.

» Encore est-il dû douze cent mille
» livres de reste du mariage de la Reine
» d'Angleterre, six cent mille livres à
» Messieurs des Etats des Provinces-
» Unies, que le Roi leur a promis, &
» autres dettes.

» Sur toutes lesquelles choses j'ai fait
» payer quatorze cent mille livres de
» gratifications en assignations ; douze
» cent & tant de mille livres pour trois
» mois données aux garnisons ; cent
» cinquante mille livres dont j'ai assi-
» gné le Roi de Dannemarck ; cinq
» cent mille livres pour les mezades de
» M. de Savoye que j'ai fait assigner.
» Plus il a été envoyé delà les monts
» en argent comptant deux millions de
» livres ; sçavoir neuf cent huit mille
» livres qu'emporta Mesmin ; deux cent
» mille livres qui ont été envoyées à
» M. de Châteauneuf ; trois cent mille
» livres que j'ai fait toucher à M. le
» Marquis de Cœuvres au commence-
» ment d'Octobre ; & six cent mille li-
» vres en Novembre.

» Et pour soulager le Peuple des ar-

» mées qui retournoient en Italie, qui
» l'eussent entierement ruiné, a été
» donné pour les licentier, ensemble
» l'armée de Champagne & celle de
» Picardie, deux millions trois cent &
» tant de mille livres en argent comp-
» tant; sans y comprendre trois mille
» trois cent Suisses qui étoient en Pi-
» cardie, & n'avoient fait que deux
» montres.

    » Ce qui reste des armées de Cham-
» pagne, Picardie, & avec les anciens
» Régimens qui sont en garnison à
» Montpellier, au Fort-Louis, au Pou-
» zin, en Bretagne, en Normandie,
» revenant par mois, compris la Cava-
» lerie entretenue, à près d'un million
» de livres, ont déjà reçu une montre
» en Novembre, & une autre qu'on leur
» paye à-présent.

    » Il a fallu fournir à M. le Conné-
» table pour le Pouzin trois cent mille
» livres; autant à la Garnison de Mont-
» pellier, qui n'est encore contente;
» trois cent dix mille livres à ceux de la
» Religion prétendue réformée; près
» de cinq cent mille livres à M. de Thoi-
» ras; environ deux cent mille livres
» pour les Vaisseaux de Hollande; &
» pareille somme qui étoit dûe à ceux

» qui ont servi en l'Isle de Rhé & à
» Blavet ; cent mille livres à M. de
» Retz, pour l'acquisition de Belle-Isle:
» & avec tout cela il a fallu soûtenir
» les dépenses des maisons qui se payent
» en argent comptant tous les mois,
» étant pour la nourriture du Roi, des
» Reines, & de Monsieur.

» L'on a donné en outre tous les
» mois, tant pour le comptant ès mains
» du Roi, qu'aux Officiers de la Cham-
» bre aux deniers, argenterie, Tréso-
» rier de la Maison du Roi, menus,
» Ecuïerie, Offrandes, Vénerie, Fau-
» connerie, Archers de la porte & du
» Grand-Prevôt, Cent-Suisses, quatre
» cent Archers des Gardes, deux cent
» Gendarmes, deux cent Chevaux-Le-
» gers, soixante-quinze mousquetons,
» Régimens de quatre mille hommes
» François, & de deux mille deux cent
» Suisses, appointemens de leurs Colo-
» nels, le tout montant à plus de sept
» cent mille livres, qui font pour sept
» mois plus de cinq millions de livres,
» y compris les menus dons, voyages,
» & parties inopinées.

» Il y a encore beaucoup d'autres dé-
» penses qui ont été faites depuis, qui
» montent à de grandes sommes, com-

» me l'appanage de Monfieur , les ré-
» compenfes données à Meffieurs l'A-
» miral & de Sourdeac, & autres. En-
» femble l'argent comptant envoyé aux
» étrangers, comme cent mille livres
» de penfion à Madame la Princeffe de
» Piémont, & le tout par très - exprès
» commandement du Roi.

» Toute laquelle dépenfe en argent
» comptant a été faite par emprunt,
» dont les intérêts montent à plus d'un
» million de livres, qui ont confommé
» tout ce qui reftoit de la recette de
» cette année 1627, avec les moyens
» extraordinaires qui fe font trouvés
» dans les affaires du Roi. De forte que
» pour rejoindre le courant, il eft né-
» ceffaire de trouver de quoi vivre &
» couler le refte de l'année.

» J'ajouterai, Meffieurs, que la dé-
» penfe que M. de la Viéville avoit re-
» glée en 1623, & qui a fait tant de
» bruit, n'a laiffé de monter à trente-
» cinq millions cinq cent mille livres,
» comme il fe peut voir par l'état qu'en
» a préfenté le Tréforier de l'Epargne
» Beaumarchais, laquelle fomme ajou-
» tée aux dépenfes qui font encore dûes,
» il faudroit des fommes qu'il ne feroit
» poffible de fournir.

» Par-là , vous pourrez juger ce qui
» fera le plus expédient pour nous tirer
» des néceffités où nous fommes ; fur
» quoi j'en dirai librement mes fenti-
» mens, lorfque nous entrerons dans le
» menu, me contentant de vous avoir
» donné autant que j'ai pû la connoif-
» fance de l'état préfent des affaires.

Ce difcours paroît propre à donner
une idée jufte de la fituation où feize
années feulement de prodigalités & de
mauvaife adminiftration avoient réduit
les Peuples & l'Etat. Il eft vrai que des
circonftances extraordinaires avoient
monté la dépenfe de trente millions
pendant quelques années ; mais il n'en
eft pas moins évident que, fi le Gouvernement eût réprimé le pillage du
Tréfor public, & n'eût récompenfé que
les fervices, cette dépenfe n'eût pas été
auffi confidérable. Enfin fi les Admi-
niftrateurs, au lieu d'aliéner le Domaine , & environ vingt-deux ou vingt-
trois millions fur les diverfes branches de
revenus à des intérêts exorbitans , euffent eu recours dans ces occafions extraordinaires à une impofition générale,
propre à affecter principalement la claffe
des riches, la Nation leur auroit dû des
remercimens ; car il fallut en venir à

cette augmentation d'imposition ; & au lieu d'être momentanée, il devint indispensable de la rendre perpétuelle. Les besoins augmenterent encore ; & le Peuple se trouvant épuisé pour subvenir aux dépenses ordinaires, il ne fut pas libre de choisir les moyens. Lorsqu'un particulier a dérangé ses affaires, une œconomie proportionnée à ses revenus & à ses dettes lui assure sa libération dans un certain espace de tems : mais les circonstances ne permettent pas toujours à l'Etat de proportionner son œconomie à sa dette & à ses revenus. Quelle autre ressource lui reste-t-il alors, que d'augmenter sa recette ? C'est à la raison d'Etat éclairée par l'humanité à regler ces proportions, & un Peuple gouverné par la confiance n'en murmurera jamais. Il semble que ces principes bien développés eussent été plus utiles dans le discours du Maréchal d'Effiat, que le soin affecté de justifier les Ministres précédens ; usage malheureux qui perpétue d'âge en âge les mauvais principes, & qui ne sert qu'à voiler la vérité aux Princes, lors même qu'on leur présente des moyens de réparer les fautes passées.

Heureusement pour la France, les Finances de la plûpart des Etats de l'Europe n'étoient pas en meilleure posture. On imprima cette année les Cahiers des Etats Généraux d'Espagne en 1619, où l'on voit que tous les revenus de la Couronne étoient aliénés, le labourage déserté, l'industrie anéantie, par les mêmes causes à-peu-près dont la France gémissoit. Enfin la Maison du Roi ne subsistoit plus qu'au moyen de six millions quatre cent mille livres qu'on levoit sur le Clergé, sans qu'il restât la plus petite somme pour les dépenses du Gouvernement.

Mais quel ascendant la France conduite par Richelieu n'eût-elle point pris sur les Nations dont elle avoit quelque chose à redouter, si la bonne administration du Regne précédent eût continué ! En vain les Politiques formeront de vastes combinaisons au dehors, si l'Etat est impuissant au dedans ; les entreprises excéderont les forces de la Nation, & l'épuiseront sans réussir.

Il n'est pas moins intéressant d'avoir les yeux ouverts sur l'administration des Pays voisins, que sur leurs intrigues & leurs négociations. Aux Traités, aux Alliances, on oppose des Traités & des Alliances ; mais pour soutenir une pleine égalité, il faut aux bons

Réglemens économiques des Etrangers dans leur intérieur en opposer de pareils ou de meilleurs. Aujourd'hui la durée & l'issue des guerres pourroient presque se calculer sur une connoissance exacte des moyens réciproques ; dès-lors un bon Gouvernement économique est forcé d'employer sans relâche tous les instans de la paix à réparer ces moyens, & à les rendre tellement surabondans, que l'on ne soit jamais dans cette alternative fâcheuse d'abandonner une entreprise légitime & glorieuse, ou d'anéantir les ressources pour l'avenir. Les moyens principaux sont les hommes & l'argent sans contredit. Tout accroissement dans la culture & l'industrie en produiront un assuré dans ces deux moyens primitifs : c'est une vérité usée qu'il seroit honteux de contredire ; mais la plûpart des hommes ont le courage de rejetter ou d'éluder les expédiens qui pourroient la réduire en pratique, & c'est ainsi que l'on sacrifie constamment les principes à ses préjugés.

ANNÉE 1627.

La clôture de l'Assemblée au 24 Février 1627, fut annoncée par une Dé-

claration, dans laquelle le Roi dit entre
autres choses que son dessein est « de ré-
» tablir le Commerce, de renouveller
» & d'amplifier ses priviléges, de faire
» en sorte que la condition du trafic
» soit tenue en l'honneur qu'il appar-
» tient, & rendue considérable entre
» ses Sujets, afin que chacun y demeure
» volontiers sans porter envie aux au-
» tres conditions. De diminuer les char-
» ges sur son pauvre Peuple par tous
» les moyens possibles ; s'obligeant en
» foi & parole de Roi de le soulager de
» trois millions de livres dans les cinq
» années prochaines, y compris les six
» cent mille livres qui sont diminuées
» actuellement sur les Tailles. Sa Ma-
» jesté ajoûta qu'elle eût commencé dès
» cette année à les faire jouir de cette
» diminution, si Elle n'avoit eu à libé-
» rer ses Domaines & droits aliénés sur
» les Tailles & Gabelles.

Je dois rendre compte des principales réponses des Cahiers de l'Assemblée
sur les diverses propositions qui lui furent faites de la part du Roi.

Sa Majesté fut suppliée au sujet du
Réglement des Tailles, de faire revivre
les anciens Réglemens les plus propres
à maintenir l'égalité & l'équité dans les

répartitions. Est-ce là ce que le Peuple étoit en droit d'attendre des lumieres d'une grande Assemblée ? M. Chevalier, Premier Président de la Cour des Aides, proposa seul de rendre la Taille réelle sur les biens. Par cette réforme, le Laboureur eût été véritablement soulagé ; ce nombre énorme d'Elus & Officiers qui vivent à ses dépens devenoit inutile ; les frais des exécutions étoient épargnés ; enfin le Roi étoit plus ponctuellement payé. Malgré tant d'avantages, l'avis n'eut que trois partisans ; tous les autres le trouverent *dangereux*. Cela est facile à expliquer : l'Assemblée étoit composée d'Ecclésiastiques, de Gentilshommes, de gens de robe ; tous riches propriétaires des terres, & qui, n'en connoissant pas le véritable intérêt, craignirent de se trouver garants de l'imposition du Laboureur, comme si cette imposition leur étoit étrangere. N'est-ce pas en déduction du prix de la Ferme, & de la solidité des Fermiers, que se payent les contributions arbitraires ? La consommation des Cultivateurs à leur aise ne retourneroit-elle pas immédiatement au propriétaire des terres ? Ce que la rigueur de l'impôt & la misere du cultivateur

vateur font perdre à la culture, n'est-il pas une perte réelle & irréparable sur leur propiété ?

L'article des grains est remarquable. » L'Assemblée estime que pour remé- » dier à la penurie des grains ès années » moins fructueuses, & faire que le » Peuple puisse en être assisté & secou- » ru à prix raisonnable ; il est nécessaire » dès-lors que cette disette pourra être » prévûe, de faire la défense des traites » & sorties de grains *hors le Royaume,* » *dans les Provinces qui seront menacées,* » *& les circonvoisines qui les peuvent se-* » *courir.*

On voit qu'alors on regardoit la sor- tie des grains à l'étranger comme indis- pensable à la prospérité publique, puis- que le cas de disette dans une Province n'excluoit la traite à l'étranger que chez elle & dans les Provinces voisines.

» Que S. M. soit très-humblement » suppliée de n'accorder *aucuns passe-* » *ports en faveur des particuliers* au pré- » judice de la défense générale, & qu'il » soit fait inhibitions expresses à tous » Gouverneurs de faire passer des bleds » sous leurs passeports, & à toutes per- » sonnes de s'en servir sous les peines » portées en la défense.

» *Que le transport des grains d'une Pro-*
» *vince du Royaume en autres soit libre,*
» *permis & ordonné, afin que la disette*
» *des unes soit secourue & soulagée par*
» *l'abondance des autres, avec défenses*
» *aux Gouverneurs & Officiers d'y ap-*
» *porter aucun empêchement.*

» *Qu'il soit enjoint aux Communautés*
» *de faire achat de bleds & d'en faire provi-*
» *sion & magasin pour trois mois au moins :*
» pour cet effet leur sera permis de
» prendre deniers à rente ou à intérêt.

L'Assemblée remercie Sa Majesté de
l'intention où elle est de vouloir rendre
à ce Royaume les trésors de la Mer que
la nature lui a si libéralement offerts ;
& la supplie de continuer une entreprise si importante par l'établissement
d'une flotte de quarante-cinq vaisseaux
de guerre, d'y destiner un fonds annuel de douze cent mille livres, d'entretenir un nombre de galeres suffisant ;
qu'il ne soit fait aucun divertissement
sur ces fonds, étant assez notable que
le moindre retardement peut détruire
en un moment ce que l'on auroit établi
avec beaucoup de tems, de peines &
de dépenses ; d'obtenir aux Négocians
François & à leur Commerce dans
l'étranger les mêmes conditions dont

les étrangers jouissent en France ; ou de traiter les étrangers dans ses Etats , comme ses Sujets le font dans l'étranger : de prohiber l'entrée des Manufactures étrangeres ; enfin d'employer tous les moyens politiques, justes & raisonnables pour rétablir le Commerce.

La Noblesse dans son Cahier particulier demande la suppression d'une partie des Colleges, dont la quantité est excessive , parce que beaucoup de personnes, pour avoir passé leur jeunesse dans l'oisiveté des lettres, sont détournées du labourage, des Arts, du Commerce , & tournent à la charge du Public. Mais en même tems elle demande l'établissement des Colleges militaires pour la Noblesse , projet dont l'exécution étoit réservée à la gloire du Regne présent.

» Que les Gentilshommes puissent » avoir part & entrer dans le Com- » merce sans décheoir de leurs privi- .» léges. Cela leur fut accordé ; ils y furent invités sous le Regne suivant ; & de nos jours quelques particuliers , mieux instruits sans doute que le Corps de la Noblesse en 1627, auroient voulu faire regarder cette occupation comme indigne d'un homme noble ; des Juges

même se sont élevés contre le renouvellement d'Edits qu'ils avoient enregistrés.

Plusieurs Reglemens furent aussi pro-
posés pour la discipline des troupes dans
leur marche, de façon que les campagnes n'en souffrissent aucun dommage.

Sur la distribution & l'économie des
Finances, l'Assemblée présenta divers
avis.

Elle supplia Sa Majesté » de retran-
» cher l'usage des comptans défendus
» & prohibés par les Ordonnances,
» pour être par iceux couverts & en-
» sevelis les plus grands abus qui peu-
» vent être commis en l'ordre de ses Fi-
» nances.

» De réduire l'état des pensions à
» deux millions, si Sa Majesté ne trou-
» voit pas cependant plus à propos de
» les supprimer tout-à-fait.

» De regler la dépense de sa maison
» sur le pied où elle étoit à la mort du
» Roi; estimant que la même somme
» étant bien administrée, il ne sera rien
» diminué de ce qui appartient à la Di-
» gnité Royale; de supprimer les Char-
» ges surnuméraires à mesure qu'elles
» viendront à vaquer; de donner les
» Charges nobles à la naissance & au

» mérite, sans permettre qu'elles fussent
» acquises à prix d'argent; estimant être
» ainsi nécessaire pour la sûreté de la
» Personne du Roi, & pour rétablir
» l'ancienne splendeur de la Maison de
» France.

» De faire démolir une quantité très-
» considérable de Forteresses dans l'in-
» térieur du Royaume, qui ne servoient
» qu'à favoriser les soulevemens des
» Grands, à entretenir des garnisons
» inutiles.

» De rentrer dans ses Domaines alié-
» nés pour la plûpart sur le pied du de-
» nier cinq & six; & de payer aux En-
» gagistes l'intérêt au denier seize de
» l'argent réellement reçu & payé en
» especes pour l'engagement de ses Do-
» maines.

» D'entretenir deux corps d'armée
» toujours subsistans de vingt à vingt-
» deux mille hommes chacun,

Ces articles furent trouvés si sages,
que la plûpart furent mis à exécution,
autant que le permirent les divisions in-
testines, & les entreprises de la Maison
d'Autriche sur les Alliés de la Couronne.

Dans cette année 1627, le Commerce souffrit de nouvelles pertes. Dès

1620 les Anglois avoient commencé à exercer diverses pirateries sur nos vaisseaux. Le Duc de Luxembourg par représailles fit arrêter dans nos Ports plusieurs navires Anglois, qu'on ne voulut point rendre sans recevoir une satisfaction préalable sur les effets des François injustement enlevés. Le Roi d'Angletere permit alors à tous ses Sujets de courir sur les vaisseaux François. Le Roi de France interdit tout Commerce direct & indirect avec l'Angleterre, & ordonna des représailles que nous n'étions pas en état de prendre, faute d'escadres en mer. Le cri fut universel dans le Royaume ; on publia nombre d'écrits très-solides sur la nécessité d'avoir une Marine : on y rappelloit un détail assez curieux des anciens exploits de la Nation sur mer. Si la France, disoit-on, ne veut point en croire l'expérience de tous les siecles & de tous les Peuples, dont la puissance extérieure a toujours été proportionnée sur leurs forces navales, qu'elle écoute les plaintes de ses Alliés, que cette négligence refroidit à son égard. » Considérons au moins l'utilité de la » marchandise qui est fondée toute là-» dessus ; la sûreté que le Roi & le Pu-

» blic doivent à ceux qui l'exercent,
» le profit qui lui en revient par l'abon-
» dance des particuliers, qui croît par-
» là & s'écoule à la longue en la bourse
» du Prince par tant de conduits. C'est
» ce grand flux & reflux du Commerce
» qui distribue les richesses dans un Etat,
» comme le sang dans les veines, d'où
» leur vient après la force & la vigueur.
» Le Commerce ne peut avoir ses mou-
» vemens libres & naturels, si la mer
» n'est pas sûre & nettoyée de Corsai-
» res, armée contre toutes sortes d'en-
» nemis. Il convient donc d'avoir des
» forces de mer, proportionnées à l'im-
» portance du trafic qui s'entreprend
» dans le Royaume, à l'étendue de ses
» côtes, à la réputation & à la puis-
» sance de celui qui commande ; mais
» ce n'est pas l'utilité seule du Commer-
» ce qui l'exige, quoique ce motif dût
» être suffisant ; la sûreté même de Sa
» Majesté & la réputation de sa Cou-
» ronne imposent la même loi : de façon
» que quand même il se présenteroit à ce
» dessein autant d'empêchemens, & de
» difficultés qu'il se peut remarquer d'a-
» vantages & de commodités pour le
» mettre en œuvre, il n'en faudroit pas
» moins essayer de les franchir toutes,

» & s'expofer à tous les inconvéniéns
» qui peuvent le traverfer, plutôt que
» de fouffrir plus long-tems que la Fran-
» ce demeurât eftropiée de l'un de fes
» bras.

Le tems n'étoit pas encore arrivé ;
mais on peut obferver que toutes ces
repréfentations devoient préparer les
efprits & applanir les voies au grand
Colbert. Le Cardinal de Richelieu n'a-
voit befoin que de fon propre génie
pour connoître ce qu'il falloit entreprendre ; & fecondé de l'habileté du
Marquis d'Effiat, il l'eût exécuté dans
des circonftances moins déplorables.

Les Proteftans s'étoient révoltés de
nouveau ; la prife de la Rochelle fut
réfolue ; la néceffité le vouloit à quelque prix que ce fût. Ce furcroît de dépenfe dans le moment même où l'on
commençoit une réforme, jetta cependant le Sur-intendant des Finances dans
un étrange embarras.

Le fel fut augmenté de fix livres par
minot, & cet impôt fut préféré parce
qu'il s'étendoit fur toutes les claffes du
Peuple. D'un autre côté, comme on
avoit reconnu la néceffité de diminuer
les Tailles, on ne renonça point à ce
projet, ni même à celui de racheter les
rentes

rentes aliénées sur les Tailles & les Gabelles, en cas que les dépenses extraordinaires le permissent.

Douze Conseillers généraux des Finances, des Camps & Armées de Sa
Majesté, furent créés avec six mille livres de gages.

La Jurisdiction des Aides fut attribuée
à la Chambre des Comptes de Dijon,
en créant de nouveaux Officiers pour
servir par semestre avec les anciens
dans les deux fonctions.

Enfin, le Roi dans son Lit-de-Justice
fit vérifier au Parlement quelques nouveaux Edits bursaux.

Il fut créé trois cens mille livres
de rentes sur les Gabelles au denier
seize.

Le Clergé fournit de nouveau trois
millions pour la prise de la Rochelle.

ARTICLES

de la Compagnie de Morbihan.

« PRemierement, que Sa Majesté
» leur feroit expédier son crédit &
» Lettres d'établissement de leur Com-
» pagnie de cent associés, en bonne &
» dûe forme, & toutes autres à ce né-

» cessaires, sous les conditions ci-après
» déclarées.

» 2°. Lesdits Brué, &c. esdits noms
» promettront de s'obliger tant pour
» eux que pour leurs associés, l'un pour
» l'autre, un seul pour le tout, sans faire
» division ni discussion de biens ni de
» personnes, de faire ledit établissement
» de Commerce général de toutes for-
» tes de marchandises, tant par mer
» que par terre, Ponant, Levant, &
» voyage de long cours ; & pour y
» donner commencement, feront un
» fonds perpétuel de seize cent mille
» livres avec la moitié des profits de
» ladite somme, pour l'augmenter con-
» tinuellement ; lequel fonds ne pourra
» être suivi, arrêté, ni diverti par la-
» dite Compagnie ni aucun d'eux, mê-
» me pour leurs affaires ni pour autres,
» pour quelque cause & occasion que
» ce soit.

» 3°. Sera ladite somme de seize cent
» mille livres employée, partie à la
» construction & équipage des vais-
» seaux, que lesdits associés promet-
» tront & s'obligeront de faire faire &
» de fournir armés & équipés en guerre
» & marchandises comme il appartient,
» & prêts de faire voile dans six mois

» du jour qu'ils auront été mis en pof-
» feſſion & établis au lieu de Morbihan,
» & les vérifications préalablement fai-
» tes , & employer à cet effet juſqu'à
» la ſomme de quatre cent mille livres
» pour le moins : une partie deſquels
» vaiſſeaux leſdits aſſociés ſeront tenus
» de laiſſer dans le port de Morbihan
» pour la conſervation d'icelui ; & le
» ſurplus dudit fonds ſera employé à
» l'établiſſement d'icelui Commerce ,
» rembourſement des fonds de terre qui
» leur ſeront accordés par Sa Majeſté ,
» à l'achat des marchandiſes, logement,
» payement d'ouvriers & autres choſes
» néceſſaires ; duquel fonds & emploi
» de ladite ſomme de ſeize cent mille
» livres, leſdits aſſociés ſeront tenus de
» faire apparoir & en bailler état audit
» Seigneur Cardinal audit nom : auſſi
» ils demeureront d'accord que la deſti-
» nation deſdits deniers ne pourra être
» changée que du conſentement & ac-
» cord dudit Seigneur Cardinal.

    » 4º. Et pour donner moyen auxdits
» aſſociés de parvenir audit établiſſe-
» ment & continuation dudit Commer-
» ce général de France , &c. ledit Sei-
» gneur Cardinal , par le commande-
» ment de Sa Majeſté , & pour & au

» nom d'icelle, délaiſſera auxdits cent
» aſſociés, eux & ceux qui ſeront ci-
» après de leur Compagnie, pour ſiége &
» demeure perpétuelle de leur Compa-
» gnie en la mer du Ponant, le Havre
» dudit lieu de Morbihan en la Côte de
» Bretagne pour la commodité de leurs
» flottes & vaiſſeaux & pour conſtruire
» une ville libre pour la ſureté de leurs
» perſonnes & biens, avec l'étendue de
» la banlieue qui ſera réglée par le ſieur
» Olier Conſeiller du Roi en ſon Con-
» ſeil d'Etat, que ledit Seigneur Car-
» dinal, par le commandement de Sa
» Majeſté, nommera pour cet effet.
» Enſemble leur ſera délaiſſée toute l'Iſ-
» le & Seigneurie de Thenio, le vieux
» Château de Servinio, & la Seigneu-
» rie de Marſillac, faiſant un des côtés
» dudit Havre, Iſles & Iſlots qui ſont
» dans icelui, & ès rivieres de la mer
» & hors tombant dans ledit Havre de
» Morbihan, & ce qui appartient à Sa
» Majeſté de l'autre côté dudit Havre ;
» à la charge de payer & rembourſer
» par leſdits aſſociés à ceux qui tien-
» nent les lieux par engagement, les ſom-
» mes qui ſeront actuellement entrées
» ès coffres de Sa Majeſté ; & pour le
» regard des choſes qui appartiennent

» en propriété aux particuliers, le paye-
» ment & récompense leur en sera fait ;
» le tout ainsi qu'il sera arbitré par ledit
» Sieur Cardinal ; de la sureté desquels
» lieux Sa Majesté se mettra à la garde
» & fidélité desdits associés, avec pro-
» messe de n'y établir jamais aucun
» Gouverneur , Lieutenant ou Capi-
» taine.

» 5°. Et desquelles choses qui seront ,
» comme dit est , rachetées & acquises
» par lesdits associés , ladite Compagnie
» jouira pour toujours incommutable-
» ment ; & à cet effet ledit Seigneur
» Cardinal renoncera pour Sadite Ma-
» jesté à la formalité de rachat perpé-
» tuel desdits lieux en faveur de ladite
» Compagnie & Société , & de ceux qui
» y entreront ci-après , pour en jouir
» par eux en pleine propriété , & com-
» me de chose non plus domaniale ; &
» moyennant ce payeront lesdits asso-
» ciés annuellement à la recette géné-
» le de Bretagne , par forme d'abonne-
» ment & inféodation, la somme de trois
» cent livres par chacun an pour tous
» droits généralement quelconques que
» Sa Majesté y pourroit prétendre.

» 6°. Pourront lesdits associés èsdits
» lieux établir Colléges , avec faculté

LI iij

» d'enseigner tous arts & sciences, y
» faire imprimer toutes sortes de livres
» non défendus, & qui seront approu-
» vés, fabriquer navires, fondre ca-
» nons & balles, faire poudres & sal-
» pêtres, armes & tous autres ustenci-
» les & manufactures nécessaires à la
» guerre & au Commerce pour armer
» & équiper leurs vaisseaux.

» 6° *Item* led. Seigneur Cardinal, par
» le commandement exprès de Sa Ma-
» jesté, accordera auxdits associés qu'au
» moyen desdits abonnement & rem-
» boursement ils seront & demeure-
» ront subrogés en ses droits sur lesdits
» lieux de fouage, crûe & taillon, de
» tailles, impôts & billets de Ports &
» Havres, & autres quelconques mis
» ou à mettre, imposés ou à imposer,
» ordinaires ou extraordinaires, & sans
» rien réserver, pour jouir par ladite
» Compagnie comme fait ou pourroit
» faire Sadite Majesté; & partant lesdits
» associés en demeureront déchargés,
» sans être tenus de rendre aucun comp-
» te en la Chambre des Compte de Bre-
» tagne ni ailleurs.

» 8°. *Item* pourront lesdits associés
» faire tenir deux marchés publics par
» chacune semaine, & quatre foires

» l'année , de quinzaine chacune, fran-
» ches , & ce en ladite ville de Morbi-
» han & banlieue ; auxquelles foires
» & marchés tous Marchands forains
» étrangers pourront aller vendre &
» acheter toutes fortes de marchandifes
» fans payer aucun droit allant ou re-
» tournant d'icelles foires ou marchés ,
» tenir banques ouvertes , avoir cor-
» refpondances à cet effet en tous en-
» droits , tant dedans que dehors le
» Royaume ; & fi ne pourront lefdits
» Marchands ni leurs marchandifes al-
» lant & revenant èfdites foires , être
» faifis & arrêtés en quelque lieu &
» pour quelque caufe que ce foit , étant
» porteurs de la certification des Juges
» des lieux d'où ils feront partis.

» 9°. Pourront aufli lefdits affociés
» tenir pour l'effet dudit Commerce ,
» magafins dans toutes les bonnes vil-
» les de ce Royaume , & y avoir fac-
» teurs & correfpondans pour vendre
» & acheter en gros , fans être fujets
» aux vifitations , ni même prendre
» congé ni permiffion des Gouverneurs,
» Amiraux, Gardes des Ports & Havres,
» Ponts, Paffages , & autres quelcon-
» ques , pour entrer , fortir , vendre &

» acheter , à la charge néanmoins de
» payer les droits accoutumés.

» 10°. *Item* lesdits associés auront en
» l'étendue de ladite ville & banlieue
» de Morbihan & lieux en dépendans ,
» tant pour le fait de la Justice que de
» la Police , Armes , Finances & Com-
» merce , pouvoir de faire exercer tou-
» tes sortes de Justice & Jurisdiction
» Civile & Criminelle , en dernier res-
» sort sur ceux de ladite Compagnie ,
» leurs Facteurs , Commis & Commis-
» sionnaires , en quelques lieux qu'ils
» peuvent être tant sur mer que sur ter-
» re, & sur tous autres demeurans en lad.
» ville & banlieue , soit qu'ils soient
» étrangers ou régnicoles ; pour les
» contrats & autres actes passés , délits
» & crimes commis dans ladite ville &
» banlieue seulement : Sa Majesté fera
» aussi injonction à tous Huissiers & Ser-
» gens Royaux d'exécuter les Jugemens
» qui feront ès mains de ladite Compa-
» gnie , ensemble tous les actes , trai-
» tés & contrats passés en ladite ville
» & banlieue de Morbihan , sans deman-
» der congé , placet , visa ni pareatis ,
» le tout sous l'autorité de Sa Majesté.
» Et pour l'exercice de la Justice , ladite

» Compagnie préſentera à Sadite Ma-
» jeſté le nombre de dix perſonnes de
» ladite Compagnie, Officiers d'icelle
» & habitans de ladite ville de Morbi-
» han & banlieue, à la charge néan-
» moins que pour les jugemens de mort
» ou inflictifs de peine corporelle, ils
» feront tenus d'appeller avec eux juſ-
» qu'au nombre de   gradués,
» étant de ladite Compagnie ou ha-
» bitans de la ville de Morbihan , ou
» des lieux plus proches d'icelle. Et
» pour l'expédition des jugemens, fen-
» tences & actes, il fera élû & commis
» deux de la Compagnie propres & ca-
» pables qui exerceront la Charge de
» Greffier pour deux ans ſelon l'ordre
» ci-deſſus ; leſquels Juges ainſi élûs
» préſentés à Sa Majeſté, & confirmés
» par Elle, feront le ſerment entre les
» mains dudit Seigneur Cardinal, Sur-
» intendant dudit Commerce, & feront
» dits & nommés les Conſeillers de la
» Juſtice établis pour le Commerce de
» Morbihan ; & ne pourront leſdits Of-
» ficiers exercer leurſdites Charges plus
» de deux ans ; & à ces fins & qu'il puiſſe
» toujours y avoir des perſonnes expé-
» rimentées entre les autres, ſera faite
» élection de cinq deſdits Juges & d'un

» Greffier qui exerceront avec les cinq
» & le Greffier de la précédente élec-
» tion, ainsi qu'il se pratique envers les
» Echevins de la ville de Paris.

» 11°. Pourront aussi lesdits associés
» avoir un petit sceau, pour, sous le
» nom & autorité de Sa Majesté, expé-
» dier & sceller toutes les commissions
» pour la guerre, trafic & affaires de
» ladite Compagnie, & les jugemens,
» actes & contrats qui seront faits en-
» vers les particuliers, seront délivrés
» par celui de ladite Compagnie qui à
» ce faire sera commis par Sa Majesté,
» & pris du nombre desdits élûs pour
» juger comme dit est, & pour deux
» ans seulement, lequel ne pourra pren-
» dre aucun droit de sceau.

» 12°. Que tous les procès que les-
» dits associés pourront avoir en de-
» mandant ou défendant en général ou
» particulier, & contre quelque person-
» ne que ce puisse être, la connoissance
» en appartiendra, & en donnera Sa
» Majesté l'attribution à Messieurs des
» Requêtes de son Hôtel, en premiere
» instance, & par appel, à Nosseigneurs
» de son Conseil d'Etat, auquel lesdites
» instances seront rapportées par le
» Sr Olier Conseiller d'Etat, que Sa Ma-

» jesté députera pour cet effet ; avec
» défenses à tous autres Juges d'en con-
» noître , & sans que lesdits associés ni
» ceux de ladite ville & banlieue de
» Morbihan , dépendent des Gouver-
» neurs , Amiraux , Maîtres d'Artille-
» rie & Maîtres des Ports , & tous au-
» tres Officiers pour quelque cause &
» occasion que ce puisse être , en ce qui
» concernera les présens articles , cir-
» constances & dépendances d'iceux ;
» & si auront lesdits associés un d'eux
» près la personne dudit Seigneur Car-
» dinal , à la suite du Conseil, pour les
» affaires de ladite Compagnie , & joui-
» ront des mêmes priviléges , franchi-
» ses , libertés & exemptions, que les
» Officiers domestiques commensaux
» de la Maison de Sadite Majesté.

» 13°. Sera aussi accordé auxdits as-
» sociés , que les Ecclésiastiques & Gen-
» tilshommes d'extraction , Nobles &
» Privilégiés , tant ceux qui se trouve-
» ront du nombre des cent associés ,
» qu'autres qui mettront en ladite Com-
» pagnie argent, ou autres choses équi-
» polentes , ne seront censés ni réputés
» faire acte dérogeant à la Noblesse, ni
» à leurs qualités & priviléges de No-
» blesse, eux & leurs enfans servant &

» étant employés en ladite Compagnie,
» auquel cas semblablement les descen-
» dans desdits enfans jouiront des privi-
» léges de Noblesse, ne faisant par eux
» aucun acte y dérogeant.

» 14°. Pourront lesdits associés user
» du droit de représaille envers & con-
» tre tous, après toutefois qu'ils auront
» fait plaintes audit Seigneur Cardinal,
» Surintendant dudit Commerce, & re-
» çu l'ordre du Roi, par lequel ordre
» seulement ils pourront faire lesdites
» représailles.

» 15°. Sera accordé auxdits associés
» qu'eux & leur Compagnie puissent
» jouir & posséder les terres de la nou-
» velleFrance, tant le continent que isles
» & autres lieux que ladite Compagnie
» pourra conquérir & peupler, en toute
» Seigneurie & propriété, avec tout
» pouvoir & autorité ; à la charge de
» les relever de Sa Majesté en titre de
» foi & hommage, & en relever les
» submissions à chacun avénement des
» Rois par un des membres de lad. Com-
» pagnie, qui aura pouvoir spécial d'i-
» celle ; avec déclaration de Sa Majesté
» que pour le présent ni pour l'avenir
» elle ne se réservera aucun droit que
» la Souveraineté, & une couronne

» d'or que ladite Compagnie fera tenue
» de donner à chacune mutation de
» Rois.

» 16°. Pour fournir aux Peuplades &
» conquêts des pays & autres lieux
» que lefdits affociés pourront conqué-
» rir , il leur fera permis de tirer hors
» du Royaume tous ceux qui y voudront
» aller volontairement , les enrôler &
» armer ; comme auffi tous les mendians
» valides & vagabonds de tous fexes &
» âges que la Compagnie jugera pro-
» pres pour les armes & pour le travail ;
» lefquels mendians & vagabonds y
» pourront être contraints & forcés par
» emprifonnement de leurs perfonnes.

» 17°. Et afin de faciliter auxdits af-
» fociés & Compagnie les moyens &
» autorités néceffaires pour l'exécution
» du Commerce & chofes fufdites , Sa
» Majefté prendra ladite Compagnie &
» affociés en fa fpéciale proteĉtion &
» fauve-garde , tant en général qu'en
» particulier, pour les défendre comme
» fes bons & loyaux Sujets envers &
» contre tous : & promettra de ne con-
» trevenir en aucune façon aux articles
» qui leur feront accordés par ledit
» Seigneur Cardinal , étant vérifiés où
» befoin fera ; même on leur promettra

» de fournir dans quinze jours la ratifi-
» cation qu'il plaira à Sa Majesté faire
» desdits articles, comme passés par ses
» commandemens.

» 18°. Promettra encore Sadite Ma-
» jesté en faire expédier l'Edit & toutes
» Lettres & Commissions nécessaires,
» portant révocation de toutes autres
» qui pourroient avoir été obtenues par
» le passé, non vérifiées ni exécutées.

» 19°. Et d'autant que ledit Seigneur
» Cardinal n'a accepté la Charge de
» Surintendant général du Commerce
» que par le commandement qu'il a
» plu au Roi lui en faire, ensuite d'une
» très-humble priere & supplication
» que lesdits associés en ont faite à Sa-
» dite Majesté, sur la reconnoissance
» qu'ils ont, que pour un établissement
» de telle conséquence il sera besoin de
» l'autorité & singuliere probité qu'ils
» reconnoissent en la personne dudit
» Seigneur Cardinal, affection & per-
» sévérance qu'il a aux entreprises dont
» il peut revenir beaucoup d'avantage
» à l'Etat ; & qu'ils auroient à craindre
» après le décès dudit Seigneur Cardi-
» nal, de tomber entre les mains des
» personnes qui leur seroient aussi pré-
» judiciables, comme son entreprise &

» l'empériorité leur sera utile & avan-
» tageuse ; c'est pourquoi ils requierent
» que ladite Charge de Surintendant gé-
» néral du Commerce soit éteinte &
» supprimée par le décès dudit Seigneur
» Cardinal, sans qu'elle puisse être trans-
» mise à autre personne de quelque
» qualité & condition qu'elle soit ; & ne
» pourra Sa Majesté la faire revivre à
» l'avenir, sous quelque nom, titre,
» prétexte, cause & occasion que ce
» soit, en tout ou en partie.

» 20°. Sur ce qui a été reconnu aussi
» qu'il conviendra faire de grandes dé-
» penses extraordinaires pour l'avanta-
» ge commun de ladite Compagnie, &
» pour entretenir ces articles, Sa Ma-
» jesté remettra auxdits associés tous &
» chacuns ses droits, à la réserve de
» ceux contenus ci-dessus ; & sera ac-
» cordé que sur tout le Commerce &
» trafic que ladite Compagnie fera après
» son établissement, sera destiné un
» fonds de vingt mille livres par an,
» & plus grande somme, au fur & à
» mesure que ledit trafic croîtra, & que
» les affaires le requerront, pour être
» ledit fonds géré par celui de ladite
» Compagnie qui sera agréé par ledit

» Seigneur Cardinal Surintendant géné-
» ral du Commerce de France, & par
» les ordonnances duquel icelui fonds
» fera diftribué ; & arrivant le décès
» dudit Seigneur Cardinal, lefdits affo-
» ciés choifiront entr'eux un Supérieur
» qui aura la direction de ladite Com-
» pagnie par année.

Fin du Tome premier.

TABLE

TABLE

DES PRINCIPALLES MATIERES
Contenues dans le premier Volume.

A

Tome I.   M m

Mm ij

Œconomie

O

Tome I.   Nn

Fin de la Table des Matières du Tome premier.

AVIS AUX RELIEURS.

On a par erreur mis à la feuille précédente
la signature Ll Mm, au lieu de la signature
Mm Nn.

www.ingramcontent.com/pod-product-compliance
Lightning Source LLC
Chambersburg PA
CBHW071955270326
41928CB00009B/1443